ロンドン日本人村を作った男

謎の興行師タナカー・ブヒクロサン 1839-94

小山 騰

藤原書店

1　アンリ・ソム『ジャポニスム』(メトロポリタン美術館所蔵)

2　アンリ・ソム『日本のファンタジー』(サミュエル・ビングの店の広告)

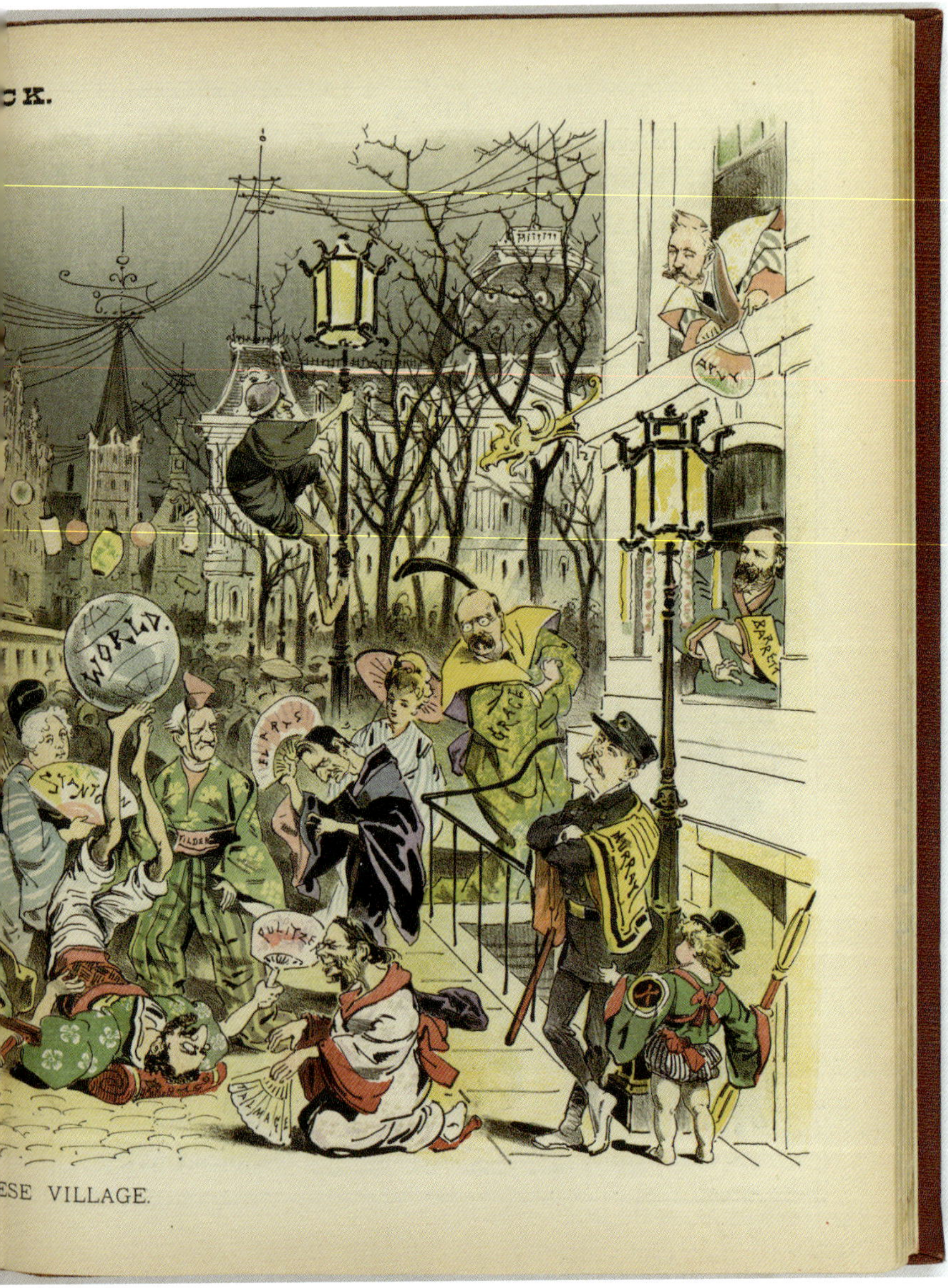

('Our Japanese Village' in *Puck*, v. 18, no. 462)

3　ニューヨークの日本人村（1886 年）

4　二代歌川広重『横浜異人館之図』（アメリカ議会図書館所蔵）

5　フランスの写真家ルバ（Le Bas）によって 1864 年に撮影された、横浜にあったフランス公使館（Terry Bennett, *Photography in Japan: 1853-1912*）

6 『ル・モンド・イリュストレ』1863 年 9 月 26 日号に掲載されたエッチング　同年 7 月 2 日にフランス軍艦セラミス上で開かれた、幕府とフランスおよび英国との下関事件の賠償に関する会議。左から 2 番目に描かれている人物が通訳のブレックマン。

7　ブレックマンと池田使節団のエッチングと写真

A　フランスの新聞『イリュストラシオン』1864 年 5 月 14 日号に掲載されたエッチングで、横浜鎖港談判使節団の正使（池田長発・左から 2 人目）、副使（河津祐邦）、目付（河田熙・左から 3 人目）そして通訳兼案内人ブレックマン（後列）が描かれている。但し、鎧を付けた右端の人物と左端の人物は同じ副使河津祐邦である。このエッチングは以下の三枚の写真のイメージから出来上がっている。

B　アントニオ・ベアトによってエジプトのアレキサンドリアで撮影された池田使節団の正使、副使、目付とブレックマンの写真。アントニオ・ベアトはフェリーチェ・ベアトの兄。この写真のブレックマンのイメージは『イリュストラシオン』のエッチングに使われた。（Christian Polak Collection, Meiji University／明治大学クリスチャン・ポラック・コレクション）

C ナダールによって撮影された横浜鎖港談判使節団の正使（池田長発・中央）、副使（河津祐邦・左）、目付（河田煕・右）の写真（『異国人の見た幕末明治 JAPAN 愛蔵版』）

D ナダールによって撮影された河津祐邦の鎧姿の写真（『異国人の見た幕末明治 JAPAN 愛蔵版』）

8　1864 年にパリのナダール写真館で撮影されたと思われるブレックマンらしき人物の写真（右）　確証はないが、おそらくブレックマンであろう。一緒に写っている日本人はだれであるのか不明。背景の書割は当時ナダール写真館で使われていたものの一つか。同じ書割が次頁の日本人女性の写真にも写っている。（フランス国立図書館所蔵）

9　パリのナダール写真館で撮影された日本人女性の写真（『幕末写真の時代』）　背景の書割はブレックマンらしき人物が写っている写真（前頁）のものと同じ。この写真の撮影時は不明。もし 1864 年に撮影されたとすれば、この女性は横浜鎖国談判使節団に同行した女性か。もしそうならば、ブレックマンの内妻おもとさんという可能性も出てくる。

10　レントンとスミスのドラゴン一座で活躍した女装の綱渡り勝次郎の写真か（PXA 362/Vol.6　72, State Library of South Wales, Australia）

11　英国サンダーランドのビシュップウェアマウス墓地にあるリトル・ゴダイの墓

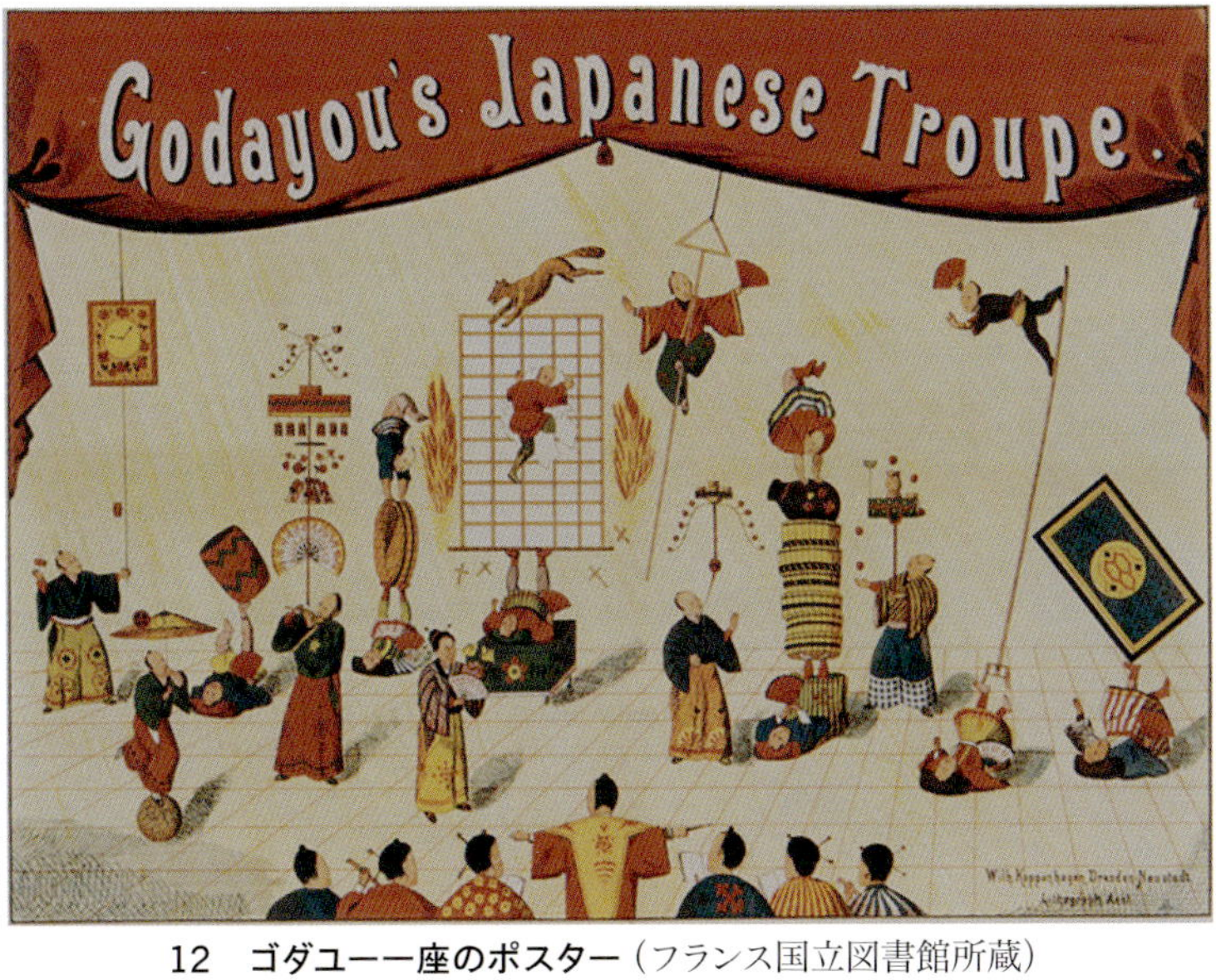

12　ゴダユー一座のポスター（フランス国立図書館所蔵）

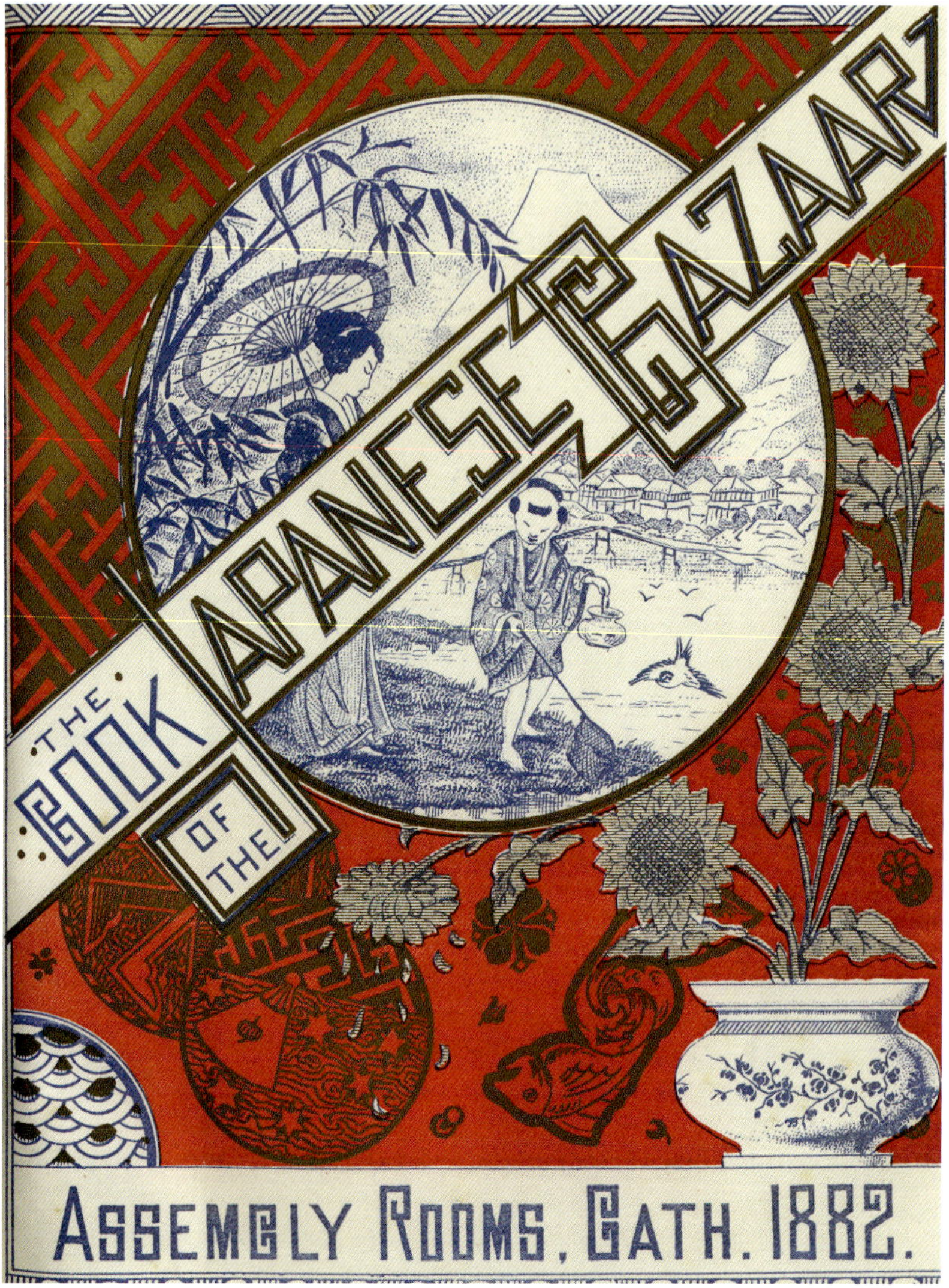

13 『日本のバザール』(*The Book of Japanese Bazaar*, 1882)

14　ロンドン日本人村（1885 年 ?）　1885 年 5 月の延焼前の日本人村のポスターか。（英国図書館エヴァニオン・コレクション : Evan.2870）

15　ロンドン日本人村の入場券　この入場券で興味があるのは、タナカー・ブヒクロサンの名前が漢字で「田中武一九郎」と書かれている点である。（英国図書館エヴァニオン・コレクション : Evan.2472）

16　ロンドン日本人村（1886 年？）　中央に池や滝があるので、再建後の日本人村のポスターか。（英国図書館エヴァニオン・コレクション : Evan.424）

17　ロンドンにあったゲイアティ劇場の紙の記念品（ボードリアン図書館ジョン・ジョンソン・コレクション：Tickets Theatrical 1（37））

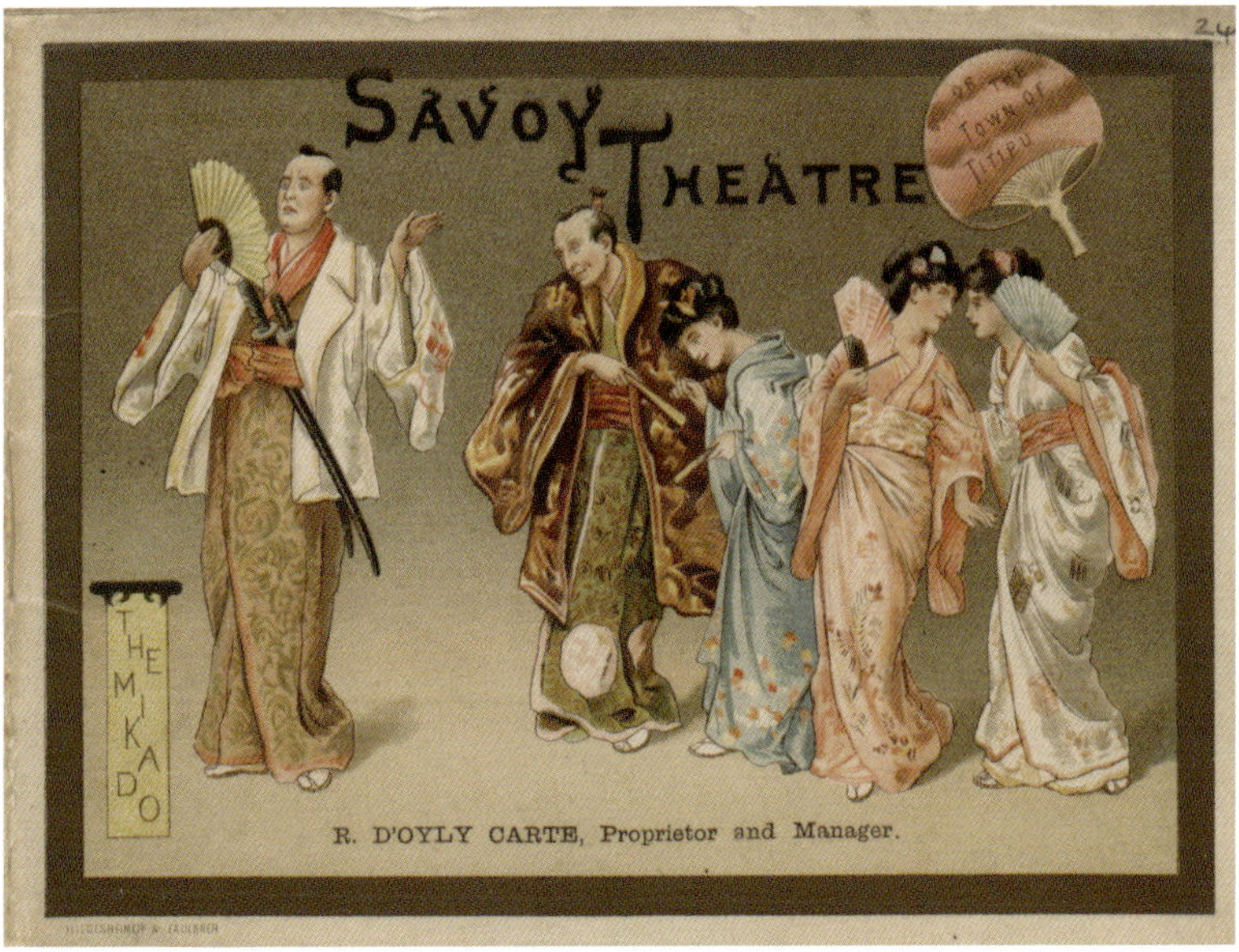

18　『ミカド』（サヴォイ劇場）の広告ビラ（ボードリアン図書館ジョン・ジョンソン・コレクション：London Playbills Savoy（24））

19　タナカー・ブヒクロサンの墓石　最初に死亡した彼の子供である娘チヨの墓に一緒に埋葬された。(Brockley & Ladywell Cemetery, London. 著者撮影)

20　日英博覧会の入口（*Official Report of the Japan British Exhibition 1910 at the Great White City, Shepherd's Bush, London*）

ロンドン日本人村を作った男　目次

ロンドン日本人村を作った男

謎の興行師タナカー・ブヒクロサン　1839-94

序章　幕末・明治期の軽業見世物興行とジャポニスム

アンリ・ソムが描いた「日本人」

日本の美術・工芸が西洋美術に与えた影響はジャポニスムと呼ばれる。いわゆる〝日本趣味〟のことである。時代的にいえば、十九世紀後半（開国）以降にあたる。代表的な例は印象派の画家が浮世絵から構図、色彩感覚、技法などを学んだ点である。

そのジャポニスムを反映した作品、たとえば絵画や版画などには、日本の文物だけではなく、日本人自身が描かれている場合がある。もちろん、衣装や髪型などは前近代（江戸時代）のものである。多くは遊女や芸者などの日本人の女性であるが、中には日本人の男も含まれている。侍や町人のような格好をした人物である。和服を着て髷を結っている。

版画の分野などで活躍したフランスの美術家アンリ・ソム（Henry Somm）も、ジャポニスムの影

『日本の室内装飾の中にいる女性』（Elizabeth K. Menon, 'Henry Somm: Impressioniste or Symbolist?', *Master Drawings*, Vol. 33, No. 1）

響を受けた一人といわれる。(1) ソムの版画の一つに『ジャポニスム』という作品がある（**口絵1**）。中央に帽子をかぶり着飾った西洋の女性、その右横に二人の日本人の男が描かれている。そのうちの一人は提灯と大きな扇子を持っている。この人物は何か舞台に立っているように見えるが、足下にあるのは和本のようである。

またソムは『ジャポニスム』よりも一年前に『日本の室内装飾の中にいる女性』という作品を発表した。その版画の中では、同じ日本人らしき人物が提灯を下げて大きな壺の上に座っている。彼もやはり舞台に座っているようにも見える。また、ソムの『日本のファンタジー』という版画（**口絵2**）では、裃を着け下駄を履いた日本人の男が、中央で婦人に金魚鉢のようなものを差し出している。ソムはこのような日本人の男のイメージを、一体どこから入手したのであろうか。彼はパリなどで実際に本物の日本人を見たのだろうか。

ソムのようなジャポニスムの美術家たちは、もちろん浮世絵を中心とした日本の美術品や工芸品などから日本人についての多くのイメージを得たと思われる。また日本人が写った写真も見たであろう。一方、開国後には日本人の海外渡航も許可され、少数ではあるが日本人自身も欧米に出かけたが、旅券発行の記録からもわかるように、幕末・明治初期（慶応二年から明治二年まで）に、「実際に旅券を取得して渡航したのは曲芸一座が圧倒的に多かった」[2]。人数からいえば、当時海外に出かけた日本人を代表していたのは軽業見世物興行の関係者であったのである。

したがって、外国人が海外で見た多くの実物の日本人は、おそらくそのような軽業見世物関係者たちだったであろうし、それらの軽業見世物の芸人たちがソムのようなジャポニスムの美術家たちの目に触れる機会も多くあったであろう。ソムの『ジャポニスム』や『日本の室内装飾の中にいる女性』に描かれている日本人の男は、パリなどで軽業見世物一座の一員として舞台に出ていた芸人のように思われる。また、『日本のファンタジー』で中央に立つ日本人も、手品師と見なすこともできるであろう。

軽業見世物一座が日本人イメージの供給源

浮世絵などの日本美術に対して比較的冷淡であった英国の美術評論家ジョン・ラスキンも、幕末に日本の軽業師の一座がロンドンで興行した時にはわざわざ見物に出かけている[3]。日本美術ぎらいのラスキンですら興味を示したのであるから、物珍しさも手伝い、フランスや英国の日本趣味愛好家たちは必ず自国で催された日本の軽業見世物興行を見に出かけたであろう。ラスキンの友人で『不思議の国のアリス』の作者のルイス・キャロルも、オックスフォードで日本の軽業見世物興行を見ている。

ちなみに、中里介山は長編小説『大菩薩峠』の中で、幕末に洋行した手品師の柳川一蝶斎、太神楽の増鏡磯吉、綱渡りの勝代、曲芸の玉本梅玉たちの一座の話を取り上げる[4]。介山はジョン・ラスキンがロンドンで柳川一蝶斎一行の「小技曲芸」を見ただけで、日本文明そのものを過小評価したと非難する。介山によると、ラスキンの誤りは奈良の都や日本の偉大な思想家や芸術家などを知らない無知が原因であるという[5]。

さて、ソムに話を戻そう。アンリ（またはヘンリー）・ソムは、本名フランソワ・クレモン・ソミエ（Francois Clement Sommier）といって、一八四四年に生まれ、一九〇七年に亡くなった[6]。彼は一筋縄で行かない謎の多い人物である[7]。レオン・ド・ロニーという日本学のパイオニアについて、パリ大学で日本語を二年ほど学び、日本行きを計画したが、明治初年の普仏戦争で断念した経歴を持ってい

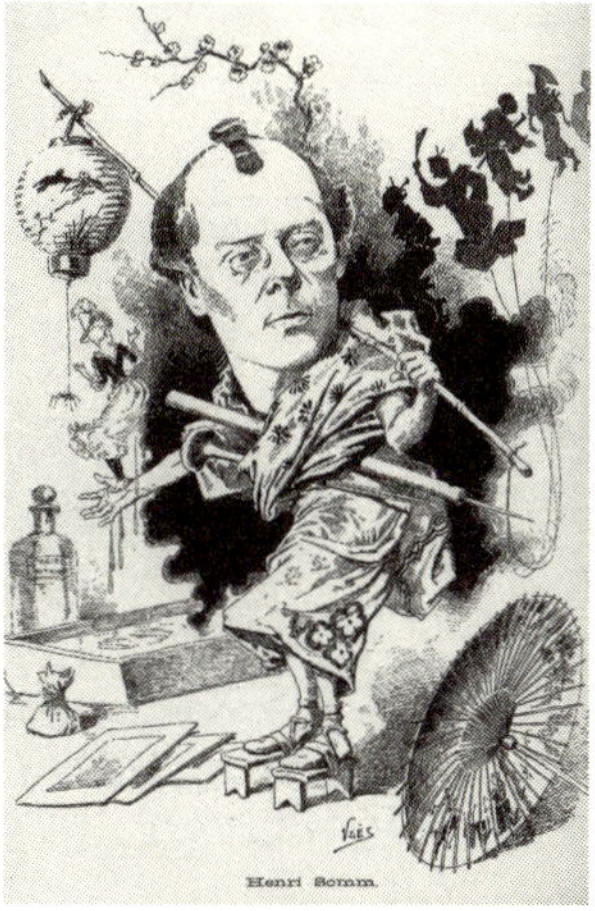

丁髷姿のアンリ・ソム
（J. Lemot, Henry Somm, Illustration, *Le Courrier Français*, 30 August 1885）

る[8]。

　ソムが浮世絵などの多くの日本美術品に接することができたのは、美術批評家であり日本美術の収集家であったフィリップ・ビュルティや、美術商・日本美術収集家であったサミュエル（ジークフリート）・ビングとの交友関係も大きく貢献した[9]。ビュルティはジャポニスムの名付け親である。前述したソムの『日本のファンタジー』という版画には、サミュエル・ビングの店名が記載されている。また、フランスの雑誌にソム自身が丁髷を付け日本の衣装を着ている図版が掲載されたこともあった。もしかしたら、彼は実際に月代《さかやき》を剃り丁髷を付けたことがあったかもしれない[10]。

　ソムの私的な生活については不明な部分が多い。そのため、彼がパリなどで公演された日本の軽業見世物興行を実際に見たという確実な証拠を簡単に示すことはできないが、おそらく彼は実際に見ていた

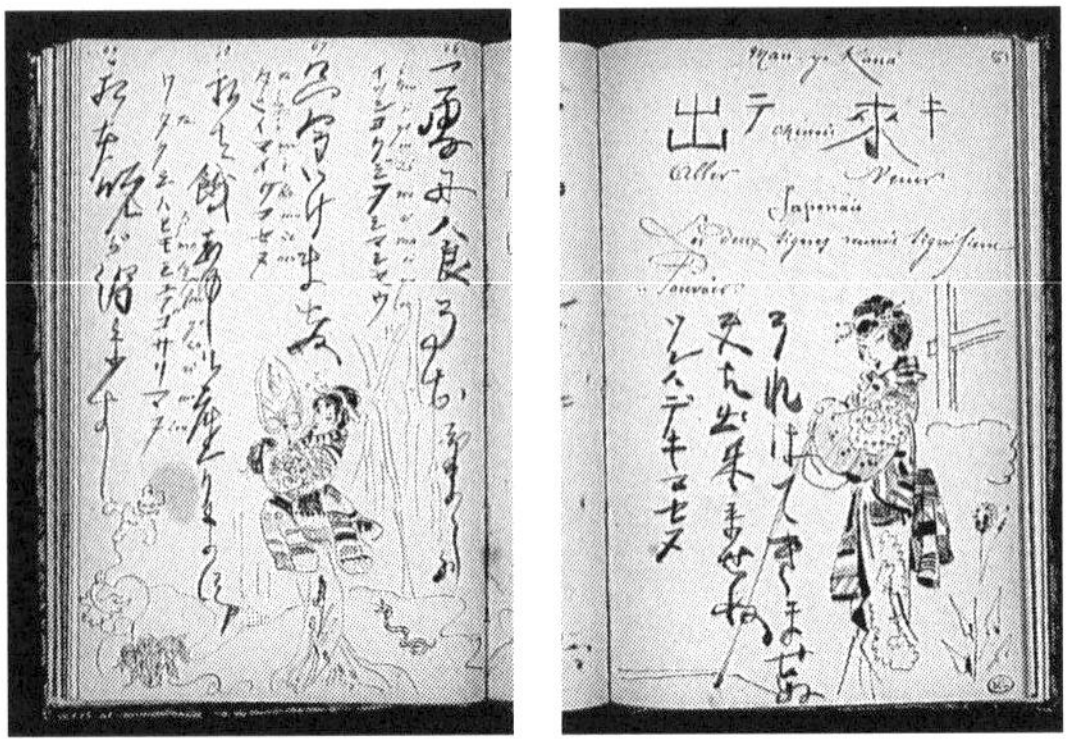

アンリ・ソムの「図解日本語文法」
（Photo © RMN-Grand Palais（musée d'Orsay） / Michèle Bellot）

に違いない。というのは、ソムの版画に『綱渡り』という題名の作品があり、彼が軽業興行などに興味を持っていたのは確かだからだ。『綱渡り』の中で綱渡りをしている人物はヨーロッパ人のようであるが、この版画には小さいながら日本人の男のイメージも含まれているのである。

ジャポニスム研究では、海外で活躍した日本の軽業見世物興行などの影響はあまり注目されてこなかったような印象を受ける。しかし、ソムの例からもわかるように、幕末・明治期に海外で公演した日本の軽業見世物興行は、〝日本〟または〝日本人〟のイメージの供給源として重要な役割を果たしていたのである。

謎の興行師タナカー・ブヒクロサンの正体とは

現代日本の礎を築いた近代は、開国（幕末）を始点として、明治維新（明治時代）という歴史的経過を通じて形成された。日本は開国（一八五四年）により欧米諸国を中心とする世界体制（世界資本主義体制）に組み込まれ、明治維新（一八六八年）の大変革により近代化（西洋化・資本主義化）を遂げるのである。その開国・明治維新（幕末・明治時代）という画期に、軽業見世物興行は海外で〝日本〟および〝日本人〟を代表していた。

中里介山が『大菩薩峠』の中で指摘したように、単に美術評論家だけではなく社会批評家でもあるジョン・ラスキンは、その軽業見世物一座の公演を通じて日本文明を判断した。日本が置かれていた〝時代〟と〝状況〟が、海外における軽業見世物興行に歴史的な役割を与えていたのである。

日本が開国をすると、鎖国中に日本で独自に発達したものが外国でもてはやされた。それらは外国人にとっては物珍しいので海外で評判になったのである。代表的なものは海外でジャポニスムという現象を引き起こした日本の美術品や工芸品であった。日本で独自に発達した軽業、曲芸、手品などの見世物もその一つであった。

開国により日本人の海外への出国が許可されるようになると、めざとい外国人は早速日本人による軽業見世物の海外公演に目を付けた。日本人の軽業、曲芸、手品などの一座を海外に連れ出し、その興行で一儲けをしようとたくらんだのである。海外における日本の軽業見世物一座の公演を企てた数人の外国人の中に、フレデリック・ブレックマン（オランダ人）という人物がいた。

実はこのブレックマンが曲者なのである。本書の中で詳しく記載するように、開国・明治維新という時代の落とし子のような人物である。幕末期、外国との交渉にもっぱらオランダ語が使用されていた関係上、来日したばかりのオランダ人ブレックマンはまず英国公使館の通訳に雇われ、続いてフラ

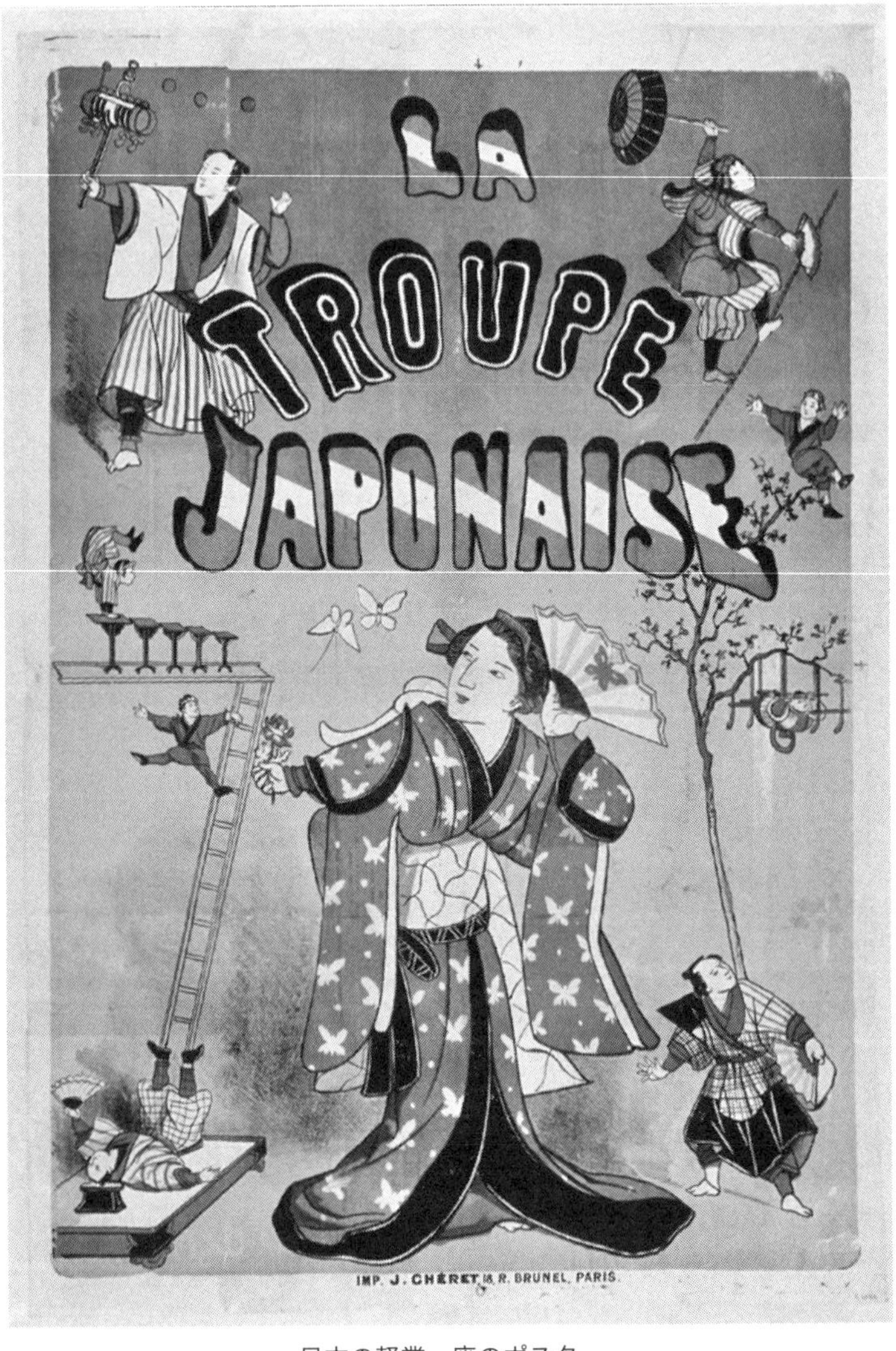

日本の軽業一座のポスター
（フランス国立図書館所蔵）

ンス公使館の通訳兼書記になり、日本を舞台とした外交分野でそれなりに活躍をした。

さらに、幕府が派遣した横浜鎖港談判使節団（池田使節団）の通訳・案内人も務め、使節団に同行してフランスに渡航した。その時、使節団はフランスから購入する予定であった軍艦の費用の支払いをブレックマンに委託した。その後、幕府は軍艦購入を取り消しブレックマンに委託金の返還を請求したが、ブレックマンは預かった金を返却せずに、結局幕府から大金を詐取した。この逋債《ほさい》事件とは別に、彼は別件（借用金踏み倒し事件）で逮捕され横浜で入獄するが、すぐに出獄しサンフランシスコに出かけ、また横浜に戻り日本の軽業見世物一座の海外公演に加わるのである。

ブレックマンは、実は前半生と後半生で二つの名前を使い分けていた。そこが本書の核心または鍵にあたる部分である。彼は後半生ではタナカー・ブヒクロサンという人物に変身するのである。日本が明治維新を一つの区切りとして大きく変化したように、彼も明治維新を境に大きく変身し、オランダ人フレデリック・ブレックマンから自称日本人タナカー・ブヒクロサン（田中武一九郎）に生まれ変わり、日本の軽業一座の異国公演をなりわいとするのである。

さらに、英国などで日本の軽業見世物興行が飽きられ始めると、ブヒクロサンはそれまでの事業の総決算をもくろむのである。当時の流行であるジャポニスムという時流に乗るやり方で、彼が打って出た企画が、一八八五年（明治十八年）から始まったロンドン日本人村の大興行であった。

異国日本見世物興行に活躍し、ロンドン日本人村という大事業を仕掛けたタナカー・ブヒクロサン（Tannaker Buhicrosan）と、横浜鎖港談判使節団（池田使節団）の通訳・案内人であったフレデリック・

ブレックマン（Frederik Blekman）というオランダ人とが実は同一人物であったという点は、筆者が本書で初めて明らかにする事実である。二人が同一人物である種明かしは本書で詳しく説明する。ロンドン日本人村の研究でも、以前からタナカー・ブヒクロサンの正体がだれであるのかという疑問が出されているが、もちろんそれは研究の核心にかかわる疑問であり、今回本書でそれに対する回答を示す。

ブヒクロサンが仕掛けた一八八五年「ロンドン日本人村」

ジャポニスム、特に英国におけるジャポニスム流行のきっかけとなったのは、一八六二年にロンドンで開かれた万国博覧会でラザフォード・オールコックが、自分で収集した日本の美術品を展示したことである。オールコックは『日本の美術と工芸』という著書を出版し、欧米に日本の美術品や工芸品のすばらしさを紹介した功労者であった。

初代駐日英国総領事オールコックは、来日したばかりのフレデリック・ブレックマン（タナカー・ブヒクロサン）を英国公使館の通訳として雇用した。ある意味では、ブレックマンが世に出るきっかけを作ったことになる。タナカー・ブヒクロサンはそのオールコックを一八八五年（明治十八年）一月十日に開かれたロンドン日本人村の開会式に引っ張りだし、オールコックにロンドン日本人村の開業を正式に宣言してもらうのである。

ロンドン日本人村が華々しく開業し、最盛期を迎えている一八八五年三月十四日にはじめて上演されたのが、ウィリアム・シュヴェンク・ギルバートとアーサー・サリヴァンによる有名なコミック・オペラ『ミカド――またはティティプの町』である。『ミカド』とロンドン日本人村は当時すでに始まっていた〝日本ブーム〟に相乗りし、お互いに相手を利用し合いながら、さらに英国における〝日本熱〟を焚き付けたのである。『ミカド』で演じられる日本人の仕草などについても、タナカー・ブヒクロサンはその演技指導に協力した。『ミカド』のパンフレットの中にもそのことが記載されていた。

そのギルバートとサリヴァンのコミック・オペラ『ミカド』についての研究でも、ロンドン日本人村の主催者ブヒクロサンの正体の解明は重要である。『ミカド』が出来上がる過程をドラマにした映画『トプスィ・ターヴィー（Topsy-Turvy）』（マイク・リー監督）では、ブヒクロサンらしき人物が日本人として登場する。

そのロンドン日本人村は、大変繁盛している最中に開場四ヶ月で焼失した。数ヶ月後に再建されたロンドン日本人村も、財政問題で再開約一年後に身売りをする。続いて日本人村の閉鎖問題が発生する。閉鎖する日本人村の終末期に登場するのが、サミュエル・ビングとマーカス・サミュエルの二人である。もともとの所有者であるタナカー・ブヒクロサンから日本人村を買い取ったマーカス・サミュエルたちは、入場者数が低迷する見世物・実演を中心とするロンドン日本人村の興行から、日本の美術品や雑貨品の販売を中心とするマーケット（市場）に変身させようとする。

サミュエル・ビングはパリ在住の美術商および日本美術の収集家で、すでに述べたようにアンリ・

ソムと交友関係があった。マーカス・サミュエルはサミュエル商会およびシェル・トランスポート・トレーディング会社などの創設者で、現在世界で一、二を争う国際石油会社ロイヤル・ダッチ・シェルの基礎を築いた人物である。国際企業ロイヤル・ダッチ・シェル社は、もともと日本から雑貨や骨董品などを輸入する商売から始まった会社であった。そのロイヤル・ダッチ・シェル社を作り上げたマーカス・サミュエルも、本書の主人公タナカー・ブヒクロサンと無縁ではなく、日本人村住民の帰国問題ではその両者は法廷で対決するのである。

ロンドン日本人村と日本美術品の関係は、日本人村閉鎖後も残影が残っていた。ロンドンでは、一八九〇年代頃から日本人美術商の活躍が目に付くようになる。そのうちの一人が細井田之介（英語名H. O. Tanosuke）で、博物学者南方熊楠のロンドン時代の日記にもよく登場する日本人美術商である。もともとは日本人村の〝村民〟として英国に渡った職人（彫刻師）であった。

最終段階でビングやサミュエルを巻き込むことになるロンドン日本人村は、一時は大変繁盛しあまりにも有名になったので、世界各地に同じような日本人村が出現したほどであった（口絵3）。ただ、英国の観客のために〝江戸時代の日本（古い日本）〟をそのままロンドンに移植したロンドン日本人村に対して、明治政府側は大変不満足であった。最大の問題点は、ロンドン日本人村が日本の恥辱をさらし、日本人自身が見世物になるかもしれないという懸念であった。十九世紀後半から問題になる〝人間動物園〟に連なる懸念である。明治政府が危惧した〝ロンドン日本人村後遺症〟は、一九一〇年に開かれた日英博覧会まで尾を引くのである。

〝日本〟および〝日本人〟がいわゆる見世物の対象になる点についていえば、海外における軽業見世物興行も同じような要素をかかえていた。さらにいえば、ジャポニスムにもほんのわずかであるが似たような要素がある。少し言い過ぎかもしれないが、ジャポニスムはある面では日本の美術品や工芸品を使用した〝高級な見世物〟ということも可能であろう。いずれにしても〝開国〟によって新しく欧米に紹介されたばかりの〝日本〟は、いわゆる〝見世物〟になる価値を多くもっていたのであろう。そこに目を付けたのが腕利きの仕掛け人タナカー・ブヒクロサンだったのである。

本書は海外で〝日本〟を〝見世物〟にしたタナカー・ブヒクロサン（フレデリック・ブレックマン）の物語である。その異色の〝外国人〟の物語に焦点を当てることにより、一体日本の近代とは何であったのかという疑問を考える手がかりにしたい。〝日本〟見世物興行仕掛け人タナカー・ブヒクロサンに、幕末・明治時代（開国・明治維新期）の一面を裏から照射してもらう試みである。タナカー・ブヒクロサン（フレデリック・ブレックマン）という人物が活躍することができた歴史的舞台は一体何であったのであろうか。そのあたりを検討すると、日本の近代に対する新しい見方が出てくるかもしれない。

第Ⅰ部

駐日英・仏公使館員時代（一八五九―六六年）

第一章　日本への来航と横浜在住時代

アムステルダムの中心に生まれる

フレデリック・ブレックマンは一八三九年二月二十五日（天保十年一月十二日）にオランダの中心都市アムステルダムに生まれた。オランダの出生証明書によると、彼の正式の名前はフレデリック・エデュワード・マリー・マーティネス・ブレックマン（Frederik Eduard Marie Martinus Blekman）である。彼の父親の名前はエデュワード・マタイス・ニコラース・ブレックマン（Eduard Matthijs Nicolaas Blekman）で、父親の職業は委託代理人（agent of commission）であった。

フレデリック・ブレックマンが生まれた場所は、アウデザイスアフターブルグワル（Oudezijds Achterburgwal）という名前の通りの一八八番地であった。アムステルダムはもともと運河を中心にして発達した町で、その通りは町の中心部にある運河に面した場所であった。まさに、ブレックマンは

アムステルダムのフレデリック・ブレックマンの生家（現在。著者撮影）

アムステルダムのど真ん中で生まれたのである。そのブレックマンの生誕地を現在訪ねてみるとよくわかるが、そこはいわゆるレッドライト・ディストリクト（赤線地帯）や、アムステルダム大学の敷地に隣接する場所である。彼の出生地や出生証明書などから、おそらく彼の父親は貿易などで活躍する商人で、家庭も豊かであったと思われる。

父親とのパリでの再会1

フレデリック・ブレックマンが一八五九年四月十六日（安政六年三月十四日）に長崎に到着した時、彼は二十歳になっていた(1)。ただ、アムステルダムで出生してから長崎に来航するまでの間に、どのような生活をしていたのか、その詳細は不明である。しかし、以下に記すブレックマンのパリにおけるエピソードから、大まかな様子は知ることができる。

ブレックマンが一八六四年（文久四年・元治一年）に横浜鎖港談判使節団（池田使節団、第二次遣欧使節団）の通訳・案内人としてフランスに出かけた時、彼はパリで父親（エデュアール・ブレックマン）と再会する。行方不明になっていた息子と父親との再会のエピソードはフランス語や英語の新聞などで報道された。それらの新聞記事から、フレデリック・ブレックマンの出生から長崎来航までの若年期の様子をある程度知ることができる。ただ、そのエピソードの内容には多少バラツキがある。ブレックマンの幼少・若年期に関連するエピソードは、次のように大体三つぐらいに分類することができる。

最初のエピソードには、新聞記事のタイトルとして「ありそうもないオランダの出来事[2]」とか、「長い間行方不明であった息子[3]」というような題名が付いていた。

——フランツ・ブレックマンはオランダで生まれた。彼には放浪者の性向があり、若くして幸運を求めてバタヴィアに向かう船に乗り込んだ。その後何年かが経過した。フランツからは何のたよりもなかった。そこで、彼は事故か何かに遭遇して、すでに死んでしまったのではないかと思われていた。

彼の父親はオランダに残っていたが、オランダでのビジネスに失敗し、パリにやって来た。手持ちの資金もほとんど無くなったので、父親はしかたなくパリにいる友人に借金を無心する手紙を出した。その友人は金と一緒に一枚の写真を父親に送付した。その写真にはパリにやって来た日本の使節団が写っていた。しかも、その写真に息子のフランツ・ブレックマンも一緒に写っていたのである。

確かに、その写真の人物は息子に顔つきがよく似ていたが、その人物は日本人と同じように、頭の月代を剃っており、着ている衣装も東洋風であった。そのため、父親はまだ十分納得することができなかった。そこで、自分自身で確かめようと、父親は日本の使節団が泊まっているホテルに出かけた。ホテルの中庭に入ると、運良く日本人たちがちょうど外出するところに遭遇した。

父親は、その中の一人に「お前はフランツか」と尋ねた。息子はすぐに、呼びかけた相手がだれであるのかを悟った。そして、父子は両腕でお互いに抱擁し合った。それを見ていた日本人たちも、大変感動した。さらに、息子は金回りもよく大変裕福であったので、父親の困窮問題も霧散したのである。

以上が最初のエピソードの概略である。

父親とのパリでの再会2

次のエピソードは、新聞記事として「父親と息子の不思議な再会」というような題名が付いていた。(4)このエピソードの概要は最初のエピソードに似かよっているが、多少異なる部分もある。人物の名前についてははっきり記されていないが、内容などから明らかにフレデリック・ブレックマンのことを指している。

——息子は、長年船乗りの生活をしたいと希望していた。息子はロッテルダムの裕福な商人である

パリのグランド・ホテル（1864年当時）

父親を説き伏せて、およそ二十年前に退屈なデスクワークから解放され、やっと念願の船乗りになることができた。彼がヨーロッパを離れた後、父親は破産して、ついに貧困のどん底に転落した。そこで、父親はパリに移住したが、パリでも幸運に恵まれず、十五年近い間貧困に苦しんだ。ついに最悪の事態に陥り、よくなる見通しはまったくなかった。

ある日の夕方、隣人が父親に、パリの有名な写真家であるナダールの写真館に掲げてある写真を見るように勧めた。そこで、父親はナダールの写真館に出かけた。彼はその写真館で、二十年前に海に乗り出し行方不明になった息子を見つけたのである。息子は、パリを訪問している日本の使節団の通訳をしていたのである。

父親はただちに日本の使節団が泊まっているグランド・ホテルに出かけた。父親が息子の部屋に入ると、息子はすぐにその老人がだれであるのかを了解した。父子の再会は大変感動的なものであった。息子はすでに日本で大きな財産を築いていた。息子はヨーロッパに来てから自分の家族の行方をさがし回っていたが、まったく手がかりはなかった。一方父親は、息子はもう死亡したか、または家族のことはまったく忘れ去ったのではないかと思っていた。そのような状態の中で、運良く再会することできたので、二人は大変喜んだ。

父親とのパリでの再会3

第三番目のエピソードは、フランスの新聞記事によると次のような話であった[5]。まず、記事は聡明なヨーロッパ人は日本で簡単に財産を築いたり名誉のある地位に就くことができるらしいと述べ、続いてフランク・ブラックマン（Franck Blackman）の話を始める。

フランクはドイツの小さな村に生まれた。彼の父親は靴屋をしていた。フランクは父親の仕事を継ぐ意思はまったくなかった。彼はひそかに東インドに向けて出発した。それは二十年以上前のことであり、その時フランクの年齢はわずか十歳であった。靴屋の父親は息子がいなくなったのを嘆き悲しみ、おそらくもう生きてはいないだろうと思った。

村に残った父親は靴を作り続け、ある程度の富を手に入れた。財産がある程度できた時、彼は幼なじみで息子の名付け親でもある友人がパリにいることを思い出した。父親は早速小さなスーツケースを手にして、パリに出かけた。パリでは友人が父親を歓迎してくれた。

食事をごちそうした後、友人は父親に「息子は今日で何歳になるのか？」と尋ねた。父親は「息子はもう三十歳になる」と答え、同時に「死んだ者はもう戻らない」と付け加えた。驚いたことに、友人は父親に「お前の息子（フランク）は達者でおり、今お前に息子を会わせてやるから、俺と一緒に来い」といい、父親をキャプシーヌ大通りにあるグランド・ホテルに連れて行った。

父親と友人の二人がホテルに着くと、すでにホテルの前には人だかりができていた。日本の使節団が馬車でチュイルリー宮殿からホテルに戻るのを見ようと、大勢の人が待っていたのである。友人は父親をホテルの中庭に入れ、馬車から降りる使節たちがよく見える場所に立たせた。すると、日本の使節団が到着し、馬車から降りた。父親は日本使節団の皮膚の色がサフラン色（黄色）で、長い刀を持ち、独特の髪型をして、長い服を着、奇妙な履き物を履いていることなどは一切無視して、ただ息子とドイツのことだけを考えていた。

すると、突然父親の顔色が青ざめた。彼は両手を上げ、フランクと小声で叫び、よろめきながら前に進んだ。息子はその声を聞くとすぐにその人物が父親であることを悟り、両腕でしっかりと父親を抱き締めた。その場面を見ていた日本の使節たちは、この父子再会の物語に大変興味を示し、父子の間にどんな事情があったのかを詳しく知りたがったのである。

ブレックマンの幼少・若年期

以上が、フレデリック・ブレックマンが一八六四年（文久四年・元治一年）に横浜鎖港談判使節団（池田使節団、第二次遣欧使節団）の通訳および案内人としてフランスに出かけ、パリで父親に再会した時のエピソードである。それらのエピソードは、ある意味ではフランス語や英語の新聞などに報道された記事などから紡ぎ合わされた、彼の幼少・若年期の物語になっている。

これらのエピソードにはもちろん間違いや誤解なども含まれ、相互に矛盾する点もある。たとえば、第三番目のエピソードでは主人公はドイツ人になっているが、もちろん、ブレックマンはオランダ人である。これは、ブレックマンまたはブラックマンという名前から、ジャーナリストが勝手に作り上げた推測かもしれない。ブレックマン（ブラックマン）はもともとドイツ系の名前であり、彼の先祖はドイツから来たかもしれないが、彼自身はオランダ生まれのオランダ人である。

第三番目のエピソードでは、父親の職業は靴屋になっているが、それがどのような情報によるものなのかは不明である。同じく第三番目のエピソードでは、彼は十歳の時に東インドに出かけ、パリで父親に再会した時には三十歳であったという。すなわち、父子は二十年ぶりに再会したのである。第二番目のエピソードでも、同じように父子が二十年ぶりに再会したことになっている。この二十年ぶりの再会については、多少疑いをもって解釈した方がよさそうである。

というのは、ブレックマンがパリで父親に再会した時、彼は実年齢では二十五歳であった。彼が海外に出かけたのは、おそらく十代の半ばか後半の頃のことであると思われるので、ブレックマンが行方不明になっていた期間は十年ぐらいであろう。二十年ぶりの父子再会というよりも、十年ぶりの父子再会の方が実際に近いのではないか。

以上述べた新聞記事によるブレックマンの三つのエピソードを総合すると、ブレックマンの出生、幼年・若年期は大体次のようであった。ただし、第三番目のエピソードには脚色が多いように思われるので、多少割り引いて解釈する。さらに、新聞記事などに付け加えて、ブレックマンの出生証明書から得られる情報も加えることにする。そうすると、ブレックマンの出生、幼年・若年期については、次のようなことを想定することができる。

まず、フレデリック・ブレックマンは一八三九年にオランダのアムステルダムに生まれた。彼が十代の半ばかまたは後半の頃に、オランダを離れ、オランダの植民地であったバタヴィア（現在のジャカルタ）に出かけた。

開国直後に来日し英国公使館に勤務

フレデリック・ブレックマンは、二十歳の時にバタヴィアから長崎に来航した。十代の元気のいい若者であるブレックマンは、退屈な故国オランダを後にして、冒険と幸運を求めて新天地であるバタヴィアに出かけたのであろう。さらにバタヴィアから、開国して間もない日本にやって来たのである。

ブレックマンはオランダ船で一八五九年四月十六日（安政六年三月十四日）にバタヴィアから長崎に来航した。(6) そのオランダ船はオランダ語でつばめを意味する〝ズワルー〟（zwaluw）という名前の帆船であった。横帆を二本のマストに張ったブリッグと呼ばれる帆船である。

当時、日本と外国との交渉には、もっぱらオランダ語が利用されていた。多分それが大きな要因であると思われるが、英国の初代駐日総領事（後には公使）ラザフォード・オールコックは、同年（一八五九年）八月に英国公使館付としてブレックマンを通訳として雇っている。(7) 給与は無料の住居付きで年間一〇〇ドル（メキシコ・ドル）であった。

オールコックは彼自身がまだ日本に着任してから一ヶ月ばかりの頃に、ブレックマンを英国公使館に雇ったことになる。この時から始まったブレックマンとオールコックの縁は、およそ四半世紀後にブレックマン（タナカー・ブヒクロサン）がロンドンで日本人村を興行する時に、その開会式にオールコックを引っ張り出すきっかけとなるのである。

ブレックマンは最初長崎に来航したが、ほどなくして横浜に移動したものと思われる。彼がオールコックと出会ったのも、おそらく長崎ではなく、横浜であっただろう。幕末に横浜に滞在したフランシス・ホールというアメリカ人の商人は、日誌を付けており、その日誌によると、次のようなことがわかる。

ブレックマンは一八五九年十一月二十九日（安政六年十一月六日）に、前夜地震があったことをホー

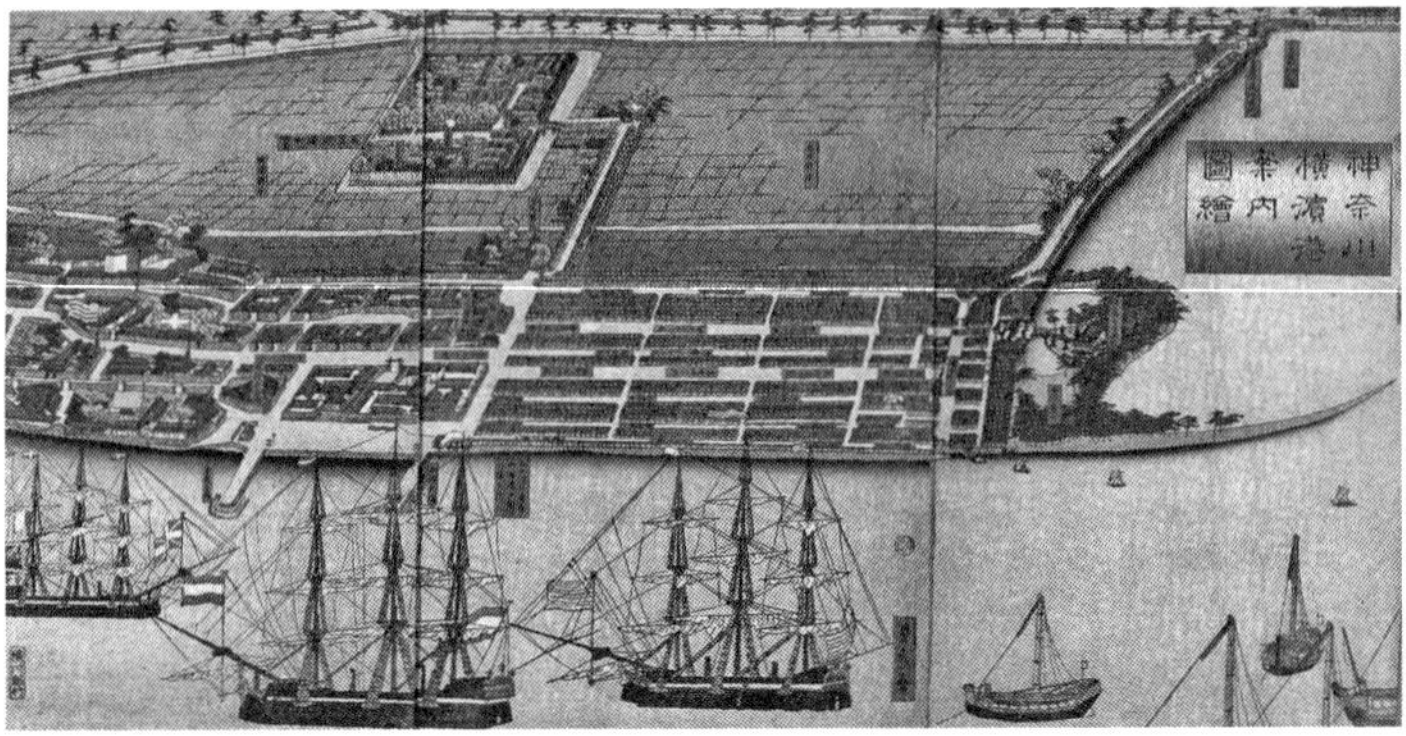

歌川貞秀『神奈川横浜港案内図絵』

ルに報告している。(8)これからわかることは、十一月二十八日にはブレックマンが確実に横浜にいた点である。さらに、一八六〇年一月三日（安政六年十二月十一日）に横浜の外国人居留地で火災が発生したが、それを最初に発見したのがブレックマンであった。(9)

また、フランシス・ホールの日誌の一八六〇年二月二十二日（安政七年二月一日）のところには、英国の通訳であるブレックマンが、横浜に向かう幹線道路で松平越前守の行列に遭遇し、その時、彼は松平越前守の家来から大変乱暴に扱われたということが記されている。(10)

また、同じホールの日誌の一八六〇年三月十一日（安政七年二月十九日）の部分には、次のようなことが記録されている。(11)ジェームス・カーティス・ヘボン（医療伝道宣教師、ヘボン式ローマ字の創始者）が、アメリカ領事館で日曜日の礼拝を執り行った。その礼拝の後、フランシス・ホールは英国の通訳であるブレックマンと一緒に食事をした。その時のホールとブレックマンの会話の話題は、もっぱら二週間ほど前に横浜で殺害されたオランダ人船長のW・デ・フォスとオランダ人の商人J・N・デッケルのことであった。ホールの日誌によると、同国人（オランダ人）であるブレックマンは明らかに不安げな様子であったという。ブレックマンが来日し、英国公使館の通訳として日本に滞在した時期は、外国人殺傷事件が盛んに起きた物騒な時代であったのである。

日本が開国し外国人が横浜などに居住し始めるようになると、欧米の風俗・生活様式と一緒に、競馬（近代競馬、洋式競馬）も日本に導入された。日本で開催された最古の洋式競馬は、一八六〇年九月一日（万延一年七月十六日）に横浜で行われたいわゆる居留地競馬である。フランシス・ホールも自分の日誌に当日の競馬の様子を記録している。[12] 当日の一番の呼び物である障害物競走では、ブレックマンは自分が乗った馬に振り落とされている。

このように、フランシス・ホールの日誌から時折ブレックマンの様子がもれ伝わって来る。たとえば、競馬で落馬してから約半年後のことであるが、ブレックマンは伝染病に似た病気にかかり、大変苦労している。

一八六一年一月二十七日（万延一年十二月十七日）付のホールの日誌によると、ブレックマンは病気になり、軽症の天然痘またはそれに似た症状が出ていた。[13] やっかいなことは、ブレックマンの病気がうつるのを恐れて、だれも彼を世話する人がいなかったことである。そこで、ブレックマンは食べ物も与えられず、たった一人で取り残されていた。しかたがないので、医者であるジェームス・カーティス・ヘボンがブレックマンの世話をしたという。

フランス公使館員への転身

また、フランシス・ホールの日誌は、一八六一年五月十四日（万延二年四月五日）付の部分でも、ブレックマンのことに言及している。[14] ここで重要なことは、ブレックマンがフランスの通訳（フランス公使館の通訳）として記載されている点である。フランシス・ホールの日誌では、それ以前はブレックマンは英国公使館の通訳として紹介されていたが、この部分ではフランスの通訳となっている。

ブレックマンは一八五九年（安政六年）に、英国公使オールコックに通訳として雇われた。英国の公使館員や領事館員などを掲載した公式のリストには、ブレックマンの名前は臨時の助手（Temporary Assistant）として掲載されている。最初に彼の名前が現れるのは一八六一年七月（文久一年六月）付のリストで、[15] 以後、一八六二年一月（文久一年十二月）[16]、一八六二年七月（文久二年六月）[17]と、半年ごとに刊行されたリストに三回掲載されている。勤務の場所は、いずれも神奈川（横浜）で、またブレックマンの勤務開始時期は一八六〇年（万延一年）と推定されている。またブレックマンの名前が最後に掲載された時には、以後のリストにはもう掲載されないというメッセージが付されていた。

フランシス・ホールの日誌からもわかるように、一八六一年五月十四日（万延二年四月五日）の時点では、ブレックマンの所属は英国公使館ではなく、確実にフランス公使館の通訳に変わっている。いずれにしても、ブレックマンは英国公使館の職員として二年弱ほど働いていた後、フランス公使館の通訳兼書記として雇われたと思われる。想像するに、ブレックマンは一八六一年の前半のうちに、英国公使館勤務からフランス公使館の通訳勤務に変わったのであろう。英国の公式リストへの記載には時間的なずれがあるかもしれない。

ブレックマンがフランス公使館の書記官兼通訳に採用されたのは、フランスの初代駐日公使デュシェーヌ・ド・ベルクールの意向によるものであろう。ベルクールは同じ日本在住の外交官として、ブレックマンを雇った英国の駐日公使オールコックと頻繁に会う機会があり、そこでブレックマンのことを知り、彼をフランス公使館の書記官兼通訳に採用したのであろう。

英国の駐日公使オールコックとフランス駐日公使ベルクールの関係が比較的良好であったので、ブレックマンの移管もスムーズに行ったのであろう。また給料などの条件も、フランス公使館の方がよかったと想像することができる。もちろん、ブレックマンが英仏両国の駐日公使館で働くことができたのは、自国語であるオランダ語に加えて、彼が一応英仏両国語をある程度マスターしていたためである。

英国公使館でのブレックマンの役職は臨時の助手だったのに対して、フランス公使館でのブレックマンの役職は書記官兼通訳であったので、もしかすると、彼は英語よりもフランス語の方により長けていたかもしれない。さらに、両公使館の交渉相手は幕府の役人たちであるので、日本語もそこそこにできたのであろう。どのようにしてブレックマンが日本語の能力を獲得したのかは不明である。系統的に日本語を学習したというよりも、日常の会話などから日本語能力を獲得したのであろう。

『珍事五ヶ国横浜はなし』に記された住所

文久二年（一八六二年）に出版された書物に、『珍事五ヶ国横浜はなし』という題名の書籍がある。著者は俳人である南草庵松伯である。松伯はその書物で、開国後四年ほど経過した横浜の町の様子を紹介している。

幕府が諸外国と結んだ条約では、開港場は神奈川に指定されたが、神奈川は往来が盛んな東海道の宿場町であり、開港場に来航する外国人と東海道を行き来する日本人との間でいろいろな問題がおきることが予想されたので、幕府は勝手に実際の開港場をへんぴな場所である横浜村に変更した。オールコックなどの諸外国の外交官はそれに対して幕府に激しく抗議したが、幕府は横浜も神奈川の一部であるとして、そのまま強引に押し通した。

その結果、首都である江戸近辺の港としては、神奈川ではなく横浜が事実上の開港場となった。その新しく開発された横浜に外国人の居留地が設けられ、外国の公使館員、領事館員、商人たちが居住し始めた。

『珍事五ヶ国横浜はなし』には、番地別に居住外国人が掲載されている。それには外国人の名前や国籍などと一緒に、外国人に雇われている日本人の使用人や内妻または妾などの名前も記載されている。使用人は小使とか別当という名称で、内妻や妾は「らしゃめん」という名称以外にも、娘という名称で記載されている。

横浜の外国人居住地の六十番に住むのがフレデリック・ブレックマン（ブレッキマン）であった。[18]横浜の外国人居住地の六十番には、娘として〝もと〟、小使として金兵衛、別当として金治郎の名前が掲載されている。松伯の『珍事五ヶ国横浜はなし』に限らず、似たような出版物である『横浜奇談』（外国人商館番付並人名）や、『横浜みやげ』（異人館番付並人名録）にも、横浜の外国人居住地の六十番には、ブレックマン（ブレッキマン、ブレキマン）が住居していたことが記載されている。

いずれにしても、ここで興味がある点は、文久二年（一八六二年）の時点で、フレデリック・ブレックマンが横浜の外国人居留地六十番地に住み、〝もと〟という女性を妾または妻として抱えていたことである。〝もと〟または〝おもと〟という女性は、本書では何度も登場する女性である。

オランダの外交官ポルスブルックと〝らしゃめん〟

ブレックマンの内妻または妾については、『幕末開港綿羊娘情史』にはお浪という女性の名前が掲載されている。[19]『幕末開港綿羊娘情史』がどの程度信頼できる資料であるのかははっきりしない。この本には、横浜にあった遊郭で花魁道中が催されたことが記載されており、多くの外国人が激賞したとのことである。そのことは「日本通の仏人ブイッキマンの」記録にあると記述されているが、[20]はたしてそれがどの記録を指すのかは不明である。

当時、ブレックマンと同じように外交官や公使館員として日本に滞在する外国人が、日本人の女性を内妻とか妾として抱えていた場合は多く存在した。たとえば、幕末にオランダの外交官・領事館員として活躍したポルスブルック（ディルク・デ・グラーフ・ファン・ポルスブルック）のケースなどがそれにあたる。

ブレックマンの場合と同じように、ポルスブルックはバタヴィア経由で一八五九年（安政六年）に長崎にやって来た。彼の滞日期間はブレックマンよりも長く、一八六九年（明治二年）まで日本に滞在した。そのポルスブルックは、ブレックマンと同じようにおちょうという日本人妻を持っていた。

実は、『横浜市史稿　風俗編』によると、そのおちょうはいわゆるらしゃめんの始祖にあたるという。その経過は次のように記載されている。

ポルスブルク〔ポルスブルック〕は散歩の砌、本町通り二丁目の商人文吉の娘おてふ（当時二十一歳）を見染め、愛著禁ずる能はず、洋銀百枚で雇ひ入れの交渉をしたが、此時既に公娼で無い者は、外国人の妾たる事を得ない制となつて居たので、仮りに岩亀楼抱への遊女となり、源氏名を長山と改め、万延元年十月八日から、月極め十五両のらしやめん女郎となつたのである。(21)

以上のような経過で、ポルスブルックはおちょうを内妻にむかえることができたので、それがある意味ではらしゃめんの始祖と見なされる場合もある。

先に、『幕末開港綿羊娘情史』がはたして信頼できる資料かどうかはっきりしないと記したが、その理由の一つは、ポルスブルックと彼の内妻（妾）であるおちょうのエピソードである。『幕末開港綿羊娘情史』もこの二人の話を掲載しているが、[22]ポルスブルックのことがオランダの横浜総領事ラッターと記述されている。明らかにポルスブルックの名前を間違えている。

ポルスブルックについては、彼の日記や手紙が『ポルスブルック日本報告（一八五七―一八七〇）――オランダ領事の見た幕末事情』（生熊文訳）として出版されている。これを出版したヘルマン・ムースハルトによると、ポルスブルックにはおちょう（小山ちょう）という日本人妻があり、二人に間にはピーターという息子もいたという。[23]おちょうが彼の妻に納まる事情については、『横浜市史稿　風俗編』や『幕末開港綿羊娘情史』が記すような子細があったと思われる。ムースハルトによると、ポルスブルックは日本各地を旅行する際、妻子（ちょうとピーター）を同行させたという。

同様に、ムースハルトによると、ポルスブルックが所有していた写真のアルバムの中には、日本に滞在した他の外国人の日本人妻やその子供たちの写真が入っていたという。たとえば、オランダ系アメリカ人で、駐日アメリカ総領事館の通訳として活躍したヘンリー・ヒュースケンの日本人妻おつるやその子供、英国領事ガウワー（エイベル・アンソニー・ジェームズ・ガウワー）の日本人妻おようさん、スイス領事ルドルフ・リンダウの日本人妻おもとさんたちの写真が入っていたという。

横浜の競馬と箱館事件

フランシス・ホールの日誌により、一八六〇年九月一日（万延一年七月十六日）に横浜で開催された居留地競馬で、ブレックマンが馬に振り落とされたことは既述した。それから二年後にあたる一八六二年に、競馬を開催する組織として横浜レース倶楽部（日本レース倶楽部の前身）が、外国人居留地に誕生した[24]。一八六二年五月一日と二日（文久二年四月三日と四日）に、日本ではじめて本格的な競馬が横浜で開催された。

横浜レース倶楽部の競馬は春と秋、年二回行われた[25]。競馬場は英国とオランダの両領事の要請で、横浜の居留地内に設けられたものであった。一八六二年五月一日と二日のレースの結果は、英国人の騎手が四勝し、オランダ人の騎手が七勝した[26]。オランダ側では、フレデリック・ブレックマンとエドワルト・スネルの二人が好成績を上げた。なお、ブレックマンやスネルなどのオランダ人は、オランダの植民地であるバタヴィアと関係が深いが、一八六二年の秋の競馬では、バタヴィアと名付けられた馬が大活躍した[27]。

ブレックマンと同じように、横浜の競馬で活躍したエドワルト・スネルは、スイス領事館にも書記官などとして勤務したことがあるオランダ人の商人であり、日本では武器販売などの商売に携わった。ただし、彼の両親はドイツ人であり、出生や少年期の経過などから、彼の国籍についてはオランダ人

ともドイツ人ともみなすことができるようである。(28)

彼の兄（ヘンリー・スネル）もプロシア（のちのドイツ）の領事館に勤めたことがあり、弟と同じように武器などを扱う商人であった。兄の方は和装し小刀を携え、平松武兵衛という日本名を名乗り、また日本語もできたようである。(29)アメリカで最初の日本人の入植地である若松コロニーを開拓したのは、兄のヘンリー・スネルであった。

スネル兄弟はオランダ系、バタヴィアとの関係、領事館・公使館勤務、武器の販売、競馬、和装して日本人の名前を使用するなど、ある意味ではブレックマンと非常によく似た行動をしている。おそらく、ブレックマンとスネル兄弟はお互いに顔見知りであったに違いない。ブレックマンやスネルなどのヨーロッパからはるばる日本にやって来た若者は、冒険心と同時に野心も持っており、機会を見つけて日本で一儲けしようとたくらんでいたのであろう。

ブレックマンと馬との問題では、彼は横浜レース倶楽部による一八六二年の秋の競馬が横浜で開催される前に、箱館（函館）で一悶着を起こしている。すなわち、同年の春の競馬でブレックマンやスネルなどが活躍した後の話である。幕末に日本にやって来たフランスの神父ピエール・ムニクゥの日記や、横浜の英字新聞によると、それは次のような事件であった。(30)

フランスの軍艦モンジュは、ブレックマンやムニクゥ神父を乗せて一八六二年八月十日（文久二年七月十五日）に横浜を出港し、八月十五日に箱館に到着、碇を下ろした。軍艦モンジュが箱館に十日間停泊し、同月二十五日に箱館を出発する際、ブレックマンが箱館で購入した馬一頭を同船に積み込もうとした。しかし、箱館にある幕府の税関がその乗船を拒否した。そこで、軍艦モンジュの艦長は武装した水兵を引き連れて上陸し、兵力で箱館奉行に圧力をかけ、ブレックマンの要求を認めさせ、さらに箱館奉行に、この件で陳謝をさせたという。

これは単にブレックマンという一外国人が馬一頭を箱館から連れて来るという話であるが、この馬騒ぎは想像以上に大きなものになった。では、なぜブレックマンはこんな騒ぎを起こしてまでして、この馬を北海道から横浜に持って来たかったのであろうか。もしかすると、ブレックマンはこの馬で秋の競馬に出場し、春の競馬と同じように優勝しようという魂胆を持っていたのかもしれない。

井土ヶ谷事件とブレックマン

すでに言及したように、開国とともに尊皇攘夷運動も高まり、幕末には外国人殺傷事件がいくつか起きていた。一八六〇年（安政七年）のオランダ船長殺害事件や、一八六一年（万延一年）のオランダ系アメリカ人であるヒュースケン殺害事件などは、本書の主人公で同じオランダ人であるフレデリック・ブレックマンにとってはきわめて身近な事件であった。実際、前述したように、彼自身も一八六〇年二月二十二日（安政七年二月一日）に松平越前守の行列に遭遇して、ひどい目に遭っている。一つ間違えれば、ブレックマン自身が殺傷されかねない出来事であった。それらの外国人殺傷事件の中でも幕末の外交関係などに最大の影響を与えたのは、一八六二年九月十四日（文久二年八月二十一日）に起きた生麦事件である。事件の概要は以下のようなものであった。

乗馬を楽しんでいたチャールズ・リチャードソンなどの四人の英国人が、横浜近辺の生麦村で薩摩藩主の父、島津久光の行列に遭遇した。行列を横切った無礼を咎められたリチャードソンたちは、騎乗のまま島津藩の藩士に斬りつけられ、その結果、リチャードソンが死亡し、他の二人が重傷を負った。英国はすぐに幕府と薩摩藩に犯人の処罰と賠償金を要求した。幕府は賠償金を支払ったが、薩摩藩は英国の要求を拒否したので、英国艦隊が翌年鹿児島を攻撃した。これが薩英戦争である。

生麦事件からおよそ一年一ヶ月後にあたる一八六三年十月十四日（文久三年九月二日）には、井土ヶ谷事件が起きた。フランス陸軍の少尉アンリ・カミュが、同僚と一緒に乗馬をしていたところ、武州久良岐郡井土ヶ谷村（現在横浜市南区井土ヶ谷町）で浪人に襲われ、絶命した事件である。

井土ヶ谷村で外国人が殺されたという知らせが、横浜に在住する各国の領事などに連絡されると、ブレックマンはアメリカ領事ジョージ・フィッシャー、ジェンキンズ、日本人の役人とともに最初に現場に駆けつけ、カミュの死体に出会った一人となった。[31] すぐに幕府により井土ヶ谷事件の犯人捜索は開始されたが、結局犯人はわからず仕舞いに終わった。

もちろん、陸軍の少尉を殺害されたフランス側は、幕府に対して犯人逮捕や賠償問題できびしい態度を取るが、薩英戦争を引き起こした生麦事件とは異なり、井土ヶ谷事件の解決は比較的穏便に行われた。幕府は翌年にフランスに派遣された横浜鎖港談判使節団（池田使節団、第二次遣欧使節団）を通じて、まずフランス側に謝罪し、さらに犠牲者アンリ・カミュの遺族に扶助金を支払った。

横浜鎖港談判使節団の派遣、同使節団によるフランス政府への謝罪、アンリ・カミュの遺族への支払いなど、この井土ヶ谷事件の解決に活躍するのが、同使節団の通訳兼案内人としてフランスに渡ったブレックマンであった。もちろん、ブレックマンが使節団の派遣や井土ヶ谷事件の解決に活躍することができた背景には、駐日フランス公使ベルクールの支援・承認などがあった。

横浜鎖港談判使節団の第一の目的は、文字通り横浜を鎖港することをフランスや英国などの諸外国と交渉することであったが、実はフランスで井土ヶ谷事件の犠牲者アンリ・カミュの遺族に賠償金を支払うことも派遣理由の一つであった。駐日フランス公使ベルクールの差し金であったかもしれないが、幕府側の文書などによると、横浜鎖港談判使節団の任務の一つとして井土ヶ谷事件の解決を含めることを提案したのは、一応ブレックマンであった。

下関事件の賠償交渉で通訳として活躍

生麦事件や井土ヶ谷事件などは、日本国内におけるいわゆる攘夷運動の高まりを示す一連の動きであった。さらに、攘夷派は単に外国人を排斥するだけが目的ではなく、これらの外国人殺傷事件を通じて外国と交渉する立場の幕府をさらに困難な状態に陥れる意図も持っていた。そのような状況の中で、井土ヶ谷事件の三、四ヶ月ほど前にいわゆる下関事件が起きていた。

攘夷実行の日とされた一八六三年六月二十五日（文久三年五月十日）を期して、長州藩が下関海峡を通過するアメリカの商船、フランス、オランダの軍艦などを砲撃した。その長州藩の米・仏・蘭に対する砲撃のおよそ半月後、今度は報復措置としてアメリカやフランスの軍艦が、長州藩の軍艦や砲台などを破壊した。これが下関事件である。アメリカやフランスの砲撃にもかかわらず、長州藩はすぐに砲台を修復するなど下関海峡封鎖をそのまま継続した。

その長州藩の海峡封鎖で経済的な損失を被った英国がフランス、オランダ、アメリカに呼びかけ、英、仏、蘭、米の四ヶ国の連合艦隊が、翌一八六四年九月（元治一年八月）に、下関海峡沿岸にある長州藩の砲台を激しく砲撃した。また、四ヶ国の連合艦隊の陸戦隊も上陸して、砲台などをさらに徹底的に破壊した。これが四国連合艦隊下関砲撃事件である。同事件は馬関戦争とも呼ばれる。

下関事件と四国連合艦隊下関砲撃事件（馬関戦争）の両方を一緒にまとめて、下関戦争と呼称する場合もある。いずれにしても、幕末には外国人殺傷事件だけではなく、薩英戦争や下関戦争のように薩摩藩や長州藩などが直接武力で外国勢力と衝突する事件も起きていた。

本書の主人公であるフレデリック・ブレックマンは、一八六三年（文久三年）の下関事件には関係した。彼はフランス軍艦に乗り込み、フランス公使館の通訳として活躍したのである。フランスはバンジャマン・ジョレス提督の統率の下に長州藩を攻撃するため、軍艦セラミスおよび軍艦タンクレードの二隻を横浜から下関海峡に派遣した。ブレックマンも、フランス公使館の通訳官としてジョレス提督に同行して軍艦セラミスに乗船した。

ブレックマンは横浜で発行されていた英字新聞『ジャパン・ヘラルド』に寄稿して、フランス軍艦

フランス公使デュシェーヌ・ド・ベルクール

の砲撃や戦闘の様子などを報道した。『ジャパン・ヘラルド』に掲載されたブレックマンの報道記事は、多数の外国の新聞[32]、さらにはジョン・レディ・ブラック著『ヤング・ジャパン』[33]などにも引用された。

また、フランスの絵入り新聞『ル・モンド・イリュストレ』は、一八六三年七月二日(文久三年五月十七日)に軍艦セラミスで行われた仏英両国と幕府との下関事件に関する賠償交渉の様子を掲載した。『ル・モンド・イリュストレ』に掲載された図(**口絵6**)には、フランス公使ベルクール、ジョレス提督、イギリス代理公使ジョン・ニール、英国海軍キューパー提督、若年寄酒井忠毗《ただます》などと一緒に、フランス公使館の通訳官フレデリック・ブレックマンの姿も含まれていた。

以上のように、ブレックマンはフランス側の通訳や英字新聞への報道記事の寄稿者として一八六三年の下関事件には巻き込まれたが、翌一八六四年の四国連合艦隊下関砲撃事件（馬関戦争）の場合には、彼はまったく関与しなかった。というのは、一八六四年の事件はブレックマンが通訳兼案内人として同行した横浜鎖港談判使節団が日本に帰国した後に勃発しており、ブレックマンは帰国と同時に、フランス公使館付の通訳官の役職を解任されていたからである。また、駐日フランス公使もブレックマンを通訳官に採用したデュシェーヌ・ド・ベルクールから、ブレックマンを通訳官の仕事から解職したレオン・ロッシュに代わっていた。

次章では少し時間を遡って、フランスを訪れた横浜鎖港談判使節団とブレックマンの様子を追ってみよう。

第二章　横浜鎖港談判使節団とともに渡仏

遣外使節団と横浜鎖港

日本は一八五四年（嘉永七年）にアメリカなどと和親条約を結び、さらに四年後の一八五八年（安政五年）にはアメリカなどと修好通商条約を締結した。これがいわゆる安政の五ヶ国条約である。幕府は日米修好条約批准書交換のために、一八六〇年（安政七年・万延一年）にアメリカに使節団を派遣した。これが万延元年遣米使節団であり、最初の幕末遣外使節団であった。

続いて、一八六二年（文久二年）に幕府はヨーロッパに二番目の遣外使節団を派遣した。これが文久遣欧使節団である。文久遣欧使節団は第一回遣欧使節団、開市開港延期交渉使節団とも呼ばれる。また、使節団の正使である竹内保徳の名前を取り、竹内使節団とも呼ばれる。開市開港延期交渉使節団という名称からもわかるように、この使節団の目的は、安政の五ヶ国条約で決められた兵庫、新潟、江戸、大坂の開市・開港を延期する許可・承認を、英国、フランスなどのヨーロッパ諸国と交渉することであった。

文久遣欧使節団はロンドンで英国政府と交渉し、ロンドン覚書により、開市・開港の延期に関する英国政府の承認を得た。また文久遣欧使節団の帰国後、フランスなどの諸外国も英国政府の方針に従ったので、結局、幕府は開市・開港を五カ年延期することができた。文久遣欧使節団は目的を達成することができたのである。

兵庫、新潟、江戸、大坂の開市・開港の延期は、攘夷運動の高揚を反映した動きであり、攘夷運動をある程度なだめようとするねらいを持っていた。実際に、幕府は攘夷派の運動や生麦事件、下関事件、井土ヶ谷事件などの処理で、賠償問題を含めて、諸外国との軋轢に苦しんでいた。

そうした状況の中で、江戸に近い主要な開港場である横浜の閉鎖を交渉するために、幕府はヨーロッパに向けて遣外使節団を派遣することにした。開国により開港した横浜を再び閉鎖して、横浜にいる外国人などを箱館などに移住させようとする狙いである。この使節団は横浜鎖港談判使節団とか、第二次遣欧使節団と呼ばれる。またこの使節団の正使が池田長発であったので、池田使節団とも呼称される。

もちろん、一度開港した横浜を再び鎖港する交渉は最初から大変な困難が予想された。幕府の関係者の目から見ても、この遣外使節団が欧米諸国を説得して、横浜鎖港の目的を達成するのは不可能に近いことと思われた。しかし、幕府がそのような状況の中でもあえて使節団をフランスをはじめとするヨーロッパ諸国に向けて派遣したのには、国内で勢力を増大する攘夷派を懐柔するために、時間稼ぎをしたいという意図もあった。要するに、幕府は攘夷派に対して横浜鎖港を諸外国と交渉している姿を見せつける必要もあったのである。

派遣の約三ヶ月前文久三年八月十八日（一八六三年九月三十日）に起きた政変（文久の政変）により、長州藩や尊皇攘夷の急進派公家たちは京都から追い出された。しかし、京都の朝廷内には依然として攘夷論が根強く残っていた。そのような朝廷を懐柔するため、幕府は江戸に近い横浜を鎖港し、外国との貿易を長崎と箱館に限定する案を持ち出した。

横浜鎖港の件は、一八六三年十月二十六日（文久三年九月十四日）に入京した幕府の老中酒井忠績から朝廷に伝えられた。さらに同日江戸では、幕府から横浜鎖港の件がアメリカ公使ロバート・プリュインやオランダ総領事ポルスブルックに対して提議された。しかし、アメリカ公使プリュインおよびオランダ総領事ポルスブルックは、幕府の提案を拒否した。(1) なぜ横浜鎖港の案がまず最初にアメリカおよびオランダの代表に提案されたのかといえば、諸外国の中では両国が日本に対して比較的好意的であると思われたからである。

フランスへの使節団派遣とブレックマンの同行

横浜鎖港の件で幕府が米・蘭の次に選んだのは、フランスであった。横浜鎖港談判使節団の正使池田長発、副使河津祐邦などが、一八六三年十一月十八日（文久三年十月八日）に横浜に出かけ、フランス公使デュシェーヌ・ド・ベルクールに面会し、横浜鎖港談判を開始したいと申し入れたが、ベルクールは面会に応ぜず、通訳兼書記官のブレックマンに応接させている。(2) 翌十一月十九日（文久三年十月九日）に前日に池田長発や河津祐邦などと面接したブレックマンが外国奉行である竹本甲斐守宛に書簡を出して、下関事件および井土ヶ谷事件（フランス陸軍アンリ・カミュ少尉殺害事件）で、幕府は事情弁明のためにフランスに使節団を派遣するべきであると勧説している。(3)

以上のような経過を考慮に入れると、もしかすると横浜鎖港談判のためにフランスなどに使節団を派遣して横浜鎖港の交渉をすると同時に、フランスでは下関事件および井土ヶ谷事件などを解決するという考えは、もともとブレックマンから出たものかもしれない。また、これはベルクールの裏の意図であったかもしれない。横浜鎖港に反対している他の外交官の手前、ベルクールはこの件で直接正面に出る訳にはゆかないので、ブレックマンを使って横浜鎖港の話をフランスにとって有利になるように進めたのかもしれない。

いずれにしても、困り果てた幕府の形勢を見て、フランスがある種の助け船を出したかたちになったのである。ベルクールはこの時すでに、自分自身が更迭されることがわかっていたが、井土ヶ谷事件および下関事件の賠償問題の解決を離任間際の置き土産にしようと思っていたかもしれない。(4)

一方、下関事件および井土ヶ谷事件の謝罪や解決などを理由に横浜鎖港談判使節団に同行してヨーロッパに出かけるのは、ブレックマンにとっては好機到来と映った。そこで、彼は使節団に同行する件について、幕府に働きかけをする。使節団が自分の雇い主であるフランス公使宛にブレックマンを通訳兼案内人として同行させたいという願いを出すように、画策したのである。

ブレックマンは一八六四年一月五日（文久三年十一月二十六日）付で使節団の正使池田長発宛に書簡を出し、フランス公使からブレックマン同行の許可を得る斡旋を老中にするように依頼している(5)。幕府は早速フランス公使デュシェーヌ・ド・ベルクール宛の一八六四年一月十三日（文久三年十二月五日）付の書簡で、横浜鎖港談判使節団は諸事不案内なのでぜひブレックマンを使節団に同行させたいと依願している(6)。そしてベルクールは一八六四年一月二十一日（文久三年十二月十三日）付の外国奉行宛の書簡で、ブレックマンの同行を許可している(7)。

以上のような経緯で、フランス公使館の書記・通訳官であるフレデリック・ブレックマンが、横浜鎖港談判使節団に案内人兼通訳などの役職で同行することになった。使節団は「密に使節派遣を慫慂した佛國公使館通辯官ブレックマンを嚮導として、歐洲に派遣せられたのである(8)」。

横浜鎖港談判使節団の構成人員は、正使に池田筑後守長発、副使河津伊豆守祐邦、目付河田相模守熙、その他に外国奉行支配組頭田辺太一および雑役の青木梅蔵などを入れて合計三十四名であった（**口絵7C**）。それに加えて、通訳のフレデリック・ブレックマンなどが含まれていた。このブレックマンを含めた三十五名については、幕府関係の文書や記録、さらに横浜鎖港談判使節団に関する書籍や雑誌論文などにその姓名や役職などが記載されている。

しかし、実際に横浜鎖港談判使節団に同行してフランスに出かけたのは、この三十五名以外にもブレックマンの使用人などを含めさらに数名いたと考えられる。この数名については、ほとんど幕府の記録や文書などには名前が現れないが確実に同行したという証拠も存在する。これについては後で言及する。

ともあれ、池田筑後守長発を正使とする横浜鎖港談判使節団（第二次遣欧使節団）は、一八六四年二月六日（文久三年十二月二十九日）に横浜を出港した。

使節団の往路の旅程

横浜鎖港談判使節団（第二次遣欧使節団、池田使節団）の航海や、フランス滞在中の状況などについては、第一次資料として、使節団に加わった人物の日記（航海日記を含む）や回想録などが残っている。そこで、本書もそれらを利用して横浜鎖港談判使節団の様子、特に本書の主人公フレデリック・ブレックマンの行動を調べてみよう。

横浜鎖港談判使節団に関する日記や回想録などとしては、以下の資料が考えられる。

- 岩松太郎著「航海日記」（大塚武松編輯『遺外使節日記纂輯』第三、日本史籍協會、一九二八）
- 杉浦譲（愛蔵）著「奉使日記」（『杉浦譲全集』第一巻、杉浦譲全集刊行会、一九七八）
- 佐原盛純（金上佐輔）著『航海日録』（会津若松市立図書館蔵）
- 名倉予何人（敦）、高橋留三郎（包）著『航海日録』（京都大学文学部蔵）

スフィンクスの前の池田使節団（『日本人』第34号）

・三宅秀（復一）著「文久航海記」（三浦義彰著『文久航海記』篠原出版、一九八八）
・河田熙著「欧州派遣使節・奥右筆の話」『旧事諮問録』（青蛙房、一九六四）
・田辺太一著『幕末外交談』（平凡社、一九六六）
・尾佐竹猛著『幕末遣外使節物語——夷狄の国へ』（講談社、一九八九、特に「遣仏使節池田筑後守一行（文久三年）」の中に引用された「青木梅蔵日記」）

次に、横浜鎖港談判使節団の日程を略述してみたい。一行はフランスの軍艦モンジュで一八六四年二月六日（文久三年十二月二十九日）に横浜を出発し、一八六四年二月十四日（文久四年一月七日）に上海に到着、一週間滞在した。

上海からは、フランス郵船イダスプで一八六四年二月二十一日（文久四年一月十四日）に出帆し、三日後に香港に到着した。香港からはフランス郵船アルフェに乗り換え、サイゴン、シンガポールなどを経由し、セイロン島に一八六四年三月十日（文久四年二月三日）に到着した。セイロン島からはフランス郵船エリーマントに乗り換え、インド洋、紅海をへて、一八六四年三月二十五日（文久四年二月十八日）にスエズに到着した。

スエズからは、汽車でエジプトのカイロに行き、一八六四年四月四日（元治一年二月二十八日）にはピラミッドやスフィンクスなどを見学した（口絵7B）。フランス郵船ペルリでエジプトのアレキサンドリアを出帆し、一八六四年四月十五日（元治一年三月十日）にマルセイユに到着した。一八六四年四月二十日（元治一年三月十五日）にマルセイユを汽車で出発し、翌一八六四年四月二十一日（元治一年三月十六日）にフランスの首都パリに到着した（口絵7A）。日数としては横浜出発からパリ到着までは、全部で七十五日かかっている。

フランスでの交渉の失敗と帰路の旅程

横浜鎖港談判使節団の正使たちは、パリでフランス皇帝ナポレオン三世に拝謁し、また外務大臣ドルーアン・ド・リュイスと横浜鎖港などについて交渉をした。しかし、池田筑後守長発などの正使たちは、外務大臣リュイスとの交渉などを通じて、横浜鎖港をフランスに認めさせるのは到底不可能であることを悟り、最初の訪問国フランスとの談判のみで他の諸国を訪問することは断念し、帰国の途につくことにしたのである。

ナダールが撮影した池田使節団

椅子に座っている前列の三人は左から河津祐邦（副使）、池田長発（正使）、河田熙（目付）である。(Christian Polak Collection, Meiji University／明治大学クリスチャン・ポラック・コレクション)

横浜鎖港談判使節団の最重要な課題は横浜鎖港の件であり、その交渉は失敗に終わったが、一方フランス側との懸案事項である井土ヶ谷事件の処理については、比較的簡単に終えることができた。使節団がパリに滞在していた時、たまたま犠牲者であるアンリ・カミュの遺族もパリに宿泊していた。そこで、ブレックマンを通じて、使節団は直接遺族に謝罪するため面会を申し入れたが、それは断られた。しかし、井土ヶ谷事件の賠償問題については、フランス側から十五万フランの扶助金を遺族に払う案が出され、結局、日本側は三万五千ドル（メキシコ・ドル）（十九万一五〇〇フラン）の扶助金を遺族に支払うことで決着した。扶助金を受け取ったアンリ・カミュの父親からは、使節団の通訳フレデリック・ブレックマン宛に感謝の手紙が届けられた。

横浜鎖港談判使節団のもう一つの大きな問題は、帰国に際して、将来禍根を残すかもしれないパリ条約（パリ約定）に調印したことである。幸いなことに、横浜鎖港談判使節団の帰国後、幕府はパリ約定の批准を拒否し破棄を宣言したので、使節団によるパリ条約（パリ約定）の調印は、外交上さして大きな問題にならずにすんだ。

横浜鎖港談判使節団はパリに二ヶ月ほど滞在した。途中、フランスの港町シェルブールなどにも出かけた。帰路については、一行は一八六四年六月二十日（元治一年五月十七日）に夜汽車でパリを出発し、同月二十二日にマルセイユに到着した。一八六四年六月二十八日（元治一年五月二十五日）に英国の郵船イクサーに乗船し、同船は翌朝マルセイユを出港した。

横浜鎖港談判使節団の蒸気船による復路も、往路と同じようなルートをたどった。スエズ運河が開通する前なので、カイロからスエズまでは往路と同じように汽車を利用した。スエズからは、英国の郵船レンゴンに乗り込み、セイロン島まで同船を利用した。セイロン島からは、英国郵船イシュリーに乗り換え、シンガポールを経由して、一八六四年八月五日（元治一年七月四日）に香港に到着した。香港で英国郵船ガンジスに乗り換え、二日後出帆し、上海に立ち寄った後、一八六四年八月十九日（元治一年七月十八日）に横浜に到着した。パリ出発から横浜到着まで、六十日かかっている。

フランス製軍艦の購入問題

横浜鎖港談判使節団の滞仏中の重要な課題の一つとして、軍艦購入問題があった。これは、本書の主人公フレデリック・ブレックマンの逋債（負債踏倒し）事件のきっかけにもなった問題である。それは次のような事件であった。軍艦購入に関連して、ブレックマンは使節団から大金を預かった。その後、軍艦購入がキャンセルされたので、ブレックマンは使節団から預かった大金を幕府に戻さなければならなかった。しかし、実際には、ブレックマンはうまく返金追及から逃れることができた。ブレックマンの逋債問題で、幕府が負債を取り戻そうとする件については、後章で詳述する。

横浜鎖港談判使節団がパリ滞在中、日本に長く滞在したことがあるフィリップ・フランツ・フォン・シーボルトが、使節団に助言を与えるためパリにやって来た。その時、シーボルトはフランス皇帝ナポレオン三世の軍艦購入に関する内意を使節団に伝えた。すなわち、ナポレオン三世が池田使節団にフランス製軍艦の購入を勧めたのである。

一方、使節団の目付（正使、副使に次ぐ第三番目の役職）である河田相模守は、のちの一八九一年（明治二十四年）に東京帝国大学史談会で横浜鎖港談判使節団について思い出話をしているが、河田によると、まず、フランス政府の申し出は外務大臣リュイスから使節団に伝えられている。

フランス皇帝の内意はシーボルトを通じて、フランス政府の意向は外務大臣リュイスを通じて、それぞれ使節団に伝えられたことになる。要するにフランスとしては、皇帝および政府の両方から横浜鎖港談判使節団に軍艦購入を勧めたのである。

そのあたりの様子について、河田は、東京帝国大学史談会で次のように話している。


鎖港の件はお聞き入れ申すわけには行かぬが、御懇志の主意は今度の使節派遣でよく分かりましたから、どこまでも御補助申しますが、フランスの軍艦中でいずれでもよろしいから、相当と思うのがあるならば、自国政府で造った代価を以てお譲りいたしましょう。また陸海軍の伝習生をお遣《つか》わしになるならば、早速政府で引受けて伝習生のお世話をいたしましょう。フランス皇帝の思いつきでそう申しますからと、向こうから申し出ましたから、それは至極結構なことで、有難くお受けいたすから早速お譲り受け願いたいと申し、早速オランダに留学していた内田（恒次郎）と榎本（武揚）を呼び寄せまして、フランスの海軍卿の方に掛合って貰いました。軍艦の目録なども出来ておりまして、だんだん見ましたが、みな大きいのでした。なかなかお国などで用いられるような相当の物が一つも無かったのです。そこで有合わせのはご免を蒙って、こちらからこういう形のが相当だろうというのを、榎本や何かが考え出して、図を拵えまして、この通りのを格別に拵えて、政府で打ち建てる額を以て拵え、売り渡してくれということにいたしたのです。(9)

フランス側は、横浜鎖港の件については承認することができないが、かわりに幕府の武力を強化するために軍艦や武器購入の件で日本側を援助する用意があることを使節団に伝えた。そこで、使節団は軍艦を購入することにしたが、すでに出来上がった軍艦の中には適切なものがなかったので新たに建造することになり、その軍艦の図（設計図？）も作製した。

このフランスから軍艦を買い入れる話は、横浜鎖港談判使節団の段階では何も成果を上げなかったが、翌一八六五年（慶応一年）にフランスや英国に派遣された柴田剛中（貞太郎）の派遣使節団に別のかたちで引き継がれることになった。ブレックマンに渡した委託金を取り戻す件（ブレックマンの逋債取り戻しの件）も、柴田使節団のフランスに於ける任務の一つであった。

やっかいだった外国への送金

既述したように、幕府の外国奉行がフランス公使デュシェーヌ・ド・ベルクールに、同公使館付の通訳フレデリック・ブレックマンを横浜鎖港談判使節団に同行させてほしいと願い出た時の理由は、同使節団は諸事不案内であるためという点であった[10]。

また、横浜鎖港談判使節団に参加した外国奉行支配組頭田辺太一も、『幕末外交談』の中でブレックマンの同行について次のように述べている。

　また〔フランス公使は〕、そのころ同国公使館に雇われて、オランダ語の通弁をしていたオランダ人のブレキマンが、通弁兼航海中の案内者として使節〔横浜鎖港談判使節団〕に随従することを許してくれた（この前の遣欧使節〔文久遣欧使節団、竹内使節団〕のときは、すべて彼方が賄ってくれたので、郵船の乗船手続きや上陸地の客舎の宿泊などにも世話はなかったのであるが、この度は、みな自弁する必要があったので、案内者を入用としたのである）。

この田辺太一の『幕末外交談』の記述からもわかるように、文久遣欧使節団（竹内使節団）の場合とは異なり、今回の横浜鎖港談判使節団にはブレックマンのような通訳兼案内者が必要であった。乗船やホテルなどの手配、さらに船賃やホテル代の支払いなどお金（外貨など）が関係する事柄は、幕末に海外に派遣された遣外使節団にとっては、大変やっかいな問題であった。金の問題は単に支払いだけではなく、外貨への換金や送金の問題にも関係したのである。

田辺太一の記述からもわかるように、横浜鎖港談判使節団の場合、前例である開市開港延期交渉使節団（竹内使節団）の場合を常に参考にした。竹内使節団の場合、送金については外国の銀行が日本に進出する以前であったので、英国の貿易商社であるデント商会を利用した。デント商会の横浜支店に洋銀三万ドル（メキシコドル）を渡し、フランスのロスチャイルド家宛の十六万五千フランの為替手形を受け取り、それをパリで換金したのだ。[11]

それに対して、横浜鎖港談判使節団の場合、運良く英国の銀行が横浜に支店を設置した時期と重なっていた。もちろん、それは日本に初めて進出してきた外国の銀行であった。当然、この英国の銀行による横浜支店の設置は、ブレックマンにとっては大変好都合なことであった。その当時、横浜に居住する外国人の数は限られていたので、ブレックマンは横浜に銀行の支店を設置した人物のこともよく知っていたかもしれない。

英国のウェスタン・インディア・セントラル銀行（以下セントラル銀行）が、その日本に進出した最初の外国の銀行であった。同銀行は一八六三年三月（文久三年一月）に横浜に支店を開設した。[12] ジョン・レディ・ブラック著『ヤング・ジャパン』によると、同年三月七日に同銀行の支店の設立が発表され、チャールズ・リッカービーが支配人代理として横浜に着任した。[13]

セントラル銀行の横浜支店の所在地は、一八六三年九月一日（文久三年七月十九日）の時点では横浜大通り七十三番（または七十五番）であった。[14] ただし、所在地については、六十番であったという説もある。[15] 前章で紹介したように、六十番はブレックマンが居住した番地である。この説もまんざら根拠がない訳ではない。

というのは、リッカービーはのちにセントラル銀行を辞め、一時期独立して金融関係の仕事をした後、『ジャパン・コマーシャル・ニュース』という英字新聞の印刷機などを買い取り、一八六五年九月（慶応一年七月）に、『ジャパン・タイムズ』という英字新聞を横浜で創刊した。その『ジャパン・タイムズ』の事務所の所在地が、ブレックマンが住んでいた六十番だったのである。

いずれにしても、フレデリック・ブレックマンとチャールズ・リッカービーは、少なくともお互いに名前ぐらいは知っていたのであろう。ブレックマンは横浜鎖港談判使節団の送金の件で、横浜に設置されて間がないリッカービーのセントラル銀行を利用したのである。

セントラル銀行は、最初に日本に進出した外国の銀行であったが、横浜鎖港談判使節団が横浜を出発する一八六四年二月六日（文久三年十二月二十九日）までに、他にも同じ英国のインド・ロンドン・チャイナ・チャータード・マーカンタイル銀行（以後マーカンタイル銀行）や、インド・コマーシャル銀行（以後コマーシャル銀行）も横浜に進出していた[16]。

したがってブレックマンはセントラル銀行以外のマーカンタイル銀行か、コマーシャル銀行を利用することも可能であった。しかし、ブレックマンはセントラル銀行を選択し、その銀行を横浜鎖港談判使節団の費用の送金に利用したのである。

横浜鎖港談判使節団の経費

横浜鎖港談判使節団の費用については、一番わかりやすいのはすでに引用した河田熙による明治二十四年における東京帝国大学史談会での談話で、河田はその費用について次のように話している。

外国行の入費は、最初の見込みは五十万弗でしたが、五十万弗持って行くことが出来ませぬで、三十万弗に御勘定所で敲《たた》かれました。しかし各国へ残らず寄れば、五十万弗ということになっておりました。金は為替にいたしまして、現金で持って行ったのは十万弗位でした。その前に贈り物や何かために一分金で十万弗、それに種々の贈り物を求めました。[17]

結局、河田の説明によると、使節団の費用として洋銀（メキシコ・ドル）五十万ドルを請求したが、幕府の勘定所が三十万ドルに減額した。しかし、使節団は、フランスだけではなくその他の国々も訪問することになっていたので、その場合には合計五十万ドルを受け取ることができることになっていた。

使節団は、まず三十万ドルは為替で送金した。さらに、現金として洋銀十万ドルを持参した。また、贈り物などに一分金で十万ドルを使った。ただし、現金として洋銀十万ドルを持参し、贈り物に一分金で十万ドルを使用したという河田の説明には、もしかすると多少河田の誤解が含まれているかもしれない。

たとえば、横浜鎖港談判使節団の費用については、次のような史料がある。正使池田筑後守、副使河津伊豆守、目付河田相模守の三名は、老中板倉周防守に洋銀（メキシコ・ドル）五十万ドル、一分銀一万両を請求し、それに対して、老中は文久三年十二月二日（一八六四年一月十日）に洋銀三十万ドル、一分銀一万両を持参することを許可した。[18] 洋銀三十万ドルの部分は、河田の話と同じであるが、持参した一分銀については、一万両になっている。明治二十四年の河田の談話で、「十万弗」位現金で持って行ったとしているのは、一分銀一万両のことを数字の桁を間違えて話したのかもしれない。

また、河田が言及した為替送金については、次のことが判明している。横浜鎖港談判使節団が横浜を出帆した一八六四年二月六日（文久三年十二月二十九日）の前日、すなわち二月五日（文久三年十二月二十八日）に、使節団はパリおよびロンドンで受け取ることができるように、セントラル銀行の支配人チャールズ・リッカービーに三十二万七十ドル（メキシコ・ドル）を渡し、同額の為替手形を組んでいるのだ。[19]

為替の金額とリッカービーに渡した金額との間に多少ずれがあるが、もしかすると、これは手数料などが含まれるために起きる違いかもしれない。為替を組むため、三十二万ドル余りをチャールズ・リッカービーに支払ったことがわかるのは、実は、リッカービーが一八六四年十二月七日（元治一年十一月九日）付で三十二万ドル余りの為替に換えた金額のうち、六万八三〇ドルが残ったことを幕府に知らせる史料の中に、それが記載されているからである。[20]

為替の残高については、それを換金するのにおよそ四千ドルの損失になるので、そのまま保持し、横浜鎖港談判使節団の後、慶応一年（一八六五年）にフランスに向けて派遣された柴田剛中（貞太郎）の使節団の費用に利用された。[21] 横浜鎖港談判使節団は、本来の予定ではフランス一国だけではなく他の欧米諸国も訪問する予定であったので、最初幕府に対して五十万ドルおよび一分銀一万両を請求していたが、結局、訪問国はフランスだけで急遽帰国したので、用意した為替のうち六万八三〇ドルが残ったのである。

ただし、横浜鎖港談判使節団の出発時には、フランス以外にも数ヶ国を訪問することになっていたので、為替に組んだ三十二万ドルでは不足した万一の場合の準備として、使節団はセントラル銀行の支配人チャールズ・リッカービーからさらなる為替手形振り出しの約束を取り付けている[22]。横浜鎖港談判使節団の一員である杉浦愛蔵は、そのリッカービー宛の書簡を横浜出帆の前日にブレックマンにも手渡している[23]。結局、このリッカービーのさらなる為替についての約束は、河田の話における入費は三十万ドルではなく、五十万ドルにしてくれることになっていたという部分と照合する。

ともあれ以上のように、横浜鎖港談判使節団の派遣には洋銀三十万ドルとか、五十万ドルなどの多額の費用が必要であった。さらに、それらの多額な費用を海外に送金する必要もあった。使節団は外国の銀行を利用して為替で送金することや、外国の船会社やホテルに経費などを支払いをすることなどについて不慣れであった。そこで、同使節団の通訳兼案内人であるフレデリック・ブレックマンがそれらを担当することになった。そのようなブレックマンの役割が、後述するように、彼が幕府（横浜鎖港談判使節団の費用）から大金を詐取する機会を与えたのである。いわゆるブレックマンの逋債問題の原因になったのである。

横浜鎖港談判使節団の顔ぶれ

1	正使	池田筑後守長発	18	益田進
2	副使	河津伊豆守祐邦	19	山内六三郎
3	目付	河田相模守煕	20	原田吾一
4		田辺太一	21	小泉保右衛門
5		田中廉太郎	22	大関汎之輔
6		西吉十郎	23	金上佐輔（佐原盛純）
7		斎藤次郎太郎	24	岩松太郎
8		須藤時一郎	25	別所左二郎
9		塩田三郎	26	高橋留三郎（包）
10		谷津勘四郎	27	玉木三弥
11		堀江六五郎	28	菅波恒
12		益田鷹之助	29	三宅復一（秀）
13		杉浦愛蔵（譲）	30	名倉予何人（敦）
14		横山敬一	31	森田弥助
15		矢野次郎兵衛	32	浦本時蔵
16		松濤権之丞	33	乙骨亘
17		尺振八	34	青木梅蔵

横浜鎖港談判使節団の人数

次に、横浜鎖港談判使節団の人数について再検討してみたい。召使のような使用人を含めて、一体何人の人物が使節団としてフランスに出かけたのであろうか。

まず、現在まで出版物、論文、史料集などで、確実に名前が判明している同行者は、上記の人物たちである。名前の漢字などは多少異同があるが、いずれにしても、出版物や史料集などで名前が判明している横浜鎖港談判使節団の一員としてフランスに出かけたのは、これら三十四名である。

この三十四名のうち、横山敬一はマルセイユで死去し、原田吾一はオランダに留学するためにパリに残留したため、使節団の復路の団員の中には含まれていなかった。また、最後に掲載した青木梅蔵については、その身分はおそらく士分ではなかったと思われる。青木以外の残りの三十三名は、全員武士の身分であった。幕府の史料の中にも「使節姓名載記」という記録があり、横浜鎖港談判使節団員の姓名が記されている。[24]「使節姓名載記」では合計の人数は三十五名になっているが、記載された氏名を実際に数えてみると、三十四名になる。

横浜鎖港使節団と一緒にフランスに出かけた日本人は、それらの三十四名以外にも使用人などを含めると、さらに数名いたと考えられる。そのうち、二、三人はもしかするとブレックマンの関係者であり、他は正使たちの使用人であったかもしれない。ただし、三十四名およびブレックマン以外にも、他の日本人が横浜鎖港使節団に同行したという点については、間接的な記述や証拠などはあるものの、彼らの名前などが正式の記録などに残っている訳ではない。

使節団員以外の同行者とは

三十四名以外にも同行人がいたかもしれない点について、具体的な史料として、まず名倉予何人（敦）、高橋留三郎（包）共著『航海日録』（京都大学文学部蔵）を挙げることができる。この『航海日録』の著者は一応、名倉予何人および高橋留三郎の二名になっているが、実際にはほとんど名倉予何人によって書かれたのであろう。

この両人（名倉予何人と高橋留三郎）は、旅行中大体似たような行程に従っていたが、しかし、両人が別々の場所に滞在した場合などもあった。たとえば、使節団が帰国の途につき、パリを離れて英国の郵船で日本に向けて出帆するためにマルセイユで待機していた時、使節団の大部分は、先にマルセイユに到着していたが、一部の団員はまだパリに残っていた。高橋は先発組として先にマルセイユに到着したが、名倉は遅れてマルセイユに到着した後発組に入っていた。そこで、『航海日録』には両方の記述があり、一部が高橋によって書かれて、もう一方は名倉によって記載されている。

横浜鎖港使節団が帰国のためフランスを出発する時、まず一行は一八六四年六月二十八日（元治一年五月二十五日）に英国郵船イクサーに乗船し、同船は翌朝マルセイユを出港した。その英国船に乗り込む時の様子が、『航海日録』には次のように記載されている。

公使以下大小人員総計三十二名、及ヒ蛮吏フレッキマン等数名、斉しく旅館ヲ辞シ、馬車ニ乗シ駈ルヲ一里許、英国ノ駅船ニ上ル(25)。

この『航海日録』の記述から、使節団員三十二名以外に、ブレックマンを入れて数名が同行していたことがわかる。

使節団の一行で姓名がわかっているのは、既述したように全部で三十四名で、横山敬一はパリに向かう往路の途次すでにマルセイユで客死しており、また、原田吾一はオランダに留学するためヨーロッパに残ったので、マルセイユから帰帆する乗客の中には含まれていなかった。したがって、『航海日録』

の総計三十二名は正しい人数である。『航海日録』の最初の部分に、使節団に参加した人員の姓名が列記されているが、それには青木梅蔵を入れて全部で三十四名と記載されている。

結局、この『航海日録』の記事からわかることは、使節団には正式の団員以外にブレックマンを含めて数人が同行していたことである。その名前が不明である同行者の中には、おそらくブレックマンの内妻おもとも含まれていただろうと想像することができる（これについては次節で述べる）。おもと以外は、多分正使や副使などの召使の連中であろう。もしかすると、おもとの場合と同じように、召使の中に女性が含まれていた可能性もありうる。

ブレックマンについては、佐原盛純（金上佐輔）著『航海日録』（会津若松市立図書館蔵）の記述も参考になる。佐原の『航海日録』の最後にも、横浜鎖港談判使節団に参加した三十四名の姓名が記載されている。それには青木梅蔵は含まれているが、ブレックマンの名前は記載されていない。ただし、青木梅蔵については、佐原の『航海日録』の記事の中で「小遣梅蔵」という記述があるので、青木梅蔵は士分ではなく、町人身分の「小遣」であったのであろう。

名倉の『航海日録』でも、青木梅蔵は梅蔵と名前だけで記載されている場合があり、名字で記載される他の三十三名の場合とは異なる扱いを受けているような印象を受ける。もしかすると青木梅蔵は、正使池田長発の使用人として使節団に参加したかもしれない。それも、正式にきちんと認められた使節団の使用人であったかもしれない。ちなみに、青木梅蔵（伊勢屋梅蔵）は明治時代には横浜で眼鏡商を営業しており、その広告は『読売新聞』などに掲載された[26]。青木は明治四十四年（一九〇九年）

一月八日に死亡し、その死亡広告が『朝日新聞』に掲載されていた[27]。

また、佐原盛純著『航海日録』の記事の中に、帰路マルセイユを出発しイタリア半島脇を航行中の船の中で、日本人の乗客が春画らしきものを女児に見せて問題を起こしているが、その乗客は「邦人の小者」と記載されている。この小者は士分の団員のことを指すのではなく、名称が不明な他の召使などを指すのであろう。名倉の『航海日録』で「蛮吏フレッキマン等数名」と記載されている「数名」のうちの一人であろう。

さて、佐原の『航海日録』の元治一年五月二十一日（一八六四年六月二十四日）に、次のようなことが記載されている（佐原の『航海日録』では「西洋六月二十三日」になっているが、実際は六月二十四日のことである）。マルセイユから、英国船で日本に帰国するため、大部分の横浜鎖港談判使節団の一行は、先にパリからマルセイユに到着していた。パリに残っていた連中も元治一年五月二十一日（一八九四年六月二十四日）に、パリから遅れてマルセイユに到着したのである。

十二時巴黎斯ヨリ、田中廉太郎以下残リシ三人馬塞里引揚ケ、当地ニ着セリ。フレッキマン事、借財多キニヨリ、出立イタシ兼ネ残リ居、取片付次第忽ニ追付来ル積リノ筈。

この『航海日録』の記述は、まず十二時にパリ残留組の田中廉太郎以下三人がマルセイユに到着したが、ブレックマンについては、借金が多くパリに残り、田中廉太郎などと一緒にパリを出発することができなかった。しかし、それらの片付けなどが済み次第、追いかけてマルセイユに来るつもりのはずとのことである。実際に、ブレックマンは三日後にマルセイユに到着した。

使節団は一八六四年六月二十日（元治一年五月十七日）の夜汽車でパリを出立したが、岩松太郎の『航海日記』には、ブレックマンについて次のようなことが記載されている。

ブレッキマン和蘭陀新類へ参り、跡よりマルセールへ参候由を申聞す。(28)

この岩松太郎の記述によれば、ブレックマンは使節団に同行して日本に帰国する際、先にオランダの親類（家族？　父親？）を訪ねてからマルセイユに来るとのことであった。

もしかすると岩松の記述は、ブレックマンが実際にオランダに出かけたということを意味するのではなく、単に、彼はパリに滞在しているオランダから来た父親と別れのあいさつをしてからマルセイユに来るということを表現しているのかもしれない。すでに、ブレックマンは使節団に同行してパリに来た時に父親に何年振りかで再会したことを述べたが、その父親に別れの挨拶をするために、遅れてマルセイユに到着するということであろう。

同行した日本人女性——当時の写真から

さて、ここでブレックマンが日本人妻（内妻）を同行していたかもしれないという問題に言及してみたい。ブレックマンの内妻を含めて横浜鎖港談判使節団に日本人女性が同行したかどうかという点を調べるのは、想像以上にやっかいな問題である。この件は、それらの女性がパリなどで写真に撮られていたかどうかという問題にも関係している。

実は、横浜鎖港談判使節団がフランスを訪問した一八六〇年代は、フェリックス・ナダールやニューマ・ブランなどの写真館が大変繁盛している時代だった。たまたま使節団が滞在したパリのグランド・ホテルは、ナダールの写真館の向かい側にあり、もちろん池田長発などの使節団の一行はナダールの写真館で写真に撮られている。

写真についての当時のもう一つの動きは、写真が人類学的に大変有用であることが認識され、パリなどを訪問した外国人が人類学の資料として写真に撮られていたのである。そのような写真を撮った中心人物はジャック＝フィリップ・ポトーで、横浜鎖港談判使節団のほとんど全員、および同時期に使節団を訪ねてオランダからパリに出かけて来た留学生などもポトーのスタジオ（写真館）で写真に撮られている。

もう一人パリの写真家で横浜鎖港談判使節団などのパリを訪問した日本人に関係するのは、ニュー

パリにあったナダールの写真館（Nigel Gosling, *Nadar*）

マ・ブランであった。ニューマ・ブランの写真館も、ナダールと同じように使節団が滞在したホテルの近くにあった。

横浜鎖港談判使節団の団員がナダール、ジャック＝フィリップ・ポトーおよびニューマ・ブランなどの写真館を訪れたことは、日本側およびフランス側の各種の史料からも証明することができる。ナダールやポトーの場合はすでに日本側の文献でもよく知られているが、フランスの新聞には、使節団の正使たちがニューマ・ブランの写真館も訪問していることが、記事として掲載されている[29]。

横浜鎖港談判使節団の写真でさらに複雑な問題は、横浜鎖港談判使節団に前後して三つの遣欧使節団がパリを訪問しており、それらの使節団の連中も、横浜鎖港談判使節団の場合と同じようにナダール、ポトー、ニューマ・ブランなどの写真家などにより、写真に撮影されていたことである。

文久遣欧使節団（竹内使節団）（一八六二年）、横浜鎖港談判使節団（一八六四年）、パリ万博遣欧使節団（徳川昭武使節団）（一八六七年）のそれぞれが、ナダール、ポトー、ニューマ・ブランなどによって撮影されており、それらの写真を所蔵している博物館や図書館では、複数の使節団などの日本人の写真が混在しており、パリ万博遣欧使節団（一八六七年）の一行としてパリに出かけた日本女性などが、横浜鎖港談判使節団（一八六四年）に同行した日本女性として取り扱われた例などがある。

たとえば、石黒敬七著『写された幕末――石黒敬七コレクション』では、裏にパリのニューマ・ブラン写真館の記載があるおすみという女性の写真が掲載されており、そのおすみは横浜鎖港談判使節団に同行して来たとされている。[30] しかし、その女性は慶応三年（一八六七年）のパリ万博に出店した日本茶屋で着物を着て給仕に立った三人の女性（おさと、おかね、おすみ）のうちの一人で、おかねであった。

また、小沢健志編著『幕末――写真の時代』には、横浜鎖港談判使節団に同行したとされる四人の日本人女性の写真が掲載されている。[31] 実際には、そのうちの二人はパリ万博の日本茶屋で働いた三人の女性の中のおさととおすみである。

また、東京大学史料編纂所の古写真のデータベースがインターネットで公開されており、その中に、すみ（おすみ）の写真が横浜鎖港談判使節随行員として含まれている。[32] もちろん、すみ（おすみ）は横浜鎖港談判使節団ではなく、パリ万博遣欧使節団（一八六七年）と同じ時にパリに滞在したのである。

この東京大学史料編纂所のサイトでは、このすみの写真の撮影者は、ルイ・ルソーになっているが、これはジャック＝フィリップ・ポトーによって一八六七年に撮影された写真である。パリ万博日本茶屋の三人の女性（おさと、おかね、おすみ）の写真については、杉浦愛蔵（譲）がパリで直接この三人の女性から彼女たちの写真を貰い受け、日本に持ち帰っていた。それらの写真は『杉浦譲全集』第二巻に掲載されている[33]。

小沢健志編著『幕末――写真の時代』で、横浜鎖港談判使節団（一八六四年）に同行したとして写真が掲載されている四人のうち、おかねとおすみについては一八六七年（慶応三年）に撮影された写真が一八六四年撮影の写真の中に紛れ込んだ可能性が高いが、残りの二人（おかねとおすみ以外の二人）については、実際に横浜鎖港談判使節団に同行した可能性は十分にある。ただ、確実にその二人の女性が同行したという証拠が、現在の段階では見あたらないのである。もちろん、それらの二人の女性も一八六四年ではなく、一八六七年に撮影された可能性も十分存在する。

はたしてブレックマンは内妻を同行したか

一八六〇年代にパリで撮影された写真から、以上のような横浜鎖港談判使節団（一八六四年）に日本女性が同行したかもしれないという状況を踏まえて、ブレックマンが内妻を同行していたかもしれないという点を考えてみたい。前述したように、オランダ領事ポルスブルックにはおちょう（小山ちょう）という日本人妻とピーターという息子がおり、彼は日本国内を旅行する時妻子を同行していたという。

すでに記したように、ブレックマンにもおもとという内妻または妾にあたる女性がおり、そのおもとのことは南窓庵松伯の『珍事五ヶ国横浜はなし』に記載されている。また、後述するように、ブレックマンが一八六七年（慶応三年）にグレート・ドラゴン一座の支配人としてアメリカに渡った時にも、内妻おもとを同行させていた。以上のことを考慮に入れると、ブレックマンが内妻おもとを同行させていた可能性は十分にありうるのである。

それでは、まずブレックマンが横浜鎖港談判使節団の通訳兼案内人としてヨーロッパに渡った際、妻（内妻）を同行していたかもしれないということを示す史料を掲示したい。横浜鎖港談判使節団はフランスに滞在した後、本来ならば英国などの他のヨーロッパ諸国、さらにはアメリカも訪問する予定であった。しかし、実際にはフランス一国だけの訪問に終わった。使節団の費用は、為替で送金しパリおよびロンドンで受け取ることにしていた。使節団がパリに滞在していた時にブレックマンだけが、為替で送金した金を受け取るためにロンドンに出かけたのである。

杉浦愛蔵の『奉使日記』の元治一年四月十九日（一八六四年五月二十四日）の部分に、「今晩フレツキマン英国龍動府江出発せり」とあり、二日後の部分に「今朝ブレ《ママ》ッキマン英国より帰府せり」とある。[34] 佐原盛純著『航海日録』の元治一年四月十九日（一八六四年五月二十四日）の部分には、「通辨フレッキマン英国へ競馬見物ニ至リシ由シ聞ク　為替金受取リニ往キシヨシ、且彼国ノ様子使節ヨリ探討セヨト托セラレシコトモ含メリト」と記載されており、ブレックマンが、為替で送金した使節団の費用を受け取るためにロンドンに出かけたことが判明する。[35] ブレックマンは英国の事情を探索する任務も帯びていたし、またロンドンでは競馬を見学したのであろう。

また名倉予何人、高橋留三郎共著『航海日録』には、元治一年四月十九日（一八六四年五月二十四日）のところに、「英国ノ事情ヲ探索セシカ為メニ、ブレッツキマン竊ニ倫敦府ェ赴ク由シ」とあり、二日後の部分にも「蛮吏ブレッツキマン、倫敦ヨリ至ル」とあり、ブレックマンが英国事情探索のためにロンドンに出かけ、二日後に帰還したことが記録されている。いずれにしても、ブレックマンはロンドンに出かけ、元治一年四月二十日（一八六四年五月二十五日）に同地に宿泊したことが判明する。

ロンドンのピカデリーという場所のドーヴァー通りに、カタルディズ・ホテル（Cataldi's Hotel）があった。同ホテルに元治一年四月二十日（一八六四年五月二十五日）に宿泊した主要な客の名前が翌日の新聞に掲載されている。その中に、駐日フランス大使館書記官ブレックマン夫妻（Monsr. and Madame Blekman, secretary of the French Embassy at Japan）が含まれている。[36] これはブレックマンがロンドンに出かけ当地に宿泊した時の記録である。ブレックマンは一人ではなく夫婦でロンドンの高級ホテルに滞在したのである。このブレックマン夫人（Madame Blekman）はだれのことであろうか、おそらくブレックマンの内妻おもとのことであろう。

次に、岩松太郎の『航海日記』に次のような部分があるのを紹介してみたい。[37] 往路に横浜鎖港談判使節団が乗った船が紅海に入った元治一年二月十四日（一八六四年三月二十一日）および翌日の部分に、以下のことが記載されている。

○此船に乗込客異人兩三人、支那人五六人、船に酔ひ吐候者有之、因此、日本人皆今日丈夫を云なり○婦人に壹人、船に酔ひ、血を吐し、飯を吐し、今夜にも一命六ヶ敷と云事なり、然共、多分全快に成と云なり。

○十五日戌、晴、東北風〔中略〕○昨日婦人病気、今日は少々宜しき方なりとフレッキマン云なり。

この部分については、次のように解釈することが可能であろう。

この船の乗客のうち、ヨーロッパ人二、三人、中国人五、六人が船に酔った。日本人は全員今日は大丈夫であるということである。一人の婦人が船に酔い、血や飯も吐き、今夜にも命がむずかしいという話である。しかし、その婦人はおそらく全快するであろうということである。翌日の話として、ブレックマンによると、昨日の婦人の病気について今日は少々よい方であるという。

では、この婦人はだれであろうか。筆者はこの婦人はブレックマンに同行している日本人女性（ブレックマンの内妻おもと）であろうと推測する。もちろん、別の解釈も可能である。もしかすると、船に酔った二、三人のヨーロッパ人の一人が婦人であり、その婦人が翌日に回復に向かっているとブレックマンが報告しているだけかもしれないが、筆者としては、この場合、この婦人はブレックマンの内妻おもとであろうと解釈する。

ブレックマンが内妻おもとを同行させていたかもしれないという点は、幕府がブレックマンに支払った旅行費用の詳細の部分からも窺い知ることが可能である。ブレックマンと横浜鎖港談判使節団が使った費用の問題については詳しく後述するが、その問題を追究する過程で、ブレックマンが横浜鎖港談判使節団の通訳兼案内人として受け取ることができた旅費の部分に、次のような記載があることが明らかになる。

横浜鎖港談判使節団の往路については、横浜から上海まではフランスの軍艦モンジュを利用したので無料であり、結局往路の船賃は上海からマルセイユまで、復路はマルセイユから上海さらに上海から横浜までの船賃となる。ブレックマン本人の分として、合計洋銀（メキシコ・ドル）一三五八ドル三十セント、ブレックマンの召使（家来）一人の分として、合計洋銀（メキシコ・ドル）七〇三ドル二十セントが支払われている。[38]

召使または家来の船賃は、ブレックマン本人の約半分の金額である。いずれにしても、ブレックマンに同行する召使または家来にあたる人物がいたのである。その召使または家来の船賃も幕府の費用で賄われていたのである。

船賃の問題については、もう一つやっかいな点がある。ブレックマンは「下壹人メール船賃マルセール上海迄分渡過ニ付返納」とか「下壹人飛脚船々賃渡過之分返納相成」などとして、洋銀（メキシコ・ドル）三四八ドル八セントを幕府に返納している。[39]

「下壹人」の意味ははっきりしないが、想像するに、召使などを指すのであろう。おそらく、これは、ブレックマンが同伴した召使のマルセイユから上海までの船賃を貰い過ぎたので返納したということであろう。ブレックマンは正使（池田筑後守）とか、副使（河津伊豆守）とか、目付（河田相模守）あたりの召使などの船賃についても管理していたのであろう。

いずれにしても、合計洋銀（メキシコ・ドル）七〇三ドル二十セントの船賃が支払われたブレックマン自身の召使（家来）については、おそらくブレックマンに同行したと思われる内妻おもとのことを意味するのであろう。別のいい方をすれば、使節団の正使たちの場合と同じように、ブレックマンにも召使を同行することが許されたので、彼は内妻のおもとを召使などの名目で同行したのであろう。

第三章　逋債《ほさい》事件と興行師への転身

使節団費用の精算をめぐる混乱

さて、横浜鎖港談判使節団をめぐっては、本書にとって一番重要な問題が残されている。すなわちフレデリック・ブレックマンが幕府の大金を詐取した事件（ブレックマンの逋債問題）を取り扱いたい。この事件は大変複雑なので、まず最初に事件の背景を簡単に説明しておきたい。

横浜鎖港談判使節団が諸事不案内なので、ブレックマンを通訳兼案内人として同行することとし、特に、使節団は送金、船賃や宿代の支払いなど外貨の取り扱いについては不慣れであったので、ブレックマンに任せることにしたのは、ここまで述べてきた通りである。

送金については、ブレックマンは日本（横浜）に最初に進出した外国の銀行であるウェスタン・インディア・セントラル銀行を利用して為替でヨーロッパに送金し、パリとロンドンでそれぞれフランスの通貨や英国の通貨などで受け取った。

また、横浜鎖港談判使節団は、滞仏中鉄砲二百挺などの武器を注文し、ライフルなどを製造する機械なども購入した。これらの支払いもブレックマンが担当した。さらにやっかいだったのが、軍艦(鉄船とか装甲船などと呼ばれる場合もある)の注文の件であった。

既述したように、横浜鎖港談判使節団はフランス皇帝や政府からの提案で、フランスから軍艦を購入することになった。しかし、すでに製造された軍艦の中に適当なものがなかったので、新しく建造する軍艦を購入することにした。実際に新しい軍艦の注文がどの段階まで進んだのかは不明である。

使節団の帰国後、軍艦製造の話は取り止めになったが、軍艦の製造を発注するために、使節団がフランス滞在中にすでにブレックマンに託した金があった。ブレックマンはその軍艦製造のためにフランスで受け取った委託金を幕府に返済しなかったのである。結局、ブレックマンはその軍艦製造の委託金を幕府から詐取したのである。ブレックマンは幕府から預かった金を返却せずに逃亡したので、この事件はブレックマンの逋債事件と呼ばれる。逋債は負債を返還せずに逃亡するという意味である。

横浜鎖港談判使節団が横浜に帰港したのは、一八六四年八月十九日(元治一年七月十八日)のことであった。ただし、使節団の会計が精算されるのは、一八六五年四月四日(元治二年三月九日)までずれ込んだ。使節団の帰国から数ヶ月後のことであった。

横浜鎖港談判使節団の正使たちは幕府の意向に背いて、予定よりも早く帰国したので、幕閣内でその取り扱いを巡って大騒ぎになり、結局、正使たちは幕府から処罰を受けたのである。幕府側の方も使節団の正使たちへの処罰問題などで混乱しており、使節団の経費の精算は後回しにされた。

また、使節団がフランスで注文した武器などが、実際に日本に到着するまでにも時間がかかっており、さらに、ブレックマン自身も帰国後上海や箱館などに旅行に出かけたりして、横浜などに落ち着いている期間が比較的短かった。それらの理由で、最終的にブレックマンと幕府の会計責任者との間で横浜鎖港談判使節団に関わる費用の精算の記録を作成することができたのは、一八六五年四月四日（元治二年三月九日）のことであった。[1] 清算の時期はかなりずれ込んでいたのである。

この精算の記録によると、ブレックマンが受け取った金額の合計は洋銀（メキシコ・ドル）二万二七四ドル五十九セント、それを当時の英国ポンドで換算すると、四四一三ポンド十九シリングとなる。二〇一五年現在の日本円で計算すると、およそ三七八四万円ぐらいになる。

そのうち、洋銀（メキシコ・ドル）六九九一ドル五十二セントは、ブレックマンの船賃、ホテル代、彼が立て替えて支払った費用などで、当然ブレックマンが幕府から受け取ることができる分である。その金額は二〇一五年現在の日本円で計算すると、およそ一三〇〇万円ぐらいに相当する金額である。

使節団がブレックマンに預けた合計金額（二万二七四ドル五十九セント）から、幕府が、彼に支払うべき金額（六九九一ドル五十二セント）を差し引くと、差額が洋銀（メキシコ・ドル）一万三二八三ドル七セントとなる。結局、洋銀（メキシコ・ドル）一万三二八三ドル七セントはブレックマンが預かったままになっているので、ブレックマンはその金額を幕府に返還しなければならないのである。

そのブレックマンが幕府に返還しなければならない金額を二〇一五年現在の日本円で計算すると、

およそ二四七九万円ぐらいに相当する金額になる。結果として、フレデリック・ブレックマンは洋銀（メキシコ・ドル）一万三二八三ドル七セント、現在の日本円でおよそ二四七九万円ぐらいに相当する金額を幕府から詐取したのである。

実は、ブレックマン自身も一八六五年四月四日（元治二年三月九日）付で、すなわちブレックマンと幕府で精算の記録を作成した同日の日付で、彼が洋銀（メキシコ・ドル）一万三二八三ドル七セントを幕府から預かっていることを自分で認めている。建造されるべき軍艦の書類が調印される時に、彼はこの金額（一万三二八三ドル七セント）を幕府に引き渡すと、自分の手記に記しているのだ。(2)

ただし、ブレックマンの手記の日付については誤記が含まれている。彼の手記では、一八六五年四月四日であるべき部分が四月の代わりに三月とされており、また、元治二年三月九日の部分は慶応一年三月九日とされている。元号については改元前の日付であるはずなのに、改元後の元号すなわち慶応の元号が記されている。いずれにしても、手記の実際の日付は一八六五年四月四日（元治二年三月九日）であった。ブレックマンの手記の日付はあとから付け加えられたので、上記のような誤記が生じたのであろう。

その手記で、ブレックマンは洋銀（メキシコ・ドル）一万三二八三ドル七セント、現在の日本円で二四七九万円相当にあたる負債を負っていることを認めたのである。ブレックマンは現在の日本円でおよそ二四七九万円にあたる金額を当然幕府に返却しなければならないことを承知していたのであり、彼自身でそのことを証明する書類を残したのである。

ブレックマンの負債は取り戻せるか

ブレックマンが一応債務を認めたので、幕府にとって次に必要なことは、どのようにしてブレックマンの負債を取り戻すのかという点である。結論から言えば、幕府はブレックマンから負債を取り戻すことに失敗したのである。その経過は次のようであった。

まず、幕府は軍艦製造中止を駐日フランス公使レオン・ロッシュに一八六五年四月十四日（元治二年三月十九日）付の書簡で伝えた。[3] また、軍艦製造中止の件は、横浜在住のブレックマンにも一八六五年六月十四日（慶応一年五月二十一日）付で連絡され、幕府はブレックマンに委託金の返還を請求した。[4]

また、一八六五年六月（慶応一年五月）付の幕府の外国奉行宛の書付によると、ブレックマンは幕府に返却しなければならない金額について、次のように回答している。[5] ブレックマンによると、その金額はパリに預けてあり、それを取り戻すのには単に口頭で交渉するだけでは無理なので、幕府からそれについて書簡を差し出すべきであるとのことである。

ちょうどこの頃、柴田剛中（貞太郎）が横須賀に製鉄所を建設するため幕府の使節としてフランスとイギリスに派遣されることになり、一八六五年六月二十七日（慶応一年閏五月五日）に横浜を出帆した。すでに述べたように、柴田使節団は横浜鎖港談判使節団が残した為替の残金を経費として利用することにしていた。この柴田剛中の一行には、随員として会計に詳しい小花作之助が加わっていた。小花は幕府の会計係の役人としてブレックマンの精算の記録を作成するのにも立ち会っていたので、ブレックマンの逋債問題についても熟知していた。小花はブレックマンの逋債問題を解決するため、柴田剛中の一行に後から付け加えられたのである。

ブレックマンは一八六五年六月二十六日（慶応一年閏五月四日）付、すなわち、柴田剛中の一行がフランスに向けて横浜を出発する前日の日付で、パリにあるジューレス・リュクテンラット会社宛に手紙を書いた。その手紙で、同社にあるブレックマンの勘定口座から彼が幕府に支払わなければならない金額を支払ってほしいとジューレス・リュクテンラット会社に依頼している(6)。もちろん、幕府の資金を取り戻すための重要な証拠として、小花作之助はブレックマンの手紙を持参してフランスに出かけた。

パリに到着した柴田と小花は、日本との関係が深いフランス人銀行家フリュリ・エラール（フロリヘラルト）に協力を要請し、リュクテンラットと交渉した。実際には、リュクテンラットとの交渉にいたるまでの折衝にも難航したが、最終的にはリュクテンラットに接触し、交渉することができた。しかし、柴田、小花、エラールの懸命な努力で判明したことは、リュクテンラットはブレックマンが幕府に支払うべき金などまったく預かっていないということであった。フランスからの連絡で幕府側がそのことを知るのは、後述するように、一八六五年九月（慶応一年八月）頃の話で、さらにブレックマンの資金を取り戻すためにフランスに出かけた柴田剛中や小花作之助などが日本に帰国したのは、翌一八六六年三月十二日（慶応二年一月二十六日）のことであった。

オランダ総領事ポルスブルックによる介入とブレックマンの失職

一方、柴田剛中や小花作之助が日本を離れている間に、ブレックマンの逋債問題はまったく別の分野から意外な展開を見せていた。そのきっかけは、一八六五年八月三十日（慶応一年七月十日）付でオランダ総領事ポルスブルックから出された、ブレックマンの逋債問題についての問い合わせであった。[7] ポルスブルックは、幕府に対してブレックマンの逋債問題の詳しい事情を説明するように要請したのである。

なぜ、オランダ総領事ポルスブルックがブレックマンの逋債問題に関係してくるのかといえば、次のような事情があったのである。ブレックマンは一八六四年八月（元治一年七月）に横浜鎖港談判使節団の通訳および案内人として日本に帰国すると、彼の本来の仕事であるフランス公使館の通訳兼書記官のポストを失職した。ブレックマンは新しいフランス公使レオン・ロッシュによって解職されたのである。ロッシュはブレックマンが武器販売および偽札などに関係したので、フランス公使館から彼を放逐したとのことであった。[8]

ブレックマンの失職については、ロッシュの前任者ベルクールとブレックマンとの関係が多少影響したかもしれない。ロッシュは前任者に取り入ったブレックマンを嫌ったのであろう。ポルスブルックからの書簡によると、ブレックマンはフランス公使館のポストを解職された後、オランダの所管に入った。ブレックマンは英仏の公使館に勤務したが、もともとはオランダ国籍のオランダ人であったからである。

その後、ブレックマンはカステール（Abraham Thieng Casteel）というオランダ人の会社に入った。彼の会社に入ったというよりも、カステールと一緒に事業を始めたのであろう。ブレックマンとカステールは、二人でヨーロッパから小銃を購入し、それらを幕府の運上所に売り払った。小銃は横浜に在住する他のヨーロッパ人たちから資金を借用して購入したようである。ところが悪いことに、ブレックマンとカステールの二人は借用した小銃の代金を踏み倒した。そこで、資金を提供した連中がこの二人をオランダ領事館に訴え、訴訟騒ぎが起きた。

結局、オランダの横浜領事プラーテがブレックマンとカステールを逮捕し、二人の書類などを差し押さえた。その際、ブレックマンの家から彼が幕府から一万三二八三ドル七セントを借り受けているという手記（証書）が見つかった。そこで、オランダ総領事ポルスブルックがブレックマンの逋債問題について幕府に問い合わせをしたのである。

ポルスブルックがブレックマンのことで幕府に問い合わせをした一八六五年八月から九月（慶応一年六月から七月）頃、ブレックマンは横浜で破産や裁判などいろいろなもめ事に巻き込まれていた。

ブレックマンはF・ブレックマン商会を設置して、すでに商売をはじめていたが、同商会の破産が一八六五年八月二十三日（慶応一年七月三日）付で、オランダの横浜領事プラーテによって公示された。[9] さらに、プラーテはF・ブレックマン商会の破産の管理人を指名し、同商会に対して負債や請求権のある者は九月十五日までに名乗り出るように呼びかけた。[10] そして、F・ブレックマン商会の財産などが九月六日に競売にかけられた。競売にかけられたものの中には、宝石、アラブ馬一頭、日本産のポニー一頭も含まれていたという。[11]

ブレックマンはフランス公使館の職を解職された後、横浜の外国人居留地一四九番Aで店を構え、十パーセントの口銭を取る仲介業をはじめたという。[12] その店がF・ブレックマン商会のことで、カステールと一緒に小銃の輸入をしたというのもF・ブレックマン商会の商売のことであったのであろう。

この時期、ブレックマンは、別の裁判にも巻き込まれていた。[13] それは、フランスから日本にやって来たグエリーという名前の人物が、ブレックマンを通じて横浜のウェスタン・インディア・セントラル銀行に同年五月に預けた四千フランの価値がある宝石を、銀行から取り戻す裁判であった。

グエリーは上海から横浜に来航する船で知り合ったシャテルを通じて、横浜でブレックマンに紹介された。シャテルとブレックマンは商売仲間であった。グエリーはもしこれらの高価な宝石を日本で売ることができれば、五パーセントかまたそれ以上の手数料を支払うとブレックマンに約束した。しかし、宝石はブレックマンの名前で銀行に預けられたので、銀行側は宝石がグエリーの所有であることを知らなかったのである。そこで、本来の持ち主であるグエリーが銀行からそれらを取り返すのに裁判が必要になったのである。

ブレックマンが意図的に自分の名前で宝石を銀行に預けたのかどうかは不明であるが、もしかすると、彼は何か下心を持っていたかもしれない。いずれにしても、ブレックマンは一八六五年九月（慶応一年七月か八月）頃、逮捕、破産、競売、裁判などを経験したが、彼自身は監獄に入っていたはずである。

入獄、出獄、そしてサンフランシスコへの逃亡

ブレックマンはオランダの横浜領事によって逮捕された後、自由の身ではなく、そのまま刑務所に入牢させられていたのであろう。ブレックマンが入獄していた場所（監獄、刑務所）は、オランダ領事館の中ではなく、横浜の英国領事館の中にあった監獄であったようである。おそらく横浜で刑務所（監獄）などの施設を持っていたのは、英国領事館ぐらいであったのであろう。ただし、ブレックマンは入牢してから一年もたたないうちに、おそらく半年ぐらいで出獄してしまう。

幕府は一八六五年十一月八日（慶応一年九月二十日）や一八六六年二月二十八日（慶応一年十二月二十八日）付で、ブレックマンの旧雇主であるフランス公使ロッシュにブレックマンの不正（横浜鎖港談判使節団の資金詐取）について書簡を出すが、もちろんロッシュはフランス側には一切責任はないとして取り合わない。

一方、オランダ総領事ポルスブルックから外国奉行へ宛てた一八六五年十二月二十三日（慶応一年十一月六日）付の書簡(14)によると、ブレックマンは別件で逮捕され、現在入獄していると報告されてい

た。ポルスブルックが言及しているのは、ブレックマンとカステールが借用した小銃の代金を返済しない件で、ブレックマンが英国領事館の監獄に入れられていることである。

ただし、ブレックマンをそのまま入獄させておいても返金の手がかりはなく、かつ、ブレックマンの入獄にかかる諸経費は返金を請求している側が負担しなくてはならないので、現在、返金を請求している側はブレックマンを出牢させることを希望しているという。そこでポルスブルックは、同じようにブレックマンに返金を請求している幕府に対して、はたして幕府は入獄にかかる諸経費を支払って、ブレックマンを入牢させる用意があるかどうかを尋ねているのである。

ブレックマンを入牢されるため経費を払う用意があるのかどうかという、ポルスブルックから幕府に対する問い合わせに対して、幕府はしばらく返事を出さなかった。そこで、ポルスブルックは一八六七年四月十一日（慶応三年三月七日）付で、幕府に対して、再び同じ問い合わせをしている。

なぜ、ポルスブルックが幕府に対して再び同じような問い合わせをしたのかといえば、ポルスブルックの書簡によると、次のような事情が存在した。まず、ポルスブルックはしばらくブレックマンを獄舎に閉じこめておいたが、ブレックマンはすでにサンフランシスコ方面に逃亡してしまった。最近の新聞（おそらく横浜で刊行されていた英字新聞）によると、逃亡したブレックマンが再び横浜に舞い戻ったらしいとのことである。

そこでポルスブルックは、もし幕府が入牢の諸経費を払う用意があるならば、横浜に舞い戻ったブレックマンを再び入牢させる意図があることを幕府に伝えたのである。その上、ポルスブルックは幕府がブレックマンを入牢させるために必要とする経費はわずかなものであることも付け加えていたのである。

一八六七年四月十一日（慶応三年三月七日）付のポルスブルックの問い合わせに対する幕府の回答は、半年近い後である八月二十九日（慶応三年八月一日）に出されている。その内容は、入牢の経費支払いの問題や幕府がブレックマンの入牢を希望するかどうかという点などには一切言及せずに、ただポルスブルックに対して、ブレックマンに幕府の金を返還させるのに尽力してほしいと言明するのにとどめている。結局、この幕府の結論により、ブレックマンは洋銀（メキシコ・ドル）一万三二八三ドル七セント、現在の日本円でおよそ二四五二万円相当にあたる金額の負債請求から、無事逃れることができたのである。

ブレックマン逋債事件をどう裁くか

では、幕府はなぜポルスブルックから申し出のあったブレックマンの入牢という選択肢を取らなかったのであろうか。もちろん、直接の理由はブレックマンから金を取り戻すことが期待できない上に、入牢の経費を支払うのは無駄遣いであると判断したからである。さらに、ポルスブルックも幕府も、ブレックマンの逋債事件の背後には、いわゆる国際法などに関連する問題が潜んでいることをうすうす感じていたようである。

要するに、幕府もポルスブルックも、ブレックマンの逋債事件はそう簡単に処理できる問題であるとは考えていなかったのである。ブレックマンはオランダ国籍であるが、フランス公使館員の通訳兼書記官の職に就いていた時に幕府の使節団に雇われてフランスに出かけ、そこで日本政府（幕府）の金を詐取した。そして、現在彼は日本に居住しているのである。幕府もポルスブルックも、彼の犯罪に対して一体どこで、どの国の法律で、どのように裁くべきであるかという難問を抱えていたのである。

もちろん幕府も、ブレックマンの逋債事件をそのまま簡単に見逃す訳にはゆかなかった。というのは、この事件を口実にして他の外国人が同じような犯罪を犯すかもしれないからである。そこで、幕府の中にはブレックマンを絶対に許すべきではないという強い意見もあった。

ポルスブルックに対してどのような回答を差し出すべきかを検討していた、外国奉行宛に作成された幕府の書付の中で、次のようなことが述べられている。

ブレツキマン儀、御国江対し引負之罪有之候は、判然之儀に付、此儘被差置候許にも相成兼可申、万一此後外国之者共御国江対し、引負等之儀有之節、同人を口実といたし候様にては、各国江差置き甚た不都合之次第に有之候間、同人身代有之内は、仮令百年之久きに至り候共、返済方為致候半ては、御国威にも差置き候姿に不相成とも難申。(15)

ここでは、他の外国人が似たような犯罪を犯した時ブレックマンのことが口実にされるかもしれないので、ブレックマンの身代がある限り百年かかっても取り立てないと日本の国威に差し障りがあるという意見が表明されていた。

とはいっても、実際に幕府がブレックマンの逋債事件に対して取れる手段は限られていた。そこで、幕府はポルスブルックに対しては、単にブレックマンが負債金を返済するように尽力してほしいと頼むばかりだったのである。

幕府はブレックマンから負債を取り返すことには失敗したが、このブレックマンの逋債事件で注目すべきことは、オランダ総領事ポルスブルックの態度である。というのは、当時の日本に居住した外国人外交官・領事館員としては珍しく、彼は自国人を含む外国人と日本人とを非常に公平に扱っていたのである。彼は自国人であるブレックマンに対しても特別扱いをしていない。

このポルスブルックの公平な態度について、『ポルスブルック日本報告（一八五七―一八七〇）――オランダ領事の見た幕末事情』の訳者である生態文は、次のように述べている。

私は幕末の在日外交官の中で、ポルスブルックほど日本（日本人）の利益をも考慮しようとした人物をほかに知らない。日本と西洋大国の間に軋轢があると、強引に自国の権利ばかり通そうとするほかの欧米代表に反して、ポルスブルックだけは状況を公平に判断し、日本が正しいとなれば他国の同僚と対立してさえも、日本の利益を守ろうとしたのである。(16)

生態が指摘するポルスブルックの公平な態度は、ブレックマンの逋債事件からも十分に窺い知ることができる。

ブレックマンの行方と興行師への転身

さて、以上のような事情で、ブレックマンは借金や詐取金返済や再入牢などの追及をうまくかわすことができた。そこで、もう一度一八六五年（慶応一年）から一八六七年（慶応三年）におけるブレックマンの動きを整理してみたい。

ブレックマンは一八六五年八月（慶応一年七月）に逮捕され、入牢したと思われるが、同年の終わり頃にはもう出獄したようである。ポルスブルックから幕府に出された書簡によると、ブレックマンはサンフランシスコ方面に逃亡し、横浜に舞い戻ったことになっている。確かにポルスブルックの情報は正しく、ブレックマンはサンフランシスコ方面に逃亡し、また横浜に戻っている。しかし、それは一八六七年（慶応三年）頃の話で、それよりも前に、ブレックマンはオランダまたは日本国外のどこかに出かけたと思われる。

横浜で発行されていた一八六六年二月九日（慶応一年十二月二十四日）付の英字新聞によると、ブレックマンはアムステルダムを出港したバタヴィアという名称の船で、レオン・ヴァン・デ・ポルダー夫妻と一緒に横浜に到着している。[17] ポルダーは横浜のフランス領事館で通訳官をする人物である。この英字新聞の記事から、以下のことが判明する。

ブレックマンは横浜にある英国領事館の監獄を出獄し、一度故郷のアムステルダムに帰ったか、または外国のどこか、たとえばバタヴィアなどに出かけ、そして一八六六年二月に横浜に舞い戻ったのである。時間的に厳しいので、アムステルダムには出かけていないかもしれない。ブレックマンがどこからバタヴィアという名称の船に乗船したかははっきりしないが、いずれにしても、彼は一度日本国外に出かけ、アムステルダムからの船で横浜に戻ったのである。少なくとも上海か香港またはバタヴィアあたりに出かけたことは確実である。

ブレックマンは一八六六年に横浜の外国人居留地一三六番で肉屋をしていたという情報もある。[18] アムステルダムからの船で日本に帰国した以降の話であろう。また、同じ一三六番に住むレオン・ブレックマンという人物は、H・クレーマー商会と一緒に小売・仲介業などをしていたが、その両者のパートナーシップは双方合意の下に解消されることになり、それが一八六七年四月五日（慶応三年三月一日）付の横浜の英字新聞に公示された。[19] クレーマーはスイス系の商人である。レオン・ブレックマンはもちろんフレデリック・ブレックマンのことであろう。

ブレックマンは一八六六年（慶応二年）から一八六七年（慶応三年）にかけて、小売・仲介業などをしていたが、最終的にそれらの事業は、一八六七年四月五日（慶応三年三月一日）に中止した。ブレックマンは一応小売・仲介業などをしていたが、すでに日本の軽業や曲芸などの一座を引き連れて海外で興行するビジネスに目を付けていたのである。

日本の芸人による海外の軽業見世物興行で一儲けしようと考えた外国人などは、ブレックマン以外にも想像以上に多くいた。後述するように、日本の軽業・曲芸などの一座がサンフランシスコに上陸して公演するのが、一八六六年十一月や十二月の終わりで、当地の新聞などで広く報道されるのは一八六六年暮れ以降のことになる。ちょうどその頃、ブレックマンがどのような事情でサンフランシスコに出かけていたのか、その状況ははっきりしないが、ブレックマンは確かに同地にいたのである。

ブレックマンがいつ横浜からサンフランシスコに渡ったのかは不明であるが、逆に彼が横浜に向けてサンフランシスコを出発した日付は判明している。ブレックマンは一八六七年三月一日（慶応三年一月二十五日）に横浜に向けてサンフランシスコを出港した船の船客の一人であった[20]。

ブレックマンが横浜に向けてサンフランシスコを出発する一ヶ月ほど前に、次のような興味深い広告がサンフランシスコの新聞に掲載された。

アメリカやヨーロッパでショービジネスに長年の経験がある一紳士は、日本の芸人一座を引き連れてオーストラリアやヨーロッパで興行するため、資金のある共同経営者を募集する。日本の芸人一座を出国させるのに必要な事務手続きをするため、すでに一人の代理人が蒸気船コロラドで日本に派遣された。資金のある紳士はどなたでも、この事業で二、三年の旅行と、豊富な財政的報酬を得ることができるであろう。委細および面会については、この事務所〔新聞社気付〕の「D.S.」

まで。[21]

この新聞広告は、これから日本人の軽業・曲芸一座を率いてヨーロッパやオーストラリアで一儲けしようとする興行師が、そのための資金を提供してくれる人物を募集するために出されたのである。ここで注目すべきは、興行する地域がヨーロッパやオーストラリアで、北米が入っていない点である。

また、広告の最後にある「D.S.」は興行師またはその関係者を表すものと思われるが、これがだれを指すのかは不明である。「D.S.」が仮に二人の人物を表すとすれば、「D」はのちにジョン・R・マーシャルと一緒にミカド一座を日本からサンフランシスコに連れ出したウィリアム・H・ドイル、「S」はトーマス・レントンと一緒にグレート・ドラゴン一座を引き連れてオーストラリアで巡業したジョン・W・スミスであるという可能性もあるかもしれない。スミスはオーストラリアのメルボルンのサーカスの支配人であり、オーストラリアの事情に詳しかった。ドイルとスミスの二人が知り合いであったのは、ドイルの横浜の居住地がスミスの連絡先になっていたことからも想像することができる。[22] ただ、「D.S.」がだれ（単数または複数）を指すのかはまったく不明である。

さて、ブレックマンが「D.S.」の広告に応募したという可能性は、興行する地域（オーストラリアやヨーロッパ）、資金の問題、サンフランシスコを出発した日付などを考慮すると、まったく否定することはできないであろう。興行する地域については、実際にブレックマンは軽業などの日本の芸人一座を率いて、北米、アイルランドやスコットランド、そしてオーストラリアなどを巡業した。資金については、ブレックマンは幕府から詐取した金（逋債事件の金）を所持していたので、それを彼の新しい事業に投入することができたであろう。

ブレックマンが「D.S.」の広告に応募したかどうかは別として、いずれにしても、ブレックマンは日本人の芸人一座を雇うために一八六七年三月一日にサンフランシスコから横浜に向けて出発していたのである。ブレックマンがいつ頃から日本人の軽業・曲芸などの一座の支配人や興行師などの仕事を始めようと考えたのかははっきりしないが、おそらくサンフランシスコ滞在中か、または、もしかするとそれ以前の横浜在住時（入牢していた時も含めて）であったかもしれない。

第Ⅱ部

軽業見世物興行師時代（一八六七―八一年）

第一章　ブレックマンとドラゴン一座

軽業見世物一座の海外渡航ことはじめ

日本で最初に海外渡航のために旅券（パスポート）の発行を受けたのは、第一号の隅田川浪五郎や浜碇定吉などを含む軽業・曲芸などの十八人の一行であった。十八人はアメリカの興行師〝リズリー先生〟ことリチャード・リズリーに率いられたインペリアル一座のメンバーで、一八六六年十二月五日（慶応二年十月二十九日）にサンフランシスコに向けて横浜を出発した。旅券番号は第一号から第十八号までであった。

しかし、最初に旅券を持参して実際に日本を出国した軽業・曲芸などの芸人は、英国人ウィリアム・グラントに率いられた松井源水、柳川蝶十郎、鳥潟小三吉などの十二名の曲芸師や軽業師たちで、インペリアル一座の三日前一八六六年十二月二日（慶応二年十月二十六日）に上海行の蒸気船で横浜を出帆していた。旅券番号は、松井源水や柳川蝶十郎（浅之助）の一行は第十九番から第二十七番まで、鳥潟小三吉の一行は神奈川第二番から第六番までであった。もちろん、これらの芸人の最終目的地は上海ではなく、ヨーロッパのロンドンやパリであった。

本書序章で述べたように、中里介山は『大菩薩峠』で、柳川一蝶斎一行の洋行およびジョン・ラスキンがロンドンで日本の軽業見世物一座の演技を見学したことに触れた。しかし、実際にヨーロッパに渡航したのは柳川一蝶斎ではなく、彼の弟子である柳川蝶十郎であった。介山は柳川一蝶斎と柳川蝶十郎を取り違えて記憶していたのであろう。

実は、これらの二つのグループ（リズリー先生の一座と松井源水や柳川蝶十郎たちの一行）よりも前に、すでに旅券の発行を受けずに日本を出発した軽業曲芸などの芸人の一座があった。アメリカ人ガステーヴァス・バージェスに率いられた鉄割一座が、一八六六年十月二十九日（慶応二年九月二十一日）にサンフランシスコに向けて日本を出国していたのである。[1] 鉄割一座には鉄割福松などが含まれていた。

隅田川浪五郎や浜碇定吉などのインペリアル一座がサンフランシスコに到着したのは、一八六六年十二月三十一日（慶応二年十一月二十五日）で、まさにこの年の年末であった。隅田川浪五郎や浜碇定吉などの一座よりも先に日本を出国した鉄割一座は、およそ一ヶ月前の一八六六年十一月三十日（慶応二年九月二十四日）にサンフランシスコに上陸し、すでに当地で興行を開始していた。[2]

よく知られているように、インペリアル一座には高野広八という人物が加わっており、一座の巡業中『広八日記』と呼ばれる日記を付けていた。その『広八日記』にも、サンフランシスコで鉄割一座の福松たちがインペリアル一座を見物に来たことが記載されている。(3) リチャード・リズリーのインペリアル一座には、サンフランシスコの興行主トーマス・マッガイアーが新たに加わり、以後リズリー＝マッガイアーのインペリアル一座と呼ばれた時期もあった。

インペリアル一座や鉄割一座がサンフランシスコで評判になったことが追い風になり、さらに多くの軽業師や曲芸師たちを雇用するため、フェルディナンド・ギルバート、A・フィッシャー、ガステーヴァス・バージェス、ジョン・R・マーシャルなどが日本にやって来た。彼らは蒸気船ハーマンで一八六七年三月一日（慶応三年一月二十五日）に、横浜に向けてサンフランシスコを出発していた。(4)

ギルバートはキューバのハヴァナへ、マーシャルはバージェスと共同でオーストラリアへ、フィッシャーはサンフランシスコへそれぞれ日本の一座を引き連れて興行するつもりであった。この船には、彼ら以外にもD・W・ブラワー、E・J・ボールドウィン、さらにフレデリック・ブレックマンも乗船していたのである。(5) また、同船は一八六七年四月四日（慶応三年二月三十日）に横浜に着港したが、乗客の中には上記の連中に加えてジョージ・ウォレスも含まれていた。(6)

ギルバート、フィッシャー、バージェス、マーシャル、ブラワー、ボールドウィン、ブレックマン、ウォレスたちは、みんな日本の軽業見世物の海外興行に少なからず関係を持った人物たちであった。

そして、日本人軽業見世物一座を引き連れて海外で公演し、一儲けを企んだこれらの連中により、まず次の二つ軽業見世物の一座、すなわちミカド一座とグレート・ドラゴン一座がそれぞれ一八六七

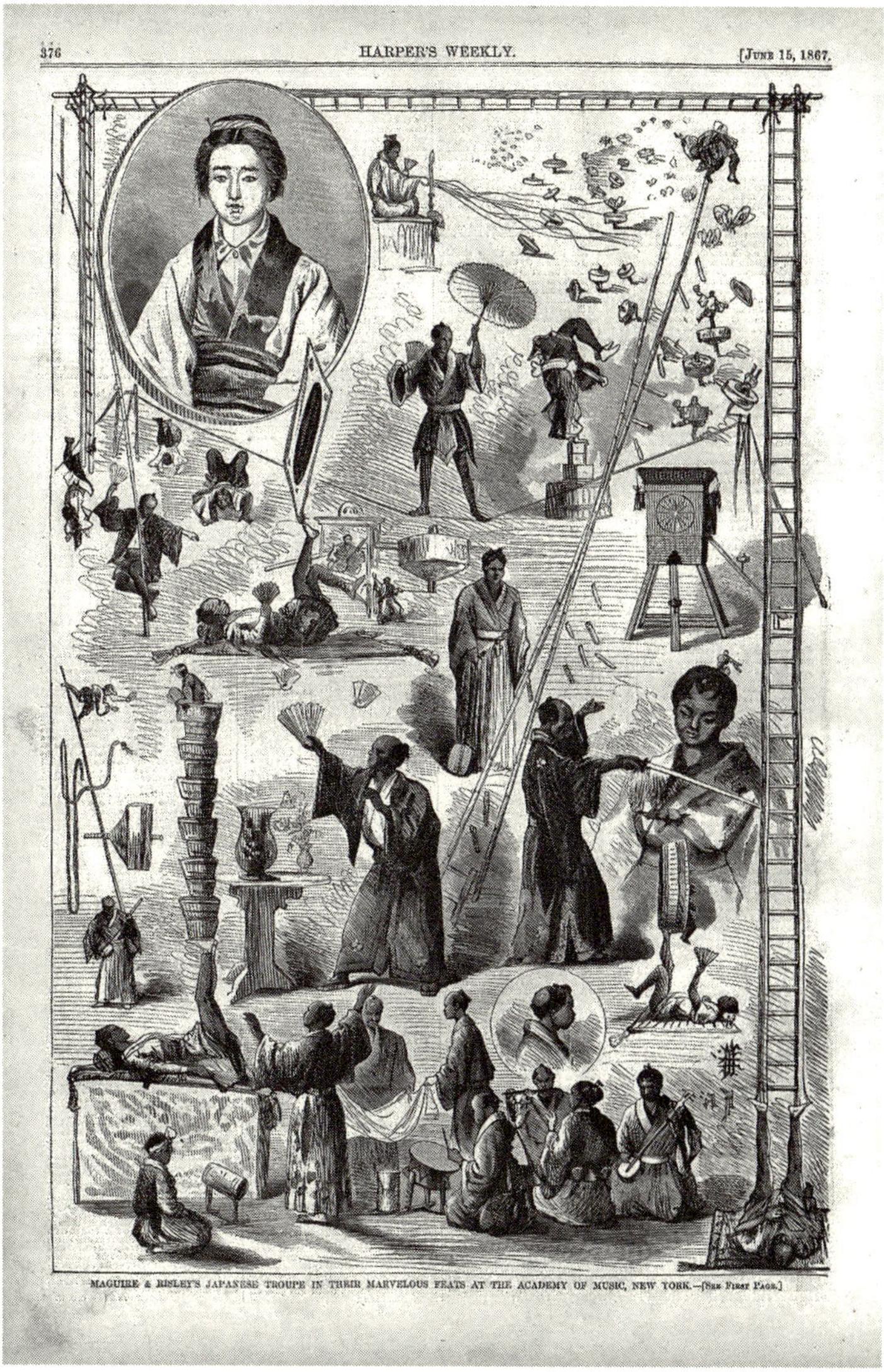

日本の軽業見世物一座（*Harper*'s Weekly, June 15, 1867）

年四月二十八日（慶応三年三月二十四日）および五月二日（慶応三年三月二十八日）に、サンフランシスコに向けて横浜を出発した。

そして、ミカド一座とグレート・ドラゴン一座の出発に遅れること三ヶ月弱で、早竹虎吉一座が、一八六七年八月二十四日（慶応三年七月二十五日）に蒸気船コロラドで横浜を出港し、九月十四日（慶応三年八月十七日）にサンフランシスコに着港した。

早竹虎吉一座が乗った船に同船していた乗客の中には、ポルトガル人フランシスコ・ダ・ローザ、D・W・ブラワー、ガステーヴァス・バージェスなどが含まれていた。早竹虎吉一座がおそらく幕末に海外に出かけた一番本格的な日本の軽業見世物の一座であったであろう。残念なことに、早竹虎吉はアメリカ巡業の途中で死去してしまう。

グレート・ドラゴン一座の支配人として

ジョン・R・マーシャルとA・フィッシャーに雇われたミカド一座は、英国船シー・キングで一八六七年五月二十八日（慶応三年四月二十五日）に、E・J・ボールドウィンとフェルディナンド・ギルバートに雇われたグレート・ドラゴン一座は、一八六七年六月五日（慶応三年五月三日）にスクーナー（三本マストの帆船）であるスタンレーで、それぞれサンフランシスコに到着した。

グレート・ドラゴン一座と一緒にサンフラシスコに到着したのは、ギルバート、ウォレス、ブレックマンそしてミカド一座のフィッシャーなどであった。[7] 一方、ボールドウィンはギルバートたちとは一緒ではなく、遅れて日本からサンフランシスコに帰国している。

このグレート・ドラゴン一座が日本を出発した時には、二十五名で構成されていた。ほとんどの座員はおそらく関西地方の出身らしく、サンフランシスコの新聞に出たグレート・ドラゴン一座の広告には、大坂の〝グレート・ドラゴン劇場〟からやって来たと書かれていた。[8]

グレート・ドラゴン一座の座員の中には、本書の今後の展開との関係で注目すべき二人が含まれていた。幕末に発行された旅券の資料としては外務省外交史料館所蔵の「海外行人名表」がよく知られているが、[9] それによると、鏡味五太夫が神奈川で発行された第九十一号の旅券を受け取っていた。また、同じく「海外行人名表」によると、ブレックマンの内妻おもとも、「茂登女」としてグレート・ドラゴン一座の座員の中に含まれており、神奈川で発行された第百三号の旅券を受け取っていた。彼女は関西関係者の他の座員とは異なり、「海外行人名表」の住所の部分は「富五郎寄子」と記載されていた。

ブレックマンの内妻であるおもとさんが軽業見世物一座の一員として渡米したのには、意外な印象を受けるが、彼女は踊り子として一座に加わっていたのである。サンフランシスコの新聞に出たグレート・ドラゴン一座の広告では、おもとさんは正式に出国の許可を得た最初の日本人女性の踊り子であると宣伝されていた。[10] 彼女はもともと舞踊などの素養があったので、ブレックマンの妻として同行するため、踊り子として一座に加わっていたのであろう。

グレート・ドラゴン一座はサンフランシスコで公演した後、一八六七年六月十八日（慶応三年五月十六日）に蒸気船ゴールデン・シティでパナマに向かってサンフランシスコを出発した。パナマ経由でニューヨークに向かうためであった。サンフランシスコでの公演は、フェルディナンド・ギルバートが興行主であったが、サンフランシスコ以降、興行主はギルバートからサンフランシスコの興行師エドワード・G・バートに代わっている。一座が乗船した蒸気船ゴールデン・シティには、バート、ブレックマン、A・フィッシャーなども乗船していた[11]。

グレート・ドラゴン一座はパナマ経由でアメリカ東海岸に到着し、一八六七年七月十一日にニューヨークに着港した[12]。さらに一座の名前も、グレート・ドラゴン一座からレッド・ドラゴン一座に変更し、七月十五日からニューヨークで公演を開始している[13]。

レッド・ドラゴン一座（グレート・ドラゴン一座）のニューヨークなどにおける興行期間は比較的短く、すでに七月二十四日には蒸気船ヘクラで英国のリヴァプールに向けてニューヨークを出港している[14]。同船には、一座の興行主バートやブレックマンなどが乗船していた。

一座におけるフレデリック・ブレックマンの役割は、支配人であった。おそらく、彼は日本語ができるので、通訳の役も担っていたのであろう。さらに興味深いのは、ブレックマンが日本人妻（おもとさん）を同行していた点である。なぜそのことがわかるかといえば、次に述べるアメリカの新聞記事が、彼の日本人妻のことを報道していたからである。すでに記述したように、おもとさんは踊り子としてグレート・ドラゴン一座に加わっていた。

ドラゴン一座が、ニューヨークから英国のリヴァプールに向けて出港する前に、『ニューヨーク・コマーシャル・アドヴァタイザー』の記者を含む十一人のアメリカ人が、一座による日本食（夕食）に招待された。[15] その日本食の宴会の模様は、まず『ニューヨーク・コマーシャル・アドヴァタイザー』に掲載され、さらに同紙の記事は他の地方紙などに転載されていた。

その地方紙に転載された記事によると、ドラゴン一座の支配人ブラックマン（ブレックマン）と彼の妻（Oniota）の二人をホスト役として、この日本食の宴会は開かれた。"Oniota"というのは、内妻であるおもと（おもとさん）のことであろう。おもとの英語の綴りがアメリカ人の記者によって"Oniota"に誤読されたのであろう。もともとは"Omoto"であったのが、「m」が「n＋i」に変化し、「o」が「a」に変わったので、「Omoto」が「Oniota」に変化したのである。既述したように、おもとさんは横浜鎖港談判使節団がフランスに出かけた時にもブレックマンに同行していた。

この新聞記事によると、このブラックマン（ブレックマン）の妻"Oniota"（おもとさん）は、通常の英語による会話は十分こなせる様子であった。横浜に居住して外国人とも接触し、すでに横浜鎖港談判使節団による洋行などを経験しているおもとさんならば、うなずける話である。

また、彼女は東洋的なきれいな顔立ちの美人であったようである。この記事を書いたアメリカ人記者は、彼女の口、歯、目や髪などを大変褒めている。また、彼女には三人の子供があり、それらの子供を大変愛しているとのことである。その三人の子供の父親はブレックマンであろう。

英国のリヴァプールに到着したグレート・ドラゴン一座は、すぐにアイルランドのダブリンに向かった様子で、ダブリンで一八六七年八月九日から十五日までに五夜公演した。[16] それから、同じアイルランドのベルファーストで公演した後、[17] ノース海峡を渡り、スコットランドのグラスゴーに出かけ、そこで三週間興行した。[18] グラスゴーの後は同じスコットランドのエジンバラに移動し、確認できる範囲では、遅くとも一八六七年九月二十四日まで公演していたことが判明している。[19]

ブレックマンは、多分エジンバラまでグレート・ドラゴン一座の支配人として同行していたであろうと想像することができるが、確実にその証拠がある訳ではない。もしかすると、それよりも前に、ブレックマンはグレート・ドラゴン一座を離れていたかもしれない。一座は興行主がバート、支配人がブレックマンという陣容で英国のリヴァプールに向かったが、一座にはもう一人ジョージ・ウォレスも含まれていたようである。エジンバラでは、そのウォレスが一座の書記として同伴していることが新聞記事に見える。[20]

また、グレート・ドラゴン一座を巡ってバート、ブレックマン、ウォレスなどの間で何か問題が発生したのかもしれないが、どのような騒動が発生したのかははっきりしない。エジンバラでの公演以降、グレート・ドラゴン一座の動きについては不明であるが、多くの芸人たちはスコットランドから日本への帰国の途についたかもしれない。もちろん、帰国するグループから脱落して、海外で活動を続けた日本人もいたであろう。

第二章　タナカー・ブヒクロサンの誕生

オーストラリアでブヒクロサンに変身

フレデリック・ブレックマンが英国からセイロン島の港町ポイント・ディ・ガル（現在のガル市）に、どのようなルートをたどり到達したのかははっきりしないが、おそらくスコットランドまたは英国のどこかの港から、通常の船便などを利用したのであろう。

はっきりしているのは、ブレックマンが、一八六七年十月二十三日（慶応三年九月二十六日）に日本人の軽業見世物一座（タイクン一座またはブヒクロサンのタイクン一座）を率いて、オーストラリアに向けてポイント・ディ・ガルを出発し、一八六七年十一月十四日（慶応三年十月十九日）にメルボルンに上陸したことである。[1] その結果、この一座が、オーストラリアではじめて興行した日本の軽業見世物一座になったのである。

ここで重要なことは、ブレックマンがこの時点ではじめてタナカー・ブヒクロサンという名前を使い始めたことである。タイクン一座の演技者および興行主として、彼の本名であるブレックマンという名前ではなく、タナカー・ブヒクロサンという名称を使用し始め、以後死亡するまでタナカー・ブヒクロサンを自称するのである。彼の死亡証明書もタナカー・ブヒクロサンという名前で登録されている。

この軽業見世物一座（タイクン一座）を率いてオーストラリアに興行のために出かけたことが、ブレックマンがタナカー・ブヒクロサンという別人（自称日本人）に生まれ変わるきっかけとなったのである。オーストラリアに初めて日本の軽業見世物一座を紹介するという機会を使って、フレデリック・ブレックマンはタナカー・ブヒクロサンに変身したのである。

しかも、ブレックマンはそれまで日本の軽業見世物一座の支配人や通訳などとして、アメリカなどで日本の軽業見世物の興行にかかわって来たが、彼自身が実際に芸人として舞台に立ったことは一度もなかった。ところが、新しく生まれ代わったタナカー・ブヒクロサンは、興行主や支配人などを兼ねると同時に、自分自身で舞台に立つ芸人の役割も担ったのである。

おそらく、最初の変身のきっかけは単純なものであったのであろう。芸人、特に日本人の芸人として舞台に立つために、ブレックマンはタナカー・ブヒクロサンという日本的な名を名乗ったのであるが、その新しい名前が彼の境遇にも都合がよかったので、オーストラリア巡業以後もそのまま新しい名前を使用し続け、ブレックマン自身がタナカー・ブヒクロサンという新しい人物（自称日本人）に成り変わってしまったのである。

また、フレデリック・ブレックマンがタナカー・ブヒクロサンに生まれ変わることによって、ブレックマンの過去もすっかり捨て去ることができた。この変身は結果として、ブレックマンが幕府から大金を詐取した逋債問題や、別件の債務問題の追及をかわす格好の隠れ蓑になったのである。後述するように、幕府から詐取した金を銀行から取り出す時などに、ブヒクロサンは旧名ブレックマンを使用せざるをえず、その結果一悶着を起こしている。

以下では、ブレックマンのことをブヒクロサンと呼ぶことにする。

タイクン一座の顔ぶれ

タナカー・ブヒクロサンのタイクン一座は、軽業見世物一座としては小規模で、わずか男三人、女三人の計六人で構成されていた。[2] 男はブヒクロサン、ヒコマツ、ツルキチの三人で、女はとみ（おとみ、またはおとみさん、おとみ様）、たけ（おたけ、またはおたけさん、おたけ様）、**Mysqukersyn**（またはMysqurkersyn）の三人であった。

最後の女性の名前**Mysqukersyn**は、どのような日本人の名前であるのか不明であるが、しいて発音すれば〝みつこさん〟とか、〝まいこさん〟などになるかもしれない。その**Mysqukersyn**は三味線を弾き、おとみさんとおたけさん（おたきさん）は歌や踊りを披露し、さらに扇子などを使って舞台を盛り上げる役であった。

ブヒクロサンは蝶の舞（バタフライ・トリック）などの奇術を実演し、また時には舞台で日本の文化や風俗などの紹介を行った。軽業や曲芸などをしたのは、ヒコマツ、ツルキチの二人であった。ツルキチはベテランの芸人で、ヒコマツは若手の演技者であった。

ここで注目したいのはおたけさんで、彼女は後述するようにタナカー・ブヒクロサンの妻になる女性である。おたけさんの名前については、おたきさんと呼ばれる場合もあったようで、「たけ」と「たき」が混乱している場合もある。

ブヒクロサンのタイクン一座がオーストラリアやニュージーランドで巡業した際、興味深いのは内妻おもとさんが同行していなかった点である。一八六七年十一月十四日（慶応三年十月十九日）にブヒクロサンと彼の一座がメルボルンに到着したが、その時の船舶情報によると、同一座は彼を含めて全部で六人であった。(3) 内妻おもとさんは一座に同行していなかったのである。

では一体、このブヒクロサンのタイクン一座は、どこから来た連中だったのであろうか。タイクン一座（大君一座）という名前は、松井源水一座が万国博覧会が開かれているパリで一八六七年七月に公演した際にすでに使用していた。(4) タイクン（大君）は徳川幕府の将軍を意味し、天皇を意味するミカドを冠したミカド一座がすでにあったので、同じようにタイクン一座という名前があっても不思議ではない。

タイクン一座のツルキチ、ヒコマツ、おたけさん、おとみさん、Mysqukersyn たちは、一体どのようにしてブヒクロサンに雇われるようになったのであろうか。想像するに、連中はブヒクロサンと一緒にサンフランシスコ、ニューヨークを経由してアイルランドやスコットランドで公演したグレート・ドラゴン一座の関係者ではないだろうか。

たとえば、グレート・ドラゴン一座のダブリンでの公演の広告によると、一座は全部で二十四人で構成されていて、その中に音楽および舞踊を担当する少女たちが含まれていることが宣伝されている[5]。ただし、たとえグレート・ドラゴン一座の関係者であったとしても、少なくともその一座の主要な芸人ではなかったように思われる。

グレート・ドラゴン一座は、スコットランドでの公演の後、緊急にヨーロッパ大陸での興行があると報道されていたが[6]、それが実現したかどうかは不明である。ブヒクロサンとそのグレート・ドラゴン一座との関係については、この後も複雑な経緯があった。

まず、ブヒクロサンが、グレート・ドラゴン一座およびその興業主などとは袂を分かったのは、遅くとも一八六八年九月頃、早ければそれ以前であった。ブヒクロサンはグレート・ドラゴン一座を離れた後、自分でタイクン一座を立ち上げたのであろう。その際、古巣のグレート・ドラゴン一座から何人かを引き抜き、その連中を引き連れてタイクン一座としてオーストラリアに出かけたのであろう。

また、アイルランドやスコットランドあたりまで同行していたと思われる内妻のおもとさんは、日本に残した子供のことなどがあるので、オーストラリア行きには同行せずに先に日本に帰国したかもしれない。ブヒクロサンの子供たちについては後述する。次におもとさんの確実な消息がはっきりわかるのは、一八七一年四月（明治四年二月）の段階まで待たなければならない。

レントンとスミスのドラゴン一座

ブヒクロサンのタイクン一座はオーストラリアに出かけた最初の日本の軽業見世物一座であったが、トーマス・レントンとジョン・W・スミスに率いられたグレート・ドラゴン一座も、一八六七年十二月十六日（慶応三年十一月二十一日）にメルボルンに到着している。タイクン一座のオーストラリア上陸から遅れること、ほぼ一ヶ月後のことであった。ちょうど一年前の十一月に、鉄割一座が最初の日本の軽業見世物の一座としてサンフランシスコに上陸し、約一ヶ月後にリズリー先生のインペリアル一座がサンフランシスコに到着した状況とよく似ていたのである。

ただ、小規模なブヒクロサンのタイクン一座に比べれば、グレート・ドラゴン一座の方が本格的な日本の軽業見世物一座であった。タイクン一座は最初にオーストラリアに来た日本の軽業見世物一座であるが、その能力はグレート・ドラゴン一座には到底及ばなかった。しかし、タイクン一座の演技もそれなりに気がきいていると評されたこともあった(7)。

ところでブヒクロサンが支配人として同行してサンフランシスコ、ニューヨークで公演し、それからアイルランドやスコットランドに渡った一座も、同じようにグレート・ドラゴン一座と名乗っていた。はたしてこの二つのドラゴン一座はどのような関係にあったのであろうか。

もしかすると、この二つの両ドラゴン一座の座員たちはもともと日本で何らかの関係があった連中かもしれない。ただし、フェルディナンド・ギルバートやジョージ・ウォレスなどに率いられてアイルランドやスコットランドで公演したグレート・ドラゴン一座の連中が、一度日本に戻り、その同じグレート・ドラゴン一座をレントンとスミスが日本から連れ出してオーストラリアに出かけたということではない。

というのは、レントンとスミスのグレート・ドラゴン一座は一八六七年の半ばにすでに日本を離れ、バタヴィア、インドのカルカッタなどを経由してオーストラリアに到着していたからである。(8) 一方、スコットランドで公演したグレート・ドラゴン一座は、一八六七年の半ばにサンフランシスコで公演し、その後パナマ経由でニューヨークに出かけ、同地などで公演した後リヴァプールに向かったのである。したがって、この二つのグレート・ドラゴン一座は、同名であるが、明らかに別々の一座であったのである。

アメリカ、アイルランド、スコットランドで公演したグレート・ドラゴン一座は、一八六九年五月(明治二年四月)頃から再び英国で興行を開始する。尚、一八七一年二月(明治四年三月)頃には、ブヒクロサンは自分の一座(タイクン一座)とそのグレート・ドラゴン一座を合併させ、彼自身がそのグレート・ドラゴン一座を乗っ取ってしまうのである。

タイクン一座は日本に戻らなかった?

ブヒクロサンのタイクン一座は一八六七年十一月十七日からメルボルンで公演を開始し[9]、ジーロング、シドニー、ニューカッスルなどのオーストラリアの諸都市で興行し、一八六八年四月からニュージーランドに渡り、同地で公演を続けた。

同一座は一八六八年六月七日に再びオーストラリアに戻り[10]、オーストラリアでは十月六日まで興行を続けたので、結局一年弱(十一ヶ月)ほどオーストラリアやニュージーランドで公演したことになる。興行主ブヒクロサンはその後日本に戻る予定であることを新聞広告で報告している[11]。ただし、実際にブヒクロサンのタイクン一座が日本に戻ったかどうかははっきりしない。

もちろん、ブヒクロサンたちが日本に帰国した可能性もあるが、実際には日本には戻らなかったであろう。多分、オーストラリアから英国に向かったと想像している。当時オーストラリアと日本の間には、直行する定期の船便などはなく、オーストラリアから日本に戻る場合、一度セイロンとかシンガポールまたは香港あたりまで出かけ、そこから日本に戻ることになったであろう。

ブヒクロサンのタイクン一座は日本に戻る予定であったが、途中で計画を変更して日本に戻らず、そのまま英国に出かけたと思われる。というのは、一八六九年一月三十一日に発行された英国の『イーラ』という芸能や興行関係に詳しい週刊新聞に、ブヒクロサンが出した広告が掲載されているからだ[12]。

それは、ブヒクロサンの一座の六人の演技者がこの年四月三日に日本に向けて出発する前に三週間空きがあるので、雇ってほしいという広告であった。そのブヒクロサンの連絡先は、英国のリヴァプールであった。

また、次節で詳しく述べるが、タナカー・ブヒクロサンとおたけさんとの間にできた最初の子供であるタニーまたはファニーと呼ばれる娘が、英国のボルトンという町で一八六九年二月七日に生まれていた。そのボルトンはリヴァプールからそれほど遠くない町であった。これでわかることは、一八六九年一月とか二月にはブヒクロサンやおたけさんたちは英国のリヴァプールとかボルトンあたりに滞在していたのである。

一八六九年一月の時点では、ブヒクロサンたちは同年四月に英国から日本に戻る予定であると予告したが、実際には日本に戻らずにそのまま英国で興行を続けたようである。たとえば、ブヒクロサンの一座は一八六九年五月にはプリマス、(13)同年七月にはポーツマスという市の中にあるポートシーという場所で公演し、(14)同年八月にはロンドンの劇場にはじめて登場している(15)(英国で興行を始めた頃から、ロイヤル・タイクン一座の名前を使うようになる)。一八六九年以降のブヒクロサンのタイクン一座の英国での興行については、後章で詳しく説明する予定である。

ブレックマンの子供たち

先にブヒクロサンの内妻おもとさんが子供のことで日本に戻り、そのためオーストラリアに出かけなかったであろうと書いたので、ここでフレデリック・ブレックマン（タナカー・ブヒクロサン）の子供について、簡単に言及してみたい。彼には全部で子供が十四人あった。[16] さらにやっかいなのは、タナカー・ブヒクロサンの長男および次男も、父親と同じ名前であった。すなわち、長男も次男もタナカー・ブヒクロサンと呼ばれたのであろう。

父親のタナカー・ブヒクロサンが正式に結婚し、少なくともその結婚を英国の役所に登録したのは、一八七九年のことであった。その正式に結婚した妻はおもとさんではなく、おたきさんである。彼女はおたきさん、おたけさん、おひろさんなどといろいろな名前で呼ばれ、さらに英語名タキ・ルース・ブヒクロサン（Taki Ruth Buhicrosan）も持っていた。

タナカー・ブヒクロサンとおたきさん（おたけさん）との間にできた最初の子供は、前述したように一八六九年（明治二年）に英国で生まれている。その女の子の名前はおたけ様（Otakesammer）で、ボルトンという町で生まれた。そのおたけ様は、後年タニー・ブヒクロサン（Tannie Buhicrosan）とか、ファニー・ブヒクロサン（Fanny Buhicrosan）などと呼ばれた。英国のボルトンで生まれたおたけ様（Otakesammer）の出生証明書によると、母親の名前もおたけ様（Otakesammer）であった。

いずれにしても、タナカー・ブヒクロサンとおたきさん（おたけさん）との間にできた最初の子供は、一八六九年に生まれているので、それより年長のブヒクロサン（ブレックマン）の子どもは、おもとさんとの間にできた子供であった。

英国では十年に一度国勢調査が行われ、その時作成された資料（データ）が百年後には公開される。国勢調査は網羅的で、調査が行われた時点で英国に滞在している外国人も含まれていた。一八八一年（明治十四年）の国勢調査は四月三日に実施された。その国勢調査の資料から、タナカー・ブヒクロサン夫妻および彼らの子供たちの様子をさぐることができる。

一八八一年四月三日の時点で、ブヒクロサン夫妻は二人の幼い子供と一緒に、英国の中央部（イングランドの北部）にあるノッティンガムという都市に滞在していた。というのは、彼の軽業見世物一座がノッティンガムで公演していたからである。[17] 一方、ブヒクロサンの年長の子供たちはロンドン近郊（現在はロンドンの一部）にあるルイシャムというところに住んでいた。ブヒクロサンの家がルイシャムにあったのである。

国勢調査の資料によると、長男のタナカー・ブヒクロサン、ポリー・ブヒクロサン（二十歳）、ネリー・ブヒクロサン（十七歳）、ファニー・ブヒクロサン（十二歳、ボルトンで出生）、次男のタナカー・ブヒクロサン（五歳）などの名前がルイシャムの住所の部分に記載されている。このファニー以下の子供がブヒクロサンとおたけさん（おたきさん）との間にできた子供である。それより年長のタナカー・ブヒクロサン（長男）、ポリー（長女）、ネリー（次女）の三人が、ブヒクロサンとおもとさんとの間にできた子供である。

なお、一八八一年の国勢調査の資料によると、ルイシャムの家では長男であるタナカー・ブヒクロサンが「戸主」であり「妻」になっているが、これは明らかに間違いである。さらに長男の年齢は無記載になっている。国勢調査の調査員も長男についての記載では混乱したのであろう。

長男のタナカー・ブヒクロサンは、英国の死亡証明書によると一八九九年（明治三十二年）年六月二十七日に死亡しており、享年四十歳であった。また、父親のタナカー・ブヒクロサンは一八七二年（明治五年）に子供（長男）虐待の罪で罰金刑を受けている。その時に子供の年齢（長男）は新聞などで四歳半とか七歳と報道された。それに対して、父親のブヒクロサンは新聞に投書して、子供（長男のタナカー・ブヒクロサン）の実際の年齢は六歳であると記している[18]。

もし、一八七二年に六歳であったとすると、長男は一八六六年（慶応二年）頃に生まれたことになる。もし、七歳であれば、一八六五年（慶応一年）頃に生まれたことになる。また、もし長男が一八九九年に四十歳であったとすると、長男は一八五九年（安政六年）か一八六〇年（万延一年）頃に生まれたことになる。可能性としては一八六〇年（万延一年）の方であろう。いずれにしても、長男は父親であるフレデリック・ブレックマンが来日してからかなり早い時期に生まれた子供になる。

一方、長女ポリーは一八八一年の国勢調査で二十歳、次女ネリーは十七歳と記録されている。そうすると、長女は一八六一年（文久一年）頃、次女は一八六四年（元治一年）頃に生まれたことになる。また、同年の国勢調査では長男は長女や次女よりも先に記載されているので、やはり長男は長女や次女よりも年上であったと考えられる。いろいろな情報を総合すると、結局、長男のタナカー・ブヒクロサンは一八六〇年（万延一年）頃に生まれていたのであろう。

前章で言及した一八六七年の『ニューヨーク・コマーシャル・アドヴァタイザー』の記事によると、ブレックマンとおもとさんの間には、一八六七年の時点ですでに三人の子供があったという。この三人が一八八一年に英国のルイシャムに住んでいた年長の三人の子供（長男、長女および次女）にあたるのである。

手品師としてのブヒクロサン

さて、話をまたブヒクロサンのタイクン一座のオーストラリアやニュージーランドでの公演に戻す。興行主や支配人としての手腕とは別に、手品師としてのタナカー・ブヒクロサンは一体どの程度の芸人であっただろうか。

ブヒクロサンの得意技は蝶の舞（バタフライ・トリック）と呼ばれる日本の手品で、外国ではインペリアル一座の隅田川浪五郎がパリやロンドンでナポレオン三世や英国の皇太子（エドワード七世）の前で演じて有名になった芸であった。

ブヒクロサン自身もオーストラリアの新聞広告では自分が蝶の舞で有名になった日本の芸人の弟であると称している。(19) もちろん、ブヒクロサンは隅田川浪五郎とは何も関係なく、蝶の舞の技についてはおそらくグレート・ドラゴン一座の長次郎あたりから習ったのであろう。

スコットランドの新聞でも、「このトリック〔蝶の舞〕は大変わかりやすくかつ込み入っていないので、クリスマスには友人たちの前でこのトリックを披露する多くのスコットランドの〝名人トミー〟が現れるのは違いない」と報道されていた[20]。この新聞記事によると、蝶の舞は素人でもある程度習得することができる日本の手品であったようである。

ただし、ブヒクロサンの蝶の舞の演技の評価については、二通りの意見があった。ブヒクロサンの蝶の舞には「がっかりした」という批評がある一方[21]、「大きな喝采を受けた」という好意的な批評もあったのだ[22]。

ブヒクロサンは、蝶の舞に限らずいくつかの手先の早業を使った手品もできたようなので[23]、素人のにわか手品師としては割とうまく立ち回ったといえるであろう。ブヒクロサンは日本語などの外国語の習得といい、手品の技の習得といい、結構のみこみが早い人物であったのかもしれない。

ブヒクロサンの舞台でのパフォーマンスおよび彼の一座の興行などに表れた特徴は、次の三点であった。まず最初の一点は、ブヒクロサンが舞台で日本の風俗・慣習・文化などについての講義、または漫談みたいなことしていることである[24]。おそらく、彼の一座は人数が少なく、ある程度時間かせぎが必要であったと思われる。このような講義・漫談はそのことにも適していた。また、ブヒクロサン自身は、もともと芸人としての才能に恵まれていたらしく、彼の日本の文化や風俗についての講義・漫談は結構好評を博している。

もしかすると、日本の習俗や文化について西洋人向きに講義・漫談をするというアイデアは、ジョージ・ウォレスがサンフランシスコでグレート・ドラゴン一座のために付け加えた英語による解説あたりからヒントを得ているかもしれない。ウォレスは日本の軽業見世物に慣れていないアメリカの観客のために英語で解説などを加えて好評を得ていた[25]。

ブヒクロサンの一座のもう一点の特徴は、舞台での演技により観客を楽しませるだけではなく、来場した見物人におみやげとして、写真などの日本の小物を配っていることである[26]。以上の二点のブヒクロサンの興行に表れた特徴は、翌年英国で公演した時にも発揮される特徴であり、それらはまさに、一八八五年（明治十八年）から興行するロンドン日本人村へとつながる大事な要素であった。

ブヒクロサンは宣伝上手

ブヒクロサンの興行における特徴のうち、第三番目は彼が宣伝上手であった点である。それはすでにオセアニア（オーストラリア・ニュージーランド）での公演からも推測することができる。たとえば、英国王室関係者など有名人の前で公演したことなどは、すぐに新聞広告などで自分の一座を宣伝するために使用している。

ヴィクトリア女王の次男、エジンバラ公アルフレッド王子は、一八六七年に英国王室の一員としては初めてオーストラリアを訪問した。アルフレッド王子はブヒクロサンのタイクン一座がオーストラリアで興行を開始する直前にオーストラリアに到着、約半年ほど滞在した。物珍しさも手伝って、アルフレッド王子は豪州で最初の日本の一座であるタイクン一座の公演を二度ほど見学した。ブヒクロサンは早速そのことを新聞広告で利用している。(27) エジンバラ公御前公演については、翌年英国で興行した時にも彼は自分の一座の宣伝のために利用している。(28) ブヒクロサンが宣伝上手な点は、新聞の広告などを積極的に利用して、ライバルをこき下ろしたりしたところにもよく表れている。

ブヒクロサンの一座はオーストラリアで興行した最初の日本軽業見世物一座であったが、先に述べたように、一ヶ月後にもっと本格的なレントンとスミスのグレート・ドラゴン一座がオーストラリアにやって来た。そのグレート・ドラゴン一座のスターの一人が綱渡りである勝次郎であった。勝次郎は女装しており、未婚の女性の綱渡りとして舞台に立っていた（口絵10）。彼（彼女）は大変な人気者で、「勝次郎の驚くべき演技によって一座は称賛をあび、同座の支配人たちは大変な人気と成功を獲得した」と新聞で報道されていた。なお、この勝次郎は、慶応三年に清国に向けて横浜を出国するため、神奈川奉行から二十三号の旅券を受け取った人物であろう。(29)

日本人の観客ならば、勝次郎という名前からたとえ女装していても演者が男であることがすぐわかるが、外国人にとっては勝次郎という名前からはそのような事情はわからなかったのである。ブヒクロサンは自分の一座を宣伝するために、早速その勝次郎が女装している点を自分の一座の新聞広告の中で皮肉っている。その新聞広告では、まずブヒクロサンのタイクン一座がオーストラリア・ニュージーランドに来た最初の日本の軽業見世物一座であることを宣伝し、さらに彼の一座の綱渡りは男によって演じられ、女装して日本人の女性のふりをしている男によるものではないことを強調している。[30]新聞の広告などの紙媒体による当時のマス・メディアを駆使してライバルを批判する手口は、英国に渡ってからもブヒクロサンがよく使った手段であったが、その手法はすでにオーストラリアでも用いられていたのである。

レントンとスミスのグレート・ドラゴン一座で綱渡りとして活躍した勝次郎が女装して人気を博したことに関連して、ここで日本の軽業見世物一座と女装のことに少し言及してみたい。

というのは、後述するようにヨーロッパでは日本の軽業・曲芸をまねする芸人が現れるが、そのうちの一人が女装のジャグラー（曲芸師・手品師）〝ミツィ〟（Mitzi）であった。ミツィは日本人または日本のジャグラーと称していた。しかし、ポスターなどから判断すると、ミツィは日本人を装った英国人またはヨーロッパ人であった。女装した綱渡りである勝次郎と女装のジャグラーであるミツィが、共に日本の軽業・手品など披露するという共通点を持っていた点は、大変興味深い。

日本の軽業見世物一座の一員として勝次郎が女装の綱渡りとして活躍したのは、歌舞伎の女形を見慣れた日本の観客にとってはそれほど奇異には映らなかったと思われる。日本の軽業見世物は歌舞伎などの興行物と同じようなルーツを共有していたので、女装などは当たり前のことであったかもしれないが、ヨーロッパなどでは女装に対する反応は違ったかもしれない。

タナカー・ブヒクロサン、その名前の由来

もうすでに序章でタナカー・ブヒクロサンという名前の由来は簡単に述べたが、ここでもう一度フレデリック・ブレックマンの新しい名前（タナカー・ブヒクロサン）の問題について言及してみたい。まず、ブヒクロサンであるが、この名前はブレックマンが日本滞在中に日本人から呼ばれていた名前、またはグレート・ドラゴン一座に同行していた時に日本人から呼ばれていた名前などに由来するものと思われる。要するに、ブレックマンさん（ブレクサン？）が少しなまりブヒクロさん）に変化したのであろう。

ただし、ブレックマンはわざわざブヒクロサンという名前に変更した以上、新しい名前があまりに本来の名前に似ていれば名前を変える意味が薄れるので、本来の名前と新しい名前の間にはある程度距離をおいた結果、ブヒクロサンという名前に落ち着いたのであろう。

すでに述べたように、タナカーはもちろん日本の姓田中から来ている。ブヒクロサンの一座は六人で構成されており、実際に本格的な芸を披露できるのはツルキチとヒコマツの二人で、このうちツルキチは四十六年の経験を重ねているが、ヒコマツの経験年数は十九年に過ぎなかった[31]。ツルキチはベテランの芸人であった。そのツルキチはタナカー・ツルキチと呼ばれていた[32]。そのツルキチの名字は田中であったに違いない。

英語で日本人の氏名を表す場合、名字と名前を欧米人の順序に合わせてひっくり返すが、タナカー・ツルキチの場合、ひっくり返さずにそのまま日本人の氏名の順序を維持した。タナカー・ブヒクロサンの場合も、同じように日本人の氏名の順序を維持したのである。この名字と思われるタナカーが名前として扱われる問題は、タナカー・ブヒクロサンの場合にも混乱をもたらすのであった。

いずれにしても、ブヒクロサンのタイクン一座の主要芸人はタナカー・ツルキチと呼ばれていた。ブヒクロサンはツルキチの弟子ではないと思うが、芸の上では後輩にあたるので、師匠筋のタナカー・ツルキチからタナカーをもらって、ブレックマンは自らの芸名をタナカー・ブヒクロサンとしたのであろう。

さて、タナカー・ツルキチをあえて漢字で表すとすれば、田中鶴吉あたりになるであろう。単なる偶然であると思われるが、実際に欧米を巡業した田中鶴吉という軽業師がいたのである(33)。後者の田中鶴吉は大正一年の時四十九歳だったので、タイクン一座のタナカー・ツルキチとは同一人物ではありえない。ただ、もしかするとこの二人の田中鶴吉はなんらかの関係があったかもしれない。

さらに、田中鶴吉という名前については、小笠原諸島の開発に貢献して「東洋の小ロビンソン・クルーソー」と称えられた田中鶴吉（一八五五―一九二五）も海外で活躍した人物である。この田中鶴吉は慶応年間に海外に出て、オーストラリアを経由してサンフランシスコに辿り着き、当地で天日による製塩業を学び日本にその技術を伝え、またその後小笠原諸島の開発に活躍し、後年に再び渡米してサンフランシスコで亡くなった。いずれにしても、田中鶴吉という名前は海外渡航と関係が深い名前であった。

新しい名前で生きる

最初ブレックマンは、軽い気持ちでタナカー・ブヒクロサンを名乗ったのであるが、その名前が想像以上に彼の生活の中で定着し、本人にとっても新しい名前の方が何かと都合がよかったので、そのままタナカー・ブヒクロサンを自分の名前として彼の後半生に使用したのであろう。

また、タイクン一座は日本人による軽業見世物一座と名乗り、演者が日本人であるところが売物であったので、その一座の芸人として舞台に立っているブヒクロサンも日本人らしい名前を持っている必要があったのである。本名であるフレデリック・ブレックマンでは、日本人の芸人と称することはできなかったのである。

ブヒクロサンの子供について言及した箇所で述べたように、タナカー・ブヒクロサンという名前は、フレデリック・ブレックマン（本人）、および彼の長男および次男にも使用された。息子、特に長男が父親と同じ名前を与えられるのはオランダの風習であるようである。タナカー・ブヒクロサンの場合、長男と次男はそれぞれ別の母親から生まれているので、次男にも父親と同じ名前を与えたのかもしれない。

ブヒクロサンという名前に関してさらに複雑なのは、オーストラリアおよびニュージーランドの公演中だけであるが、彼が二つのブヒクロサンという名前を使い分けている点である。演技者（芸人）としてはタナカー・ブヒクロサンを使用し、興行主（経営者）としてはウィリアム・ブヒクロサンという名前を使用した時期があったのだ。

演技者の場合、日本人らしい名前である必要があるのでタナカー・ブヒクロサンであり、興行主の場合は欧米人らしい名前であるウィリアム・ブヒクロサンが向いていると考えたのであろう。その後、ウィリアム・ブヒクロサンという名前は自然消滅して、英国などでは、興行主としても演技者の場合と同じようにタナカー・ブヒクロサンという名前が使われるようになる。ただし、英国では演技者としてのタナカー・ブヒクロサンの役割は、最初だけで次第に消滅していった。

なお、タナカー・ブヒクロサンという名前に関しては、後述するようにタナカー・ブヒクロサンの偽者も登場するのである。最初、ブレックマンが何気なく使用し始めたタナカー・ブヒクロサンという名前は、後年偽者も出来するくらい有名な名前に成長するのである。

タナカー・ブヒクロサンは、一応たてまえとしては日本人を装っていた。たとえば、彼の一座の他の芸人であるツルキチやヒコマツと同じように、日本の衣装を着け刀の大小を二本さしていた。(34) ただし、彼自身はオランダ人または他のヨーロッパ人の血が入っていることをあえて否定はしていなかった。(35)

また、もちろんブヒクロサンは日本人としては非常に英語がうまいことも注目されていた。(36) ただし、彼の英語については、ブヒクロサンの一座が翌年一八六九年八月に英国で公演した時には、新聞記事で彼は今まで聞いた中で最も奇妙な英語をしゃべるとコメントされている。(37)

第三章　英国の軽業見世物事情とブヒクロサン

英国に渡った日本の軽業見世物一座

フレデリック・ブレックマンがオーストラリアでタナカー・ブヒクロサンに〝変身〟した頃、日本も大きく〝変身〟し始めていた。明治維新の大変革である。ブレックマンたちがオーストラリアに上陸した頃、大政奉還がなされ、翌一八六八年一月には戊申戦争が始まり、鳥羽・伏見の戦いでは旧幕府軍が敗退した。

ブヒクロサンたちがオーストラリアを離れた頃には、もうすでに年号は明治と改元され、一世一元の制、すなわち一天皇に一元号という制度が取り入れられていた。その後、江戸は東京と改称され、江戸城が皇居と定められた。

ブヒクロサンのタイクン一座が英国南部で興行を開始した頃には、版籍奉還が実施され、明治維新政府による中央集権化が一段と強化されていた。五稜郭の戦いも終わり、戊辰戦争は終結していた。もちろん、ブヒクロサンは日本が急速に変化していることにはある程度気が付いていたとは思うが、はたしてブヒクロサンの中に明治維新が大きな革命であるという認識がどの程度あったのかは疑問に思うところである。

ブヒクロサンは開国後の幕末の日本の状況にあまりにどっぷりとひたっていたので、明治維新による変化に気が付くのが遅くなり、明治時代に入っても、彼の頭の中では引き続き幕末の日本がそのまま存続していたかもしれない。この点については、一八八五年（明治十八年）に開かれたロンドン日本人村の興行を考える時に再び言及してみたい。

日本が明治維新を契機に大きく変化している頃（一八六九年、明治二年）、ブヒクロサンは自分の一座（タイクン一座）を率いて英国南部で興行を開始していた。それでは、ブヒクロサンが巡業を開始した英国においては、日本の軽業見世物はどのような状況にあったのであろうか。そのあたりの様子を概観してみたい。

英国における日本の軽業見世物興行に言及する前に、まず英国（連合王国）がどのような国であったのか、簡単に説明しておきたい。英国（連合王国）はイングランド、ウェールズ、スコットランド、アイルランドで構成されていた。そのうち、アイルランドは、北東部以外は一九二二年に英国から独立した。北アイルランドは現在も英国（連合王国）の一部に含まれる。英国の首都ロンドンは、イングランドの南東部に位置している。

英国では十九世紀半ばからミュージック・ホールが全盛期を迎えており、また多数のサーカスも活動していた。汽車などの交通機関が発達し、都市へ人口が集中していたヴィクトリア朝後期の英国では、劇場や舞台などで演じられる娯楽活動は大変重要な役割を果たしていた。そのような社会的状況の英国に登場した日本の軽業、曲芸、奇術などは、早速劇場やテントなどの中で大歓迎を受けたのである。

英国で最初に公演した日本の軽業見世物一座は松井源水たちの一座（グレート・ジャパニーズ一座）で、ロンドンで一八六七年二月十一日（慶応三年一月七日）から五月四日（慶応三年四月一日）まで興行した(1)。この一座は一八六六年十二月二日（慶応二年十月二十六日）に横浜を出発していた。同一座は一八六七年のパリ万博で公演するためヨーロッパに出かけたのであるが、英国興行はその前に英国に立ち寄った際の公演であった。

松井源水たちのグレート・ジャパニーズ一座は、英国で初めての本格的な日本の軽業見世物興行であり、それなりにロンドンの観衆を魅了した。一座はウィンザー城に招かれ、英国王室の王子や王女の前で公演したり(2)、またロンドン市長夫妻の前で演技を披露したこともあった(3)。

次に英国に渡った日本の軽業見世物一座はグレート・ドラゴン一座で、すでに述べたように一八六七年七月二十四日にニューヨークを出発し、英国のリヴァプールに向かった一座である。一座はリヴァプールに到着後、すぐにアイルランドのダブリンに出かけた。ダブリンで一八六七年八月九日から十五日までに公演し(4)、それから、同じアイルランドのベルファーストに移り、そこで興行した(5)。

ドラゴン一座はアイルランドの後、海を渡り、スコットランドのグラスゴーに出かけ、同市で三週間興行した。(6) グラスゴーでの公演の後は、同じスコットランドの中心都市エジンバラに移動し、確認できる範囲では遅くとも一八六七年九月二十四日まではエジンバラで公演していた。(7) 既述したように、このグレート・ドラゴン一座の支配人をしていたのがブヒクロサンであった。

インペリアル一座の活躍

グレート・ドラゴン一座の後に英国で興行し、大きなインパクトを与えたのは、リズリー先生に率いられたインペリアル一座であった。大西洋を渡りアメリカから英国にやって来たインペリアル一座は、ごく短期間英国に滞在した後、すぐにパリ万博で公演するためフランスに渡った。わざわざアメリカからヨーロッパに来航した一座の目的は、もちろん松井源水たちのグレート・ジャパニーズ一座と同じように、一八六七年のパリ万博の開催にちなんでパリで興行することであった。

好評を博したパリでの公演の後、インペリアル一座は一八六七年十二月（慶応三年十一月）にフランスから英国に出かけた。たまたまロンドンで興行を予定していた劇場が焼失したので、インペリアル一座はやむなく同年の暮れからイングランドの中部および北部地方を巡業することにした。この地方はまさに英国における産業革命の中枢部にあたり、工業が盛んな場所で大きな都市がいくつか存在した。

インペリアル一座はバーミンガム、リーズ、マンチェスター、ハル（キングストン・アポン・ハル）などで公演した。バーミンガムでの公演は一八六七年十二月二十六日（クリスマスの翌日、ボクシング・デー）から始まり[8]、リーズ、マンチェスターなどでも興行を続け、ハルでは翌一八六八年二月二十二日から二月二十七日まで六夜上演した[9]。

インペリアル一座はハルから船でオランダに渡り、フランスを経由して再び英国に戻ったのは一八六八年四月（慶応四年三月）のことであった。そして、同一座は復活祭の翌日（四月十三日、イースター・マンデー）からロンドンのロイヤル・ライシアム劇場で公演を始めた[10]。

インペリアル一座の興行について、『イーラ』という芸能関係に強い週刊新聞では、次のように称賛されていた。

ライシアム〔劇場〕は毎夜多くの観客であふれている。観客は劇場を立ち去る時、この公演は本物であり、離れ業の遂行と同時に巧みな工夫で示される忍耐、技術、勇気に感嘆するのである。この一座を英国に連れて来た目的は、金儲けの思惑から出ていると思われるが、しかし一座の演技全体はまがい物ではなく、演技はまっとうに行われている。今まで英国ではこのような芸当が公演されたことはなかった。そこで、機会があれば、だれでも連中の公演を見学したいと思うであろう[11]。

ここで引用したのは一つの例に過ぎないが、インペリアル一座は中部および北部イングランド地方での公演を含めて、英国の観衆に日本の軽業見世物の演技を強く印象づけた。

また、同一座は一八六八年五月二十七日には、英国皇太子夫妻の前で公演する名誉を受けることができた。(12)そこで、『イーラ』は「日本は明らかに英国およびヨーロッパの娯楽市場の呼び物の一つに成りつつある」という意見を掲載していた。(13)

この指摘は、日本の軽業見世物興行が欧米の娯楽市場に与えた影響を考える場合、大変重要である。開国により世界に紹介された日本の軽業、曲芸、手品などは、想像以上に大きなインパクトを与えたのである。インペリアル一座は英国で好評を得た後、惜しまれつつ同年七月に英国を離れ、フランス経由でスペインに向かった。

日本が明治維新の騒ぎで一番大変な頃（戊申戦争、明治への改元、版籍奉還）、逆に英国における日本の軽業見世物興行は、比較的穏やかであった。一八六八年七月にインペリアル一座が去った後、次に本格的な日本の軽業見世物一座が英国にやって来るのは、翌一八六九年五月（明治二年四月）頃になる。

一八六九年五月半ばから、グレート・ドラゴン一座がロンドンのクリスタル・パレスで二週間公演し、大変好評を博した。グレート・ドラゴン一座は、イングランドに来る前にヨーロッパで興行を続けて来たが、イングランドでは今回が初めての公演であり、ロンドン公演の二週間後にはパリに渡り、その後日本に戻る、と英国の新聞に報道されていた。(14)しかし、実際にはグレート・ドラゴン一座はそ

インペリアル一座（*Illustrated London News*, 2 May 1868）

のまま英国に残り、地方での巡業を続けた。

また、この一座にとっては、今回の興行がイングランドでは初めてであると新聞では報道されていたが、その報道は間違いではないが多少紛らわしい点もあった。というのは、グレート・ドラゴン一座は、すでに一八六七年にアイルランドやスコットランドで興行をしているので、少なくとも英国では初めてではなかったのである。英国ではなく、あえてイングランドに限定すれば、確かに今回の同一座の公演は初めてであった。

先にリズリー先生のインペリアル一座が、一八六八年七月にスペインに向けて英国を発ったことを報告したが、スペインおよびポルトガルで興行した後は、今度はアメリカに向かい、翌一八六九年二月にはニューヨークに到着した。しかし、通訳であるエドワード・

バンクスが一座の資金を持って逃亡したので、結局インペリアル一座は一時解散することになった。
インペリアル一座のメンバーのうち、八名は日本に帰国した。残りの九名は再びインペリアル一座としてリズリー先生と一緒に大西洋を渡り、ヨーロッパで興行することになった。インペリアル一座は一八六九年七月と八月にロンドンのクリスタル・パレスで、続いて同じロンドンのロイヤル・サリー劇場で公演した。[15] その後、同一座はダービーなどの英国の地方都市で巡業を続けた。
そのような状況の中で、インペリアル一座の中心人物であるリズリー先生（リチャード・リズリー）が十六歳以下の少女に乱暴をした廉で裁判にかけられた。[16] しかし、幸いにも同年十月二十六日に無罪の判決が出た。[17] 裁判のことで英国に対して嫌気がさしたのか、リズリー先生は同年十二月十八日に英国を離れた。[18]
リズリー先生が英国を去った後もインペリアル一座は英国で興行を続け、同年暮れにはブリストルで公演し、[19] 翌年一月にはポートランドなどで公演していた。[20] 同一座はロンドンでも同年二月ぐらいまでは興行していたようであるが、[21] その後の状況については不明である。

ロイヤル・タイクン一座とドラゴン一座

さて、話をまた一八六九年夏に戻すと、グレート・ドラゴン一座やインペリアル一座などがロンドンのクリスタル・パレスで公演していた頃、英国に上陸したタナカー・ブヒクロサンのロイヤル・タイクン一座も英国南部の港町プリマスで巡業を開始していた。[22] ブヒクロサンの一座の名称は、英国に渡ってからは「ロイヤル」が付け加わっていた。プリマスの後、やはり同じ英国南部の港町ポーツマスにあるポートシーという場所で公演した。[23] そして、一八六九年八月に一座は、いよいよ英国の首都ロンドンに初めて登場したのである。[24]

タイクン一座の陣容は、オーストラリアやニュージーランドでの公演の場合とほとんど同じであった。すなわち、一座はブヒクロサン、ツルキチ、ヒコマツおよび三人の女性、おたけさん、おとみさん、Mysqurkersyn で構成され、公演内容もオーストラリアやニュージーランドの場合と似たりよったりであった。[25] ブヒクロサンは興行主および通訳であり、さらに舞台では、日本文化および風俗について簡単な講演をしたり、蝶の舞などの手品を披露した。

ロイヤル・タイクン一座は演技者が全員日本人であることが売りであるが、ブヒクロサンは自分自身について、一応日本人であるがオランダ人を祖先に持つ家系の一員であることを認めている。[26] また、別の機会には日本に定住した古いオランダ人の家族の子孫で日本に帰化したと伝えている。[27]

このブヒクロサンの一座の目玉はヒコマツとツルキチによって演じられた独楽回しを含む曲芸や軽業で、三人の女性はそれらの引き立て役であった。おたけさん、おとみさんは踊りと歌を受け持ち、Mysqurkersyn は三味線を弾いて、音楽を担当した。一座はロンドンでの公演の後、一八六九年十月から三ヶ月間英国内の地方巡業に出かけると宣言している。[28]

タイクン一座は一八六九年十一月の初旬にはロンドンからあまり遠くないイプスウィッチで公演し

ブヒクロサンのロイヤル・タイクン一座が1869年にはじめてロンドンで公演した時の広告（英国図書館エヴァニオン・コレクション：Evan.1401）

た。[29] さらに、同一座は翌一八七〇年三月上旬に北イングランドのバーナード城を訪れ、[30] 三月下旬および四月にはスコットランドのホイック、ダンディー、グラスゴーなどの町や都市で興行を続けた。[31]

一方グレート・ドラゴン一座は、一八六九年十二月二十七日から十二日間、アイルランドのダブリンで公演をする予定であった。[32] その宣伝文句によると、同一座の演技者の数はヨーロッパで興行している日本の軽業見世物一座の中では一番多いとのことである。その数は十三人であった。[33] グレート・ドラゴン一座の興行は好評であったらしく、一座のダブリン滞在は長引き、結局翌一八七〇年三月二十五日頃までダブリンに滞在した。[34] その間、アイルランドの別の場所でも公演したかもしれない。

そして、グレート・ドラゴン一座は一八七〇年四月十八日から同じアイルランドのベルファーストで興行を開始した。[35] ダブリンはアイルランド中部の中心都市、ベルファーストは北部の中心都市である。四月十八日はその年の復活祭の月曜日（イースター・マンデー）にあたるので、同一座は復活祭明けからベルファーストで公演を開始したことになる。その翌日にある事件が起った。

すり事件の裁判で通訳を務める

グレート・ドラゴン一座のメンバーであるおいえさん（Oi Ye San）が、四月十九日（公演二日目）にベルファーストのコーン・マーケットというところで運悪く二人の女（ブリジット・ベイツマンとメアリー・モーレイ）によって財布をすられたのである。[36] おいえさんは、目撃者の話などから彼女の財布を盗んだ二人を見つけ、その二人を警察に突き出し、翌日と翌々日にベルファーストの法廷でそのすり事件の裁判が開かれた。

おいえさんと彼女の夫であるホタカ・T・イオジー（Hotaka T. Iodgee）が、法廷で宣誓したり、また証言もしたが、二人とも英語がわからないので通訳が必要になった。その通訳として呼ばれたのがタナカー・ブヒクロサンであった。

ブヒクロサンのタイクン一座はスコットランドのグラスゴーに滞在しており、四月二十一日が同地における公演の初日で、ブヒクロサンは同日夜には予定通り舞台に立っていた。[37] ブヒクロサンは四月二十日と二十一日にはアイルランドのベルファーストで、おいえさんのために法廷で通訳をし、二十一日にはすぐにグラスゴーに戻り、自分の一座の夜の公演に出演したのである。

奇妙なことには、ブヒクロサンがおいえさんとホタカ・T・イオジーのために法廷で通訳の役目を果たした時には、彼は通常の名前であるタナカー・ブヒクロサンではなく、本名であるフレデリック・ブレックマンに近似しているフレッド・ブラックマン（Fred Blackman）という名前を使用している。ホタカ・T・イオジーがおいえさんと自分のために日本語で墨書した宣誓書の英訳を作成した時にも、そこにははっきり在日フランス公使館通訳フレッド・ブラックマンと記されている。[38] ブヒクロサンもさすがに法廷では、仮称であるタナカー・ブヒクロサンという名前を使用するのを差し控えたものと思われる。

ただ、疑問に思うのは、なぜタイクン一座の通訳であるブヒクロサンがグレート・ドラゴン一座の一員の裁判に呼ばれたのかという点である。グレート・ドラゴン一座には適当な通訳がいなかったことが主な要因であると思うが、気になるのはブヒクロサンとグレート・ドラゴン一座との関係である。たまたまブヒクロサンのタイクン一座がグラスゴーに滞在しており、またブヒクロサン（ブレックマン）が以前グレート・ドラゴン一座の通訳兼支配人をしていたので、裁判の話が持ち上がった時、急遽おいえさんの裁判に通訳として、彼がベルファーストに呼ばれたのか、または、もうこの時点でブヒクロサンはある程度グレート・ドラゴン一座の経営に関与していたのであろうか。両者の関係をぜひ知りたいところである。いずれにしても、十ヶ月後の一八七一年二月の段階までには、ブヒクロサンはグレート・ドラゴン一座を完全にコントロールするようになる。

グレート・ドラゴン一座はベルファーストでの公演の後、ブヒクロサンのタイクン一座が公演していたグラスゴーで興行し、[39] その後スコットランドのダンディーなどで公演した。一方、ブヒクロサンのタイクン一座はグラスゴーでの公演の後、スコットランドから南に下がり、北イングランドの北西側にあたるカンブリア地方などを巡業した。[40] その後も同一座は英国の地方都市などで巡業を続けたようである。

たとえば、一八七〇年十月にはタイクン一座はイングランドとウェールズの境にあるロス（ロス・オン・ワイ）という町で公演している。[41] 同一座がロスで公演する前の九月十四日に、ウェールズのカーナヴォンでブヒクロサンとおたけさんとの間の二番目の子供であるおひちゃん（Ohichan）が生まれている。

タイクン一座とグレート・ドラゴン一座の合併

以上、タイクン一座の英国における地方巡業などを簡単に記述したが、実はタイクン一座に関してはやっかいな問題が出来していた。というのは、ほとんど同名のタイクン一座という名前の一座が、英国で一八七〇年七月から十ヶ月ほど興行をしていたからである。もう一つのタイクン一座は、英国人のトーマス・キングという人物に率いられた日本の軽業見世物一座であった。

一八六九年十一月（明治二年十月）に、キング（キーン）と十六人の軽業師たちが横浜を出帆していたが、これがキングのタイクン一座（ロイヤル・タイクン一座）の一行であった。[42] その一座はまず一八七〇年五月にインドのマドラスで公演していたが、同年六月にはロンドンのクリスタル・パレスで興行すると新聞で報道された。[43]

ロイヤル・タイクン一座が実際にクリスタル・パレスで公演したのは一八七〇年七月で、[44] 同年八月五日までクリスタル・パレスで興行し、[45] 八月八日から同じロンドンの劇場アルハンブラに移動した。[46] アルハンブラでは十月八日頃まで公演し、[47] 同年十一月からはサウス・ロンドン・パレスという劇場に移り、[48] 同劇場で翌一八七一年一月上旬頃まで興行した。[49]

その後キングのタイクン一座は英国の地方で興行したらしく、たとえば一八七一年二月にはロザーハム、[50] 同年五月にはハダスフィールドという町で興行していた。[51] それ以降の英国におけるキングのタイクン一座の活動は不明になる。

英国の後、同一座はヨーロッパ大陸に渡り、ドイツで巡業を続けたが、一八七二年五月に英国人キングと同一座の磯吉がドイツの〝カラマ〟という場所で一座の残りの連中を置き去りにしたので、困窮した残りの連中はロンドンまでなんとかたどり着き、ロンドン駐在の寺島宗則弁務使（公使）に泣きついて、寺島から船賃を借金し、なんとか一八七三年二月十五日に横浜に戻ることができた。[52]

一方、英国で巡業していたブヒクロサンの（ロイヤル）タイクン一座とグレート・ドラゴン一座は、既述したように遅くとも一八七一年二月頃までに合併している。[53] 合併といっても、実態はおそらくタナカー・ブヒクロサンがグレート・ドラゴン一座を支配下におさめたのであろう。合併したロイヤル・タイクン・ドラゴン一座は、形式的には二人の興行主（ハシンガワ・ハロサンとタナカー・ブヒクロサン）で、演技者の数は全部で十五名であった。演技者の数はその後やや減少する。

およそ一年ほど前にドラゴン一座がアイルランドで公演した時には、前述のように一座の演技者の数はヨーロッパで活動している日本の軽業見世物の一座の中では最大で、全部で十三人であった。ロイヤル・タイクン・ドラゴン一座の演技者の大部分は旧ドラゴン一座の連中であると思われるが、ブヒクロサンのタイクン一座からも何人かは加わっていたと思う。しかし、その詳細は不明である。タイクン一座の中心人物であるヒコマツとツルキチなどはどうしたのであろうか。

タナカー・ブヒクロサンは自分が所有する一座が大所帯になったので、演技者としては引退し、支配人・興行主の仕事に専心するようになったのではないだろうか。タイクン一座の女性三人（おたけさん、おとみさん、Mysqurkersyn）は、子育てなどの事情で裏方の方に回るようになったかもしれない。というのは、前述したようにおたけさんにはすでにブヒクロサンとの間に二人の幼い子供があり、二人目は数ヶ月前に生まれたばかりであった。また、おとみさんにもすでに一八六九年八月の時点でまるまるとした小さな赤ん坊がおり、舞台にもその赤ん坊を一緒に連れて来ていた[54]。

合併したタイクン・ドラゴン一座は一八七一年四月の復活祭の月曜日（四月十日、イースター・マンデー）からダービーという都市で公演を開始し[55]、翌月も翌々月も引き続きダービーで興行した[56]。

一八七一年の国勢調査に見る一座の顔ぶれ

すでにブヒクロサンの子供のことを記した部分で触れたように、英国では十年に一度国勢調査が行われたたし、現在も実施されている。その国勢調査の資料は、百年後に公開される。通常、国勢調査は四月の初めに実施される。一八七一年（明治四年）は四月二日に実施された。

その一八七一年の国勢調査の資料から、タナカー・ブヒクロサンおよびタイクン・ドラゴン一座の関係者の様子をさぐってみたい。ブヒクロサンをめぐる興味深い状況が判明する。

まず、ブヒクロサン、ブヒクロサンの内妻おもとさん、およびハシンガワ・ハロサン以下九人の軽業・曲芸の演技者たち合計十一人は、その時ロンドンの北部にあるルートンという町のチャペル・ストリートに滞在していた。ブヒクロサンのタイクン・ドラゴン一座は四月二日の八日後にあたる復活祭の月曜日（四月十日、イースター・マンデー）から、ダービーでの興行を予定していた。その数日前、タイクン・ドラゴン一座の主要なメンバーはルートンで同じ家に宿泊していたのであろう。

一八七一年に実施された国勢調査の記録で注目すべき点はいくつかある。たとえば、ブヒクロサンが旧名（本名）であるフレッド・ブレックマンを名乗って登録されていることと、また彼の内妻おもとさんがオモト・ブレックマンとしてブヒクロサンのすぐ下に記載されていることなどである。この記録ではおもとさんはブレックマンの妻の扱いを受けている。

十年後の一八八一年の国勢調査や結婚証明書および死亡証明書などでは、ブレックマンは本名をまったく明かさずに、変身したタナカー・ブヒクロサンという名称で貫き通すのであるが、この一八七一年の国勢調査では、意外にも自分自身やおもとさんについてはそれなりに正しい情報（本名など）を国勢調査に提供している。

たとえば、一八七一年の国勢調査の記録によると、ブレックマンはアムステルダム生まれで、年齢は三十五歳、職業は日本軽業見世物一座の支配人、それからおもとさんは、日本の江戸で生まれ、年齢は二十九歳と記載されている。彼女は一八四三年（天保十四年）または一八四二年（天保十三年）に生まれたことになる。後述するようにおもとさんは一九一六年に七十三歳で亡くなるが、それから割り出される出生年と一致している。

残りの九人のタイクン・ドラゴン一座の芸人たちについても、いろいろと興味深い情報をこの国勢調査の記録から窺うことができる。この九人のうち、何人かはグレート・ドラゴン一座が一八六七年六月五日（慶応三年五月三日）に海外で初めて公演を開始した時に、新聞広告などに名前が掲載された芸人だと想定することが可能である。芸人の日本名は、倉田喜弘著『海外公演事始』や三原文著『日本人登場――西洋劇場で演じられた江戸の見世物』などから引用した[57]。

たとえば、カガミ・ゴダユー（二十七歳）は五太夫、コンドー・フデキチ（三十五歳）は筆吉、コンドー・トラキチ（十三歳）は寅吉、ハシンガワ・ハロサン（三十八歳）はもしかしたら春吉かもしれない。最後のハシンガワ・ハロサンは旧ドラゴン一座の座主であったので、一八七一年の国際調査では、ブレックマン、おもとさんに続いて九人の芸人の中では筆頭に記載されている。

この九人の芸人の中で一番注目したい人物は、五太夫（カガミ・ゴダユー、鏡味五太夫）である。おそらくブヒクロサンがおたけさん（おたきさん）といい仲になり、二人の間に子供ができるようになったことが直接のきっかけであると思われるが、ブレックマンの内妻おもとさんはカガミ・ゴダユーと一緒になり、二人の間に子供ができ、そのうちの一人が英国で死亡するのである。おもとさんと鏡味五太夫夫妻は、後年オーストラリアに落ち着くのであるが、その話は後述する。

一八七一年の国勢調査ではおもとさんがブヒクロサンの妻の扱いを受けているので、そうするとおたけさんのことが気にかかる。同じ一八七一年の国勢調査によると、おたけさんはブヒクロサンとの間にできた二人の子供と一緒に、ピーターバラという町にあるチャペル・ストリートに滞在していた。たまたま偶然にも、ブヒクロサンたちとおたけさんが滞在していた通りの名前が同じチャペル・ストリートであった。ピーターバラはダービーとルートンの間にある町で、距離からいえば多少ダービーの方に近い場所である。

一八七一年の国勢調査では、おたけさん（おたけ様）の年齢は二十一歳、一八六九年に英国のボルトンで生まれた娘は二歳のおたねさんとして登録されていた。この娘は出生証書ではおたけ様（Otakesammer）として登録され、後年タニー（Tannie）とか、ファニー（Fanny）と呼ばれた女子である。

もう一人の娘（国勢調査では O Eackson と登録）の年齢は六ヶ月であった。一八七〇年九月十四日にウェールズのカーナヴォンという町で、ブヒクロサンとおたけさんとの間に生まれた娘で、出生証明書による名前はオヒチャン（Ohichan）と登録されていた。また、一八八一年の国勢調査ではチキー（Chickie）という名前で登録されている。

一八七一年の国勢調査の記録でおもしろいのはおたけさんの身分で、彼女は通訳の妻として登録されていた。この通訳の妻というのは、在日フランス公使館の通訳をしていたブレックマンの妻という意味であろう。

「全員日本人」を売りにしたドラゴン一座

ブヒクロサンのロイヤル・タイクン・ドラゴン一座はダービーでの興行の後も英国の地方公演を続けたが、一八七一年十一月頃には、その名称からタイクン（大君）を省き、再び旧ドラゴン一座のようにグレート・ドラゴン一座とか、ドラゴン一座と名乗るようになる。もちろん、ドラゴンとかタイクンなどという英語名はそれほど重要ではなく、要するに遠い国から来た珍しい一座というイメージを出すために利用されたのであろう。

新聞広告などで、興行主であるブヒクロサンが強調しているのは、一座の演技者が全員日本人である点である。グレート・ドラゴン一座の主要な芸人はハロサン（ハシンガワ・ハロサン、春吉？ 春さん？）、リトル・オーライ（リトル・オールライト）、ヤッソ、トラキチ（寅吉）、オトラサン、ゴダユー（鏡味五太夫）などである。[58]

ハロサンは曲芸師（足芸師？）で、大きな屏風などを使用してバランスを取る技を見せた。また、息子と思われるリトル・オーライが梯子の上などで演技する際、その梯子を肩で支える役なども担った。

海外でよく知られたリトル・オーライは実際には三人いた。このリトル・オーライは、インペリアル一座のリトル・オーライ（浜碇梅吉）や鉄割福松一座のリトル・オーライ（リンキチ）とは別のリトル・オーライで、リトル・トミーのリトル・オーライである。第Ⅲ部第三章（二九三―二九四頁）で、ジャパニーズ・トミー（黒人ミンストレル一座の一員であるこびと、トーマス・ディルウォード）について簡単に触れるが、彼は小さいので、しばしばジャパニーズ・リトル・トミーとも呼ばれ、人気を博した。そこで、日本の軽業・曲芸一座の子役たちもリトル・トミーという名前を使用した。しかし、次第にリトル・オーライの名前の方が有名になると、リトル・トミーからリトル・オーライに変えたのである。一八七一年の国勢調査の記録では、ハシンガワ・ハロサン（三十八歳）の下にハシンガワ・トミー・ハロサン（十一歳）という記載があるので、これがグレート・ドラゴン一座のリトル・オーライであろう。

ヤッソとトラキチと呼ばれた二人は軽業をやり、オトラサン（女性）は綱渡り、ゴダユー（鏡味五太夫）は太神楽の曲芸など披露した。翌年のことであるが、ドラゴン一座が北イングランドのゲインズバラという町で公演していた時、綱渡りのオトラサンが転落して新聞の記事になっている。[59] 同じ新聞記事によると、オトラサンはその二、三日前にもハートルポールという町でやはり落下していたとのことである。

ブヒクロサンは十九世紀の代表的なメディアである新聞、特に新聞広告が持つ力を十分に承知しており、それをよく利用した。特にライバルの一座や興行主などをこき下ろす手段に使っている。すでに述べたように、オーストラリアおよびニュージーランドで興行している時には、新聞広告でライバル一座を当てこすった。彼は英国においても同じ手口を使った。

たとえば、一八七二年春にシャム（タイ）のドラゴン一座がロンドンなどで公演をしていた。そのシャムの一座はシャムのグレート・ドラゴン一座とも称していた。日本の軽業見世物が英国で好評を博したので、英国の興行主が、シャムから似たような一座を組織して英国で公演し、一儲けしようと企んだのである。実際の新聞記事でも「このシャムの一座による、バランスを上手に取る技や軽業の芸を見ると、何年か前に日本の一座が大変人気を博したことを思い出す(60)」と、シャムの一座と日本の軽業見世物一座との関連を示唆している。

しかし、ブヒクロサンは同業者が自分の一座と同じような名前で興行することは気にくわなかった。そこで、彼は早速新聞広告(61)で次のようなことを訴えている。要するに、自分の一座と同じような名前を使用する一座が他にあるので注意を促しているのだ。

ブヒクロサンはその注意事項に関連して、まず自分のグレート・ドラゴン一座がまもなくロンドンで公演することを宣伝する。そして、一座がサンフランシスコに向けて日本を離れたのがおよそ五年前であったことを強調している。要するに、ブヒクロサンのグレート・ドラゴン一座はすでに五年の輝かしい経歴があることを強調しているのである。

長男虐待事件と岩倉使節団の離英

ブヒクロサンのグレート・ドラゴン一座は、一八七二年秋の終わりから冬にかけて英国の南西部を巡業しており、同年十二月上・中旬頃はエグゼターという町で興行していた。その時、ブヒクロサンが小児虐待で法廷から罰金刑または禁固刑を科される事件が持ち上がったのである。

ブヒクロサンたちが宿泊していた家の家主が、十二月十四日に押し入れに閉じ込められて泣き叫んでいる子供を発見して、警察に届けた(62)。その子供はブヒクロサンの長男で、ブヒクロサンは息子が軽業の稽古をしないので、懲らしめのために手首を縛り、食べ物を与えず押し入れに閉じ込めたのである。

息子は、この時にはジョニーという名前で呼ばれていた。既述したように、この息子は後には父親と同じようにタナカー・ブヒクロサンと呼ばれた。一方、父親のタナカー・ブヒクロサンは、この事件ではフランク・タナカー・ブヒクロサンと呼ばれている。なぜフランクという名前が付け加わったのか不明であるが、フレデリックが英語名のフランクになったのであろう。

いずれにしても、この事件で父親のフランク・タナカー・ブヒクロサンは、十ポンドの罰金刑を受けている。虐待を受けた息子の年齢であるが、新聞では七歳前後と報道されたり[63]、また四歳半と報道された場合もある[64]。七歳はいいとしても、四歳半というのは少し幼過ぎるので、ブヒクロサンは早速新聞に投書して、四歳半という年齢は間違いで、息子の年齢は六歳であると報告している[65]。

この事件で興味深いのは、新聞記事ではブヒクロサンの妻も登場するが、はたしてその妻がおたけさん（おたきさん）なのか、また長男の実際の母親であるおもとさんなのか、判然としないのである。おそらくおたけさんであろう。虐待のもとになった長男の父親に対する反抗には、母親の問題も関係していると思われる。

奇しくも、タナカー・ブヒクロサンが小児虐待の廉で罰金刑を受けた日（一八七二年十二月十六日）に、英国に約四ヶ月滞在した岩倉使節団が英国を離れた[66]。岩倉使節団は、その日に英国のドーバーから蒸気船でフランスのカレーに向かったのである。

岩倉使節団の目的は、条約改正の予備交渉および先進欧米諸外国の制度や文物などの調査・見聞などであったが、前者は予定通りに進展しなかったので、重点は後者の近代国家の制度、産業技術、伝統文化などを視察・調査することに置かれた。約一年十ヶ月にわたり欧米各国を歴訪した岩倉使節団は、日本の移動する政府にたとえられたように、明治政府の重要な人物が多く含まれており、日本が明治維新を通じて近代国家に生まれ変わる契機の一つになった。

第三回目の遣外使節団である横浜鎖港談判使節団（池田使節団）の通訳兼案内人を務めたフレデリック・ブレックマン（タナカー・ブヒクロサン）が、英国のエグゼターで小児虐待の罪で罰金刑を受けた日に、明治政府の遣外使節である岩倉使節団が英国を離れたのは、何か時代の流れを象徴しているように感じられる。十二月十六日に英国を離れた岩倉使節団が明治時代を象徴し、同日に小児虐待で罰金刑を受けたタナカー・ブヒクロサンは幕末を体現していたのである。

岩倉使節団は一八七二年八月十六日に英国に到着したが、三日後の英国のグランヴィル外務大臣に面会した日、カンタベリー大主教（英国国教会の最上席の聖職者）が北イングランドのカーライルという町で、ロンドンなどには異教徒があふれており、英国のキリスト教が危機に瀕しているという趣旨の講演をした(67)。

その講演の中で、大主教はロンドンで出会う異教徒の例をいろいろと取り上げているが、イーストエンドという貧しい地域で阿片を吸う中国人などと一緒に、ロンドンのいたるところで見かける日本人の軽業見世物一座の芸人たちにも言及している。この大主教の講演からわかることは、その当時の英国人にとって手近な日本人の代表は、まさに軽業見世物の芸人たちであったのである。ある意味では当時の英国では、軽業見世物の芸人たちは日本人を代表する存在であった。

第四章　「ジャパン・エンターテインメント」へ

総合的な娯楽への事業拡大

日本の軽業見世物興行の観点から、一八七三年（明治六年）頃の英国を見ると、それがどのような時代かといえば、すでに日本から何組かの一座が英国で公演し、もう観客が物珍しく感じるような段階は、ある程度終了していた頃であった。

タナカー・ブヒクロサンは以前からも強調していたが、この頃から盛んに自分が経営する軽業見世物一座（二組）は、本物の日本人の芸人で構成されている一座で、他の連中は広告などに〝日本〟という言葉を使用しているが、実際には二、三の〝日本の芸〟などを模倣したものを披露しているのに過ぎないので、十分注意をするようにと訴えている。[1] 要するに、自分の一座は本物であることを強調していたのである。

そして、本物の日本人による一座はブヒクロサンの「リトル・オーライとトミー・ザ・ウルフ一座」、「グレート・ドラゴン一座」であり、それら名称は、すでに登録済みであり、他の連中は使用することができないと釘を刺している。

さらに、ブヒクロサンは同じ新聞広告で、まもなく第三番目の事業としてタナカーのジャパン・エンターテインメント（ジャパニーズ・エンターテインメント）を立ち上げると予告している。今後、彼の事業には既存の二座に付け加えて、新しいビジネスが加わることを宣伝したのである。

その三年後にあたる一八七六年（明治九年）九月頃のブヒクロサンの事業の様子を見ると、ジャキチ（弥吉）一座（十二人）、リトル・オーライとトミー・ザ・ウルフ一座（八人）、タナカーのジャパン・エンターテインメント、そしてグレート・ドラゴン一座（男女六人）などが、経営下にあったようである。(2) この段階では、一八七三年に予告されたジャパン・エンターテインメントはすでに活動を開始していた。

上記の新聞広告では、既存のブヒクロサンの一座（二組）およびジャパン・エンターテインメントに、ジャキチ（弥吉）一座（十二人）が加わっている。このジャキチ（弥吉）一座というのは、おそらく、二代目鉄割弥吉が座長をしていた一座であると思われる。二代目鉄割弥吉（本名竹田熊吉）は足芸の芸人で、鉄割熊吉とも称した。

ジャキチ一座は英国では一八七六年（明治九年）四月頃から約二年間興行した。同一座はタナカー・ブヒクロサンの経営のもとで、英国以外の他のヨーロッパ諸国やアメリカでも公演した様子である。

一八七七年（明治十年）八月の段階では、ブヒクロサンが経営している日本の見世物一座は次の地域で活動していた[3]。ジャキチ一座はアメリカのジャージー・シティ、ドラゴン一座はスウェーデンのカールスクルーナという軍港、ジャパン・エンターテインメントの連中はイングランドの北部で公演していた。

後年、タナカー・ブヒクロサンは全部で七つの日本の軽業見世物一座を所有していたと自慢した。同時期に七つの一座を全部所有していたという意味ではないが、もちろん同時に複数の一座を所有していた時期はあった。それらの複数の一座の芸人たちは、ブヒクロサンの下で緩やかなグループを形成していたと想像することができる。同じブヒクロサンの下のグループでも、一座によっては独立性の強いところがあったかもしれない。

ブヒクロサンによって経営されていた日本の見世物一座の中でも、彼が新たに立ち上げたジャパン・エンターテインメントは、その名前の通り、日本の軽業、曲芸などの演芸を中心とした総合的な娯楽を提供したのであろう[4]。

タナカーのジャパン・エンターテインメントのプログラムで重要な点は、日本製の小さな物を公演のおみやげに観客に手渡していたことである。ブヒクロサンは単に日本の軽業、曲芸、手品を観客に見せるだけではなく、それらの演芸を中心としながらも、日本の音楽や踊りなどの余興も加え、さらに日本製の小物も観客に配布したのである[5]。

ブヒクロサンは、そのような興行の形態をジャパン・エンターテインメントと称したのであろう。

ブヒクロサン一座の芸人（*Old Japan: Old & Rare Photographs Catalogue* 34）

ブヒクロサンによるジャパン・エンターテインメントという名称が、最初に新聞広告に出るのは一八七三年十一月のことで、その広告ではラッパを吹けるスタッフを募集していた。(6) ジャパン・エンターテインメントの興行に景気を付けるために、ラッパ吹きがほしかったのである。

また、ジャパン・エンターテインメントは、タナカーの"Temple of Japan"（日本の殿堂）であると称していたこともあった。(7) "日本の殿堂"に来れば、日本の娯楽が楽しめ、日本の小物がおみやげとしてもらえるということであろう。

実際に、次のような広告が新聞に掲載された。

タナカーのジャパニーズ・ニュー・エンターテインメント――現代の最も斬新な体験　タナカーの一座に入場し、日本の新奇な経験、日本の贈り物、日本の骨董品、日本の景品などを手に入れよう。(8)

この広告からわかることは、ブヒクロサンは単なる日本の軽業見世物だけの興行では立ち行かなくなる可能性があると考え、日本の小物などを配ったりして、自分の一座の公演が総合的な娯楽を提供するということで、わざわざジャパン・エンターテインメントという名称を使用したのであろう。

この新聞広告が掲載された翌日の同じ新聞にも、ジャパン・エンターテインメントについての記事が掲載されていた。その新聞記事も、ジャパン・エンターテインメントの特徴は、観客全員に日本の珍しいものをおみやげとして与えることであると報告していた。(9) タナカー・ブヒクロサンのジャパン・

ジャパニーズ・エンターテインメントの広告
(英国図書館エヴァニオン・コレクション : Evan.175)

エンターテインメントの方向をさらに推し進めれば、明らかに後年のロンドン日本人村の事業に近づいて行くことになる。

バザールという発想

タナカー・ブヒクロサンのジャパン・エンターテインメントの発想のなかには、もう一つ重要な要素、あるいは契機と呼ぶべきものがあった。それは日本製の比較的小さな物などを売るバザールの流行であった。バザールの流行は、ブヒクロサンがジャパン・エンターテインメントのような形態の事業を推し進めるのに大きな影響を与えただろう。

バザールという言葉は、もともとイスラム文化圏の市場というような意味であったが、それが英国などでは十九世紀、特に十九世紀の後半以降には、教会に関係する慈善団体などが、資金集めに開く催物を呼称するのに使用された。それは慈善市やバザーのことである。バザールと同様の催物として、ファンシー・フェアーという言葉も使用された。

序章で述べたように、開国後、日本の美術品や工芸品などが西洋に紹介され、大いに称賛され、盛んにもてはやされた。欧米で日本趣味（いわゆるジャポニスム）が大変流行したのであった。ジャポニスムの流行に影響されて、英国などに日本製の品物が大量に輸出された。日本から輸入されたものは、物珍しく、その上比較的安価であったと思われる。

要するに、それらの日本から輸入された品物は、バザールやファンシー・フェアーなどで売る商品にまさにぴったりだったのである。さらに、日本から持ち込まれた品物の中には提灯などもあり、そうした装飾品などは、バザールなどを盛り上げるものとして最も適していた。

バザールなどでは、品物を売る売店や屋台が設置された。英語では stall と呼ばれるものである。それらの売店や屋台は、比較的簡単に日本風のものに作り変えることができた。バザールの主催者は、わずかな手間で日本風の空間を作ることができたのである。

日本の建物、英語でいえば"Japanese cottage"（日本の田舎などにある小さな家）は、もともと木と紙でできていると思われていたので、バザールの中に設けられた売店などの"stall"と大変相性がよかった。両方とも同じようなものを材料にしていると考えられていたからである。一言でいえば、バザールで〝日本〟を表現することは、もともと簡単なことだったのである。以上のような状況から、一八八〇年代以降には、いわゆる日本のバザールが英国各地で開催された。そして、その日本のバザールのことが、しばしば〝日本村〟と呼ばれていたのである。

また、タナカー・ブヒクロサンが興行したジャパン・エンターテインメントも、日本の品物を売るバザールとして新聞広告の中で宣伝されていたこともあった。(10) いずれにしても、タナカー・ブヒクロサンのジャパン・エンターテインメント、日本のバザール、そしてロンドン日本人村の三点の事業は、お互いに多くの共通点を含んでいたのである。

それらが発想された背景には、日本の趣味（ジャポニスム）の流行があったのである。日本のバザールとロンドン日本人村は、英語で同じように"Japanese Village"と呼ばれた。しかし、後述するように両者には大きな違いがあった。すなわち、日本のバザールには本物の日本人は含まれていなかったが、日本人村には本物の日本人が住民として含まれていたのである。

「日本人村」実現への露払い

さて、タナカー・ブヒクロサンのジャパン・エンターテインメント(ジャパニーズ・エンターテインメント)は、一八八五年のロンドン日本人村の事業以前に一度新聞広告などから姿を消す。すなわち、一八八三年十一月あたりからジャパン・エンターテインメントの広告が姿を消すのである[11]。なぜかといえば、ブヒクロサンは一八八三年末から一八八四年の初めあたりにかけて、彼にとっては大きな賭けになるロンドン日本人村の興行の準備に取りかかっていたからであろう。

いずれにしても、タナカー・ブヒクロサンのジャパン・エンターテインメントという事業は、日本のバザールの流行同様、一八八五年のロンドン日本人村の露払いの役割を果たしていたのである。

すでに述べたように、日本のバザールと対比してのロンドン日本人村の特徴は、本物の日本人の住民が住んでいた点であるが、その住民の中には日本人の僧侶も含まれていた。住民の中に僧侶が入っていたことは、一八八五年のロンドン日本人村の騒ぎが起こった際に多少物議を醸すが、実はその日本人の僧侶はそれ以前に、すでにタナカー・ブヒクロサンの軽業見世物興行に参加していたのである。

一八七八年に、〝日本の宮廷一座〟という名称の一座がヨーロッパで興行したが、その一座には僧侶も含まれていた。タナカー・ブヒクロサンはその〝日本の宮廷一座〟のヨーロッパにおける公演に関係したらしく、彼はその一座の興行先を新聞広告で募集したことがあった。[12]

その際の宣伝文句は、次の点を強調していた。まず、ブヒクロサンまたはブヒクロサンの一座は常に何か新しいことを企画すると主張する。今度来訪した〝日本の宮廷一座〟の中には僧侶が含まれているが、その僧侶は日本から出国することを許可された最初の僧侶であることが強調されていた。この僧侶というのは、真言宗の僧侶で、刀の上を裸足で歩く芸などを披露したのである。[13]

英国における日本人の軽業見世物興行では、一八七〇年代にはタナカー・ブヒクロサンはかなり支配的な地位を占めていたが、一八七七年（明治十年）頃になると、一応ライバルが出現する。ライバルといっても対等のライバルではなく、どちらかといえば弱小のライバルであったが、奇しくもブヒクロサンが自分の一座に使用していた名称であるロイヤル・タイクン一座を名乗ったのである。

ブヒクロサンは最初グレート・ドラゴン一座の支配人をしており、そのグレート・ドラゴン一座を離れた後、自分でタイクン（ロイヤル・タイクン）一座を立ち上げ、オーストラリアなどを経由してから、英国で興行した。

ブヒクロサンはそのロイヤル・タイクン一座と古巣のグレート・ドラゴン一座を合併させ、合併した一座は最初ロイヤル・タイクン・ドラゴン一座と名乗るが、結局またもとのグレート・ドラゴン一座を名乗ることになった。

ライバルの一座は、そのブヒクロサンの一座の旧名を使用して英国に現れたのである。さらに、新聞広告では、このロイヤル・タイクン一座はタナカー・ブヒクロサンの一座とは一切関係がないとわざわざ言明していた[14]。ロイヤル・タイクン一座は四人で構成されていて、座長はJohn Gingero（ジョン・ジンジロー?）という人物であった[15]。

ブヒクロサンの一座の呼び物は、リトル・オーライとトミー・ザ・ウルフの二人であったが、ロイヤル・タイクン一座はそれに対抗して、リトル・トッドとジャーマン・ワンダーの二人が呼び物であった[16]。

過去を振り返る

英国における日本の軽業見世物一座の興行は、ブヒクロサンが企画した一八八五年のロンドン日本人村事業を境にして大きく変化する。一八七〇年代の終わりから一八八〇年代半ば頃までは、単独または少数の日本人の芸人が活動していたかもしれないが、それらの芸人を除くと、英国では一応ブヒクロサンの一座（複数）が中心を占めており、それに多少対抗したのがロイヤル・タイクン一座であった。

一方、ブヒクロサンの方は、ライバルのタイクン一座の挑戦はあまりに気にとめている様子はなく、一八八〇年代前半では、自分の一座だけが由緒のある日本の軽業見世物の一座であると盛んに宣伝していた。たとえば、一八八一年五月には、自分の一座は創業十六年になると報告している。[17]

もしその創業年が正しいとすれば、ブヒクロサンの軽業見世物一座は一八六五年（慶応一年）頃に始業したことになる。ブヒクロサンが支配人をしていたグレート・ドラゴン一座がサンフランシスコに到着したのは一八六七年（慶応三年）のことなので、彼は創業について二年ほどサバを読んでいることになる。

さらに、ブヒクロサンは新聞の編集者への手紙、いわゆる新聞への投書で、自分のことを、二十五年の経験がある公共娯楽組織の興行主および座長として紹介しているので、この業界における彼の経歴は、一八五八年（安政五年）頃まで遡ることになる。[18] 一八五八年（安政五年）頃といえば、彼がまだバタヴィアにいた頃のことになる。

ブヒクロサンは一八八〇年代になると、軽業見世物の興行に余裕ができたと同時に、自分の事業について将来の方向を模索していたので、自分が興行主として歩んだ過去を顧みることが増えたのかもしれない。ブヒクロサンはその一八八〇年代、特に一八八三年頃に軽業見世物の興行主・支配人としての自分の過去を振り返ると同時に、これから始めようとする新しい興行の手がかりを模索していたのであろう。

本名をめぐる問題

タナカー・ブヒクロサンの人生自体も、ロンドン日本人村（一八八五年）の大事業で大きく変化するのであるが、そのロンドン日本人村の話題に入る前に、ここでブヒクロサン自身や彼をとりまく家族の様子などを見ておきたい。

すでに何度も言及したように、タナカー・ブヒクロサンは英国ではほとんどその名前で生活していたが、まれには本名フレデリック・ブレックマンが顔を出すことがあった。本書でもすでに二回そのことを報告した。

第一回目は一八七〇年四月にアイルランドのベルファーストで開かれた法廷で、ブヒクロサンが通訳をした時であった。グレート・ドラゴン一座の一員であるおいえさんが、同市ですりの被害を受け、そのすり事件を裁く裁判が開かれた。その時、ブヒクロサンはおいえさんおよび彼女の夫のために、ブラックマン（ブレックマン）という名称で通訳を買って出たのである。

第二回目は一八七一年四月に行われた英国の国勢調査への報告である。この調査の記録には、ブヒクロサンという変名ではなく、ブレックマンという本名が記載されていた。

それら二回のケース以外にも、ブヒクロサンは、変名ではなく本名を名乗らなければならない場合があった。想像するに、ブヒクロサンは幕府から詐取した金を銀行かどこかに預けており、その金を取り出す場合などには、どうしても本名を使わざるをえなかったと思われる。
また、一八六七年八月や九月にグレート・ドラゴン一座がスコットランドで興行した時には、彼は支配人として同行していたが、その時にはまだ自分の名前をブヒクロサンに変える前なので、もちろん本名（ブレックマン）を使っていた。その時の公演に関連して、会計の精算などの記録が一八七〇年七月の新聞に掲載されているが、それらの記録には本名のブレックマンという名前が現れる。[19]
また、一八七二年三月には、次のような興味深い広告が、『イーラ』という芸能や劇場公演関係の週刊新聞に掲載されていた。

日本のグレート・ドラゴン一座
（単独の興行主：T・ブヒクロサン氏）
一八七二年二月十九日をもってF・ブレックマン氏とこの一座とのあらゆる関係は消滅した。
J・R・グリフィス、セクレタリーおよびアシスタント・マネージャー[20]

この広告を分析すると、以下のようなことを想像することができる。
なぜ、この時点で、グレート・ドラゴン一座（ブヒクロサンの一座）のマネジャーが同一座とブレックマンとは一切関係が無くなったことを新聞広告で公示したのかはっきりしないが、いずれにしてもブヒクロサンは、確実にフレデリック・ブレックマンの痕跡を消し去ろうとしている様子である。何かF・ブレックマン氏とグレート・ドラゴン一座との間に、会計の精算などのことで問題が起きたので、あえて新聞広告で両者が無関係であることを宣言したのかもしれない。

一八七七年十二月には、英国南部の港湾都市サウザンプトンにある、保険の仲介業や各種の代理業などをしているウィルコックス&ソーンダースという会社が、地元の新聞広告で同社とF・ブレックマン氏との雇用関係は終了したと報告している。[21] その会社がF・ブレックマンとの雇用関係終了について、なぜわざわざ新聞広告で報告したのか、その理由も不明である。

その翌月、英国南部にあるハンプシャー州の法廷で、偽の名前で金を入手しようとした廉で訴えられていたフレデリック・ブレックマンが、不起訴になっている。[22] これは何を意味するのかといえば、タナカー・ブヒクロサンがフレデリック・ブレックマンの名前で金を入手しようとしたが、それが偽の名前ではないかと疑われ、法廷に訴えられたが、結局ブヒクロサンがブレックマン本人であることを証明して無罪放免になったということである。

サウザンプトンはハンプシャー州にある港町であり、時期的にもこの二つの事柄は何か関係がありそうである。ウィルコックス&ソーンダースという会社はブヒクロサンが偽名を使用した廉で訴えられるのを察知して、自分の会社とF・ブレックマンとは無関係であることを、新聞広告で宣言したのであろう。

では、なぜブヒクロサンは旧名を使用して金を入手しようとしたのであろうか。そこで想像できるのは、彼は幕府から詐取した金をフレデリック・ブレックマンの名前で銀行か何かに預けていて、その金を取り出すのにはどうしても旧名を使用しなければならなかったという事情である。

ブヒクロサンが幕府から詐取した金は、ブヒクロサンによりいろいろな手段や方法で預けた場所から引き出され、軽業見世物の興行およびロンドン日本人村の事業のようなビジネスに長年にわたり使用されてきたのであろう。ハンプシャー州の事件は、ブヒクロサンが旧名を使用して預金を引き出そうとした一コマであったかもしれない。

一八八〇年代のブヒクロサンの家族関係

話題を一八八〇年代のタナカー・ブヒクロサンの家族関係に移すと、その状況は次のようであった。まず、一八七九年（明治十二年）七月五日にブヒクロサンはおたけさん（おたきさん）と英国のマンチェスターで結婚した。二人の英国の結婚証明書によると、次のようなことが判明する。

花婿の名前はタナカー・ビリンガム・ネヴェル・ブヒクロサン（三十八歳）、花嫁の名前はオタケサン・オヒロサン・ブヒクロサン（三十二歳、旧姓オヒロサン）。花婿の職業は商人で、父親の名前は（故）ウォリン・ネヴェル・ブヒクロサン、職業は医者。花嫁の父親の名前はヘイジョーサン（Haygeosan、平蔵さん?）、職業は農業。さらにこの結婚証明書には、すでに二人は一八六八年に日本の長崎で結婚したと記されていた。

この結婚証明書から、いくつかの興味深い点が浮かんで来る。まず、ブヒクロサンの名前であるが、どのようないきさつから、ブヒクロサンが自分のミドル・ネームであるビリンガムおよびネヴェル、さらに父親の名前を作り出したのかは不明である。

またブヒクロサンが自分の職業を、軽業見世物一座の興行主とか支配人ではなく、商人にしている点も不可解なところである。自分の事業を、一座の経営から日本の品物の輸入・販売に移行しようという意図を表しているのかもしれない。

また、タナカー・ブヒクロサンとおたきさんがすでに一八六八年に長崎で結婚していたとする点も、興味深い。おたきさんは長崎の茂木出身であり、ブヒクロサンが最初に日本に上陸した場所も長崎であるので、結婚したことにする場所としてあえて長崎を選んだのかもしれない。

一八六八年はブヒクロサンたちがオーストラリアやニュージーランドで巡業中の年であり、その年の最後には、実際に二人はオーストラリアから長崎に立ち寄ることもできた可能性はある。ただし、現実にはブヒクロサンとおたきさんは一八六八年には日本（長崎）に立ち寄らずに、オーストラリアから英国に向かったと思われる。結論として、二人が一八六八年に長崎で結婚したというのは真実ではないだろう。

いずれにしても、この結婚証明書でわかることは、フレデリック・ブレックマンはこの時点で、本格的にタナカー・ブヒクロサンに変身し、またおたきさんとの結婚も正式なものにしたのである。二人が結婚を登録した当時、ブヒクロサンの一座はマンチェスターで公演していた。彼の一座の数名が一座を離れ、日本に帰国することと、ブヒクロサンが新しい種類の日本の余興を準備していることが新聞で報道されていた[23]。

ブヒクロサンは結婚を契機にして、自分の事業を新しい方向に転換しようと考えていたのかもしれない。それに関連して、彼の一座の数名が日本に帰国することになったのかもしれない。

結婚証明書の次に、タナカー・ブヒクロサンの家族関係の情報をもたらす資料は、一八八一年(明治十四年)四月三日に実施された英国国勢調査の記録である。すでに本書で記したように、その時タナカー・ブヒクロサン、おたきさん、グレニー(五歳、女子?)、チュート(二歳、男子?)の四人が、滞在先の北イングランドにあるノッティンガムという都市で国勢調査に登録されていた。二人の幼い子供は一八七八年生まれのマイルズ・ネヴィル(男子)と一八七九年生まれ(?)のウィニフィレッド・ビリンガム(女子)のことであろう。

一方、年長の子供たちは、ロンドン近郊のルイシャムという町で国勢調査に登録されていた。ブヒクロサンは一八七〇年代半ば頃からルイシャムの44 Hither Green Laneという場所に自宅をかまえていたようであり、年長の子供たちは、その家に住んでいたのである。

ルイシャムで登録されたのは、タナカー・ブヒクロサン(二十歳、長男)、ポリー(十七歳、長女)、ネリー(十二歳、次女)、チキー(十歳、三女)、タナカー・ブヒクロサン(五歳、次男)、モード(一歳、五女?)であった。英国国勢調査の記録は手書きであり、氏名、特に外国人の氏名などは綴りに間違いが多く、ここに記した名前も推測で記したものがある。子供の男女なども間違えて登録されている場合がありうる。

すでに本書で言及したように、ルイシャムで登録された年長の三人の子供（長男、長女および次女）は、ブヒクロサンとおもとさんとの間にできた子供であり、その三人よりも年少の子供たちはおたきさんとの間にできた子供である。

ブヒクロサンは全部で十四人の子宝に恵まれた。[24] 一八八一年の時点では、国勢調査報告によりその十四人のうち八人までは確認することができるので、一八八一年四月以降、さらにおたきさんとの間に六人子供が生まれることになる。

また、ブヒクロサンの住居も、この後（一八八一年以降）に同じルイシャムであるが、「江戸邸宅」（Yeddo Grange）と称する場所に移った。一八八五年ロンドン日本人村の事業をしている時にブヒクロサン一家が住んでいたのは、ルイシャムにあるその〝江戸邸宅〟であった。

第五章　ゴダユー一座こぼれ話——オーストラリアへの移住

おもとさんと鏡味五太夫の子リトル・ゴダイの死

第Ⅱ部第三章で記述したように、一八七二年十二月に、ブヒクロサンは、英国のエグゼターで長男虐待事件を起こし、罰金刑を受けた。その長男（ジョニー、タナカー・ブヒクロサン）の実の母親が、おもとさんであることを記したが、そのブヒクロサンの前妻であるおもとさんと鏡味五太夫一家の行方を本章で追いかけてみたい。

タナカー・ブヒクロサンの生涯にまつわる話題を取り扱う本書の本筋からは少しそれるが、この章では、「ゴダユー一座余聞」としてリトル・ゴダイの死、おもとさんとゴダユー一座の公演、同一座のオーストラリアへの移住やオセアニアでの活躍、さらに鏡味五太夫やおもとさんの娘たちのエピソードなどに言及する。

まず、一八七二年十二月のブヒクロサン長男虐待事件からわずか二、三ヶ月後に起きた、リトル・ゴダイ（リトル・ゴディー）の死去の件からこの章を始めることにする。

ブヒクロサンのグレート・ドラゴン一座は、一八七三年二月北東イングランドにあるサンダーランドやニューカッッスルなどの都市で興行していた。その時、生後がわずか十五ヶ月に過ぎない〝リトル・ゴダイ〟という子供が、ブヒクロサンの一座が宿泊していたサンダーランドの宿舎で二月二十一日に死亡した。[1] リトル・ゴダイの両親は、一座のメンバーであるゴダイ（ゴダユー、鏡味五太夫）とおもとさんである。

死亡したリトル・ゴダイは、サンダーランドのビシュップウェアマウス墓地に埋葬され、その墓地にリトル・ゴダイのお墓が同年三月に建てられ、埋葬の儀式が執り行われた（口絵11）。

そのリトル・ゴダイの墓石には、変体仮名での次のような挽歌と、英文でタナカー・ブヒクロサンの日本軽業見世物一座のメンバーであるおもとさんとゴダイの唯一人の息子であるリトル・ゴダイのことと、さらにこの墓が英国で最初に建てられた日本人の墓であることが記されていた。[2]

あわれなるこいしとをもお日本をゆめにもみぬにをしてしらさゆ

（哀れなる恋いしと思う日本を夢にも見ぬに推してしらさゆ）

この挽歌は、日本人として生まれながら故国日本を一度も見ずに死んでいったリトル・ゴダイの哀れさを歌い上げたものであろう。

ブヒクロサンは、前妻であるおもとさんと自分の一座の一員であるゴダイ（五太夫）の最初の子供であるリトル・ゴダイの死を悼み、わざわざ滞在中のサンダーランドの墓地に彼のお墓を建てたのであろう。墓に刻まれた英文の説明でも、リトル・ゴダイはおもとさんとゴダイの一人息子であると記されている。単に自分の一座のメンバーの子供というだけではなく、やはり旧妻おもとさんの子供であるので、ブヒクロサンはわざわざサンダーランドの墓地にお墓を建てたのであろう。

墓の建立および埋葬の儀式のことを考慮すると、もしかするとこのリトル・ゴダイがブヒクロサンとおもとさんとの間にできた息子である可能性もありうるが、おそらく本当に五太夫とおもとさんとの最初の子供（長男）であったのであろう。

両親がおもとさんとゴダイであるリトル・ゴダイが、十五ヶ月前に出生していることなどを考慮に入れると、いつ頃おもとさんとゴダイが実質的に結婚したのかが、ある程度わかるようになる。二人は一八七一年中にいわゆる〝結婚〟をしたのであろう。一八七一年の四月二日の段階では、形式的にはまだおもとさんはブヒクロサンの妻になっていたので、おそらくそれ以降の話である。

芸人としてのおもとさん

そのおもとさんは、夫であるゴダイ（ゴダユー、鏡味五太夫）と一緒に女綱渡りとして舞台に立つようになる。すでに説明したように、おもとさんは、グレート・ドラゴン一座が一八六七年八月（慶応三年七月）にサンフランシスコに向けて横浜を出発した時、踊り子として一座に加わった。その後、軽業見世物一座と行動を共にして来たおもとさんは、踊り以外にも綱渡りなどの軽業芸も身に付けたと思われる。

おもとさんの夫であるゴダイまたはゴダユーの方は、関西方面の出身であるようだが、鏡味《かがみ》という名字（屋号）があるので、おそらく太神楽の芸人であったのであろう。彼は、一八六七年五月二日（慶応三年三月二十八日）にサンフランシスコに向けて横浜を出発したグレート・ドラゴン一座の一員であった。もともとグレート・ドラゴン一座は大坂の一座であったのであろう。鏡味五太夫は、後述するように一九〇〇年（明治三十三年）十二月に五十七歳で亡くなるので、一八四三年（天保十四年）頃に出生したことになる。

おもとさんの芸名はミス・オモトサンであった。タナカー・ブヒクロサンのグレート・ドラゴン一座には、ミス・オトラサンという女綱渡りが活躍していたが、そのオトラサンはブヒクロサンの一座を離れたらしく、おもとさんはそのオトラサンの後釜に〝オモトサン〟として収まったようである。

たとえば、一八七三年十二月一日に北イングランドのブラッドフォードという都市でブヒクロサンの一座が公演した時の陣容は、リトル・オーライ、トミー・ザ・ウルフ、オタケサン、オモトサン、トラキチ、ゴディー（ゴダイ、ゴダユー、鏡味五大夫）およびその他の芸人という顔ぶれであった。(3)

また、その公演では、出演者が全員日本の衣装を着けて登場することが売物になっていた。

この公演では、オモトサンは女綱渡りとして出演した。さらに、ブヒクロサンの妻であるオタケサンの名前も出演者の中に含まれているが、一体おたけ（おたき）さんはどんな役割をしていたのであろうか。音楽とか踊りなどを担当していたかもしれない。ただ、オタケサンはオモトサンよりも前に列記されているので、芸人の格としてはオモトサンより上であったのかもしれない。

オモトサンはもともとは素人であったかもしれないが、芸人として急速に成長したようである。女綱渡りとしての彼女の演技が一八七三年十二月にブラッドフォードやマンチェスターで披露された時には、地元の新聞は彼女の演技を称賛している(4)。

特に、一八七三年のクリスマス直前にマンチェスターのオックスフォード劇場でブヒクロサンの一座が公演した時には、地元の新聞『マンチェスター・ガーディアン』紙は、わざわざオモトサンだけを取り上げ、彼女を次のように褒められていた。ちなみに、『マンチェスター・ガーディアン』は、現在ロンドンおよびマンチェスターで発行されている著名な新聞『ガーディアン』の前身である。あの外交機密漏えい事件で世界中に名をはせた『ガーディアン』紙である。『マンチェスター・ガーディアン』の記事は、次のようにオモトサンをたたえる。

曲芸師や軽業師については、彼らは大変すばらしいので、同じぐらい良い軽業師や曲芸師をさがすのは大変難しい。たとえば、ミス・オモトサンで、彼女は四十五度に傾斜した緩い綱を滑り落ちるすばらしい技を見せるので、彼女以上の演技者をさがすことはできない(5)。

以上のように、オモトサンのクリスマス直前のパフォーマンスが称賛されているのであるが、驚くべきことに、彼女は翌月十日（一八七四年一月十日）にミニー（Minnie）という女子をマンチェスターで出産しているのである。(6)

英国の出生証明書によると、Omenie（おみね?）と名付けられた女の子が、おもとさんとゴダユーの間に生まれた娘として、マンチェスター市にあるバイロム・ストリートで一八七四年一月十日に出生したことが記録されている。このおみねがミニー（Minnie）のことである。

おもと（おもとさん）とゴダユー（鏡味五太夫、ゴダイ）との間には、全部で三人の娘が生まれた。ミニー（日本名はみね?）、タケ（デンマーク生まれ）、カメ（イタリア生まれ）の三人である。長男はすでに一八七三年に英国のサンダーランドで亡くなったリトル・ゴダイである。三人の娘のうち、たまたまミニー（みね）はイギリスで生まれたので、出生地主義により英国の国籍が与えられ、それが後述するように第二次世界大戦時に大きな効力を発揮するようになる。

通常、国籍については、大きく分けて、英米のように生まれた場所による方式（出生地主義）と、両親の国籍による方式（血統主義）の二つがあった。現在は両方の要素を取り入れた方式もある。出生地主義の国で生まれた日本人は、たとえ両親が日本人であっても、出生地主義の便宜を受けることが可能であった。

デンマークで生まれた次女のタケの場合ははっきりしないが、少なくとも出生地主義の英国で生まれた長女ミニーと、イタリアで生まれた三女カメは、第二次世界大戦で日本とオーストラリアが戦争状態に入った時、オーストラリアでそれぞれ別の扱いを受けることになった。カメはイタリアで出生したので、もしかすると最初はイタリア国籍を取得していたかもしれないが、いずれにしても太平洋戦争の開戦時には日本国籍を所有していたので、敵国人としてオーストラリア政府に拘束された。

一方、英国生まれの長女ミニーは日本の領事館員であった日本人（古沢基）と結婚し、また両親が日本人であったので、当然日本人としてオーストラリアに在住していた。しかし、彼女はもともと英国で生まれたので、出生時にすでに英国国籍が与えられていた。そこで、彼女は太平洋戦争の直前に日本国籍を放棄し、オーストラリアに帰化する申請を提出して、もともと所持していた英国国籍を取り戻すことができたのである。[7] そのため、妹のカメとは異なり、敵国人としてオーストラリア政府に拘束されることを避けることができた。

おもとさんとゴダユー（五太夫）がいつ頃までブヒクロサンの一座で働いていたのかはっきりしないが、遅くとも一八七八年十二月頃までには、ゴダユーはゴダユー一座（五太夫一座）を立ち上げ、パリで公演していた。[8] その後のゴダユー一座の活動は不明であるが、おそらくヨーロッパ大陸などで公演を続けていただろうと想像する。一八九〇年頃の英国の新聞広告などによると、その頃、ゴダユー一座は英国やフランスなどで興行していたようである[9]（**口絵12**）。

ゴダユー一座、オーストラリアへ

そして翌一八九一年（明治二十四年）十一月に、ゴダユーは自分の一座や家族を引き連れてオーストラリアに渡った。ゴダユーの一行は同年十一月十五日に英国郵船コプティック号でメルボルンに到着する[10]。

ゴダユー一家の動きについては、長女のミニーが太平洋戦争直前に英国国籍を取り戻す申請をした時の書類により[11]、次のようなことがわかる。ゴダユー一家または一座は、英国またはヨーロッパからオーストラリアに渡航する時、途中の寄港地である南アフリカに半年ほど滞在したようである。オーストラリアには南アフリカから入国したことになっている。おそらく、ゴダユー一座は南アフリカで半年ほど興行をしたのであろう。

オーストラリアに移住した後のゴダユーと彼の一家については、オーストラリアやニュージーランドで発行されていた新聞の記事、オーストラリア国立文書館の史料およびデイヴィッド・シソンズ(David C.S. Sissons)の研究[12]などによって、大変興味深い事実が判明する。

ゴダユー一座がオーストリア到着後一ヶ月余りの一八九一年のボクシング・デー（十二月二十六日、クリスマスの翌日）からメルボルンにあるゲイアティ劇場で公演することが、新聞広告に掲載された[13]。その新聞広告では、同一座はヨーロッパから到着したばかりで、これがオーストラリアまたはメルボルンにおける最初の公演であると記されていた。
同じ新聞の、実際にゴダユーのトーキョー一座が公演した十二月二十六日付の広告には、以下のような同一座の演技者の名前が掲載されていた[14]。ゴダユー(K. S. Godayou)、リトル・タケ(Take Kagami)、トミキチ(Tomm Kitti, Tommy-kichi)、ミニー・ゴダユー(Minnie Kagami)、リトル・マツ(Little Matz)である。すなわち、鏡味五太夫と彼の娘三人(ミニー、タケ、カメ)、それにトミキチ(カワイ・トミキチ)とリトル・マツ(クマゴロー)の二人が加わっていたのである。トミキチは成人であったが、クマゴローはリトルが付くので年少者であったようである。
翌一八九二年二月には、ゴダユー一座はヴィクトリア州にあるベンディゴという町で公演したが、その時の新聞広告には、次のような興味深いことが書かれている。ベンディゴはメルボルンからあまり遠くない場所にある町である。

この著名な一座〔ゴダユー一座〕は、オーストラリアに到着したばかりである。その前にはヨーロッパ、アメリカ、アフリカで公演し、無比の成功を収めた。本物の日本の女性が大変豪華な衣装を付けて演技をするのは、世界中でこの一座だけである[15]。

この広告では、ゴダユー一座はヨーロッパ、アメリカおよびアフリカでも公演したと宣伝しているが、確かに間違ってはいない。アフリカに関してはオーストラリアに来航する前に、南アフリカで半年ばかり興行したらしいのは先述の通りである。また、アメリカについても、ゴダユー（鏡味五太夫）やおもとさんはグレート・ドラゴン一座のメンバーとして公演をしていたのである。

一八九二年後半には、ゴダユー一座はオーストラリア最大のワース・サーカス（Wirth's Circus）の一行に加わるかたちでニュージーランドに渡った。一座は四人編成で、カガミ・ゴダユー、ミニー・ゴダユー、マツ・ゴダユー（マツゴロー）、トミキチで構成されていた。[16]このワース・サーカスには、やはり同じく四人で編成されたアラブのベドウィン（遊牧民族）の一座も加わっていた。

ゴダユー一座では、長女ミニーはミス・ゴダユーと呼ばれ、蝶の舞（バタフライ・トリック）などの手品を披露した。後述するように、一八八五年にロンドンで公演された『ミカド』というオペレッタが大変人気を博し、その評判はオーストラリアやニュージーランドにまで達していた。その『ミカド』の中で、ピティ・シンとかヤムヤムなどと呼ばれる若い日本人女性などが登場する。そこで当時の広告では、ミス・ゴダユー（ミニー・ゴダユー）は、オークランド（ニュージーランドの最大都市）にはじめて登場した日本人の少女であり、きれいな小さな日本の花瓶に出て来るような顔つきをしており、ひらひらの付いた衣装をまとい、手に扇子を持った、まさに〝本物〟のピティ・シンまたはヤムヤムである、と紹介されていた。[17]

鏡味五太夫とおもとさんの間には三人の娘があったが、どうも長女であるミニーが一番美人であったようである。もしかするとミニーは、美人であったおもとさんに一番似ていたのかもしれない。現在残っている写真から見ても、長女ミニーの方が三女カメよりも美人に思われる。

四人編成でニュージーランドに出かけたゴダユー一座は、翌一八九三年一月までにはオーストラリアに戻ったらしく、同月のシドニーにおける公演には、カガミ・ゴダユー（本人）、オモト・ゴダユー（妻）、ミニー・ゴダユー（長女）、カメ・ゴダユー（三女）、カワイ・トミキチ、カワイ・サダ、マツゴロー、カチタロー（またはタキタロー）などが出演していた。[18] このうち、カワイ・サダは、カワイ・トミキチの関係者であろう。今回の公演では、五太夫の妻であるおもとさんが加わっているところが興味深い。もしかすると、おもとさんは常時ゴダユー一座の一員として出場していた訳ではなかったのかもしれないが、時々は出演したかもしれない。

また、一八九四年五月にシドニーにあるティヴォリ劇場で公演した時の新聞記事によると、ゴダユー一座の出演者の様子がわかる。リトル・カメ・ゴダユー（三女）、リトル・サケ（タケ？　次女）、ミス・ミニー・ゴダユー（長女）、そして三人の娘たちに加えて、ゴダユー本人、マツ（マツゴロー）、キッチー（カワイ・トミキチ）の三人の男の芸人が出演していた。[19]

五太夫一家の転機と二代目ゴダユー

鏡味五太夫一家の大きな変化は、一八九五年四月十九日に、二十一歳の長女であるミニー（みね）が日本のメルボルン領事館書記生古沢《ふるさわ》基《はじめ》とメルボルンで結婚したことである。[20] 古沢基は一八六八年（明治一年）に愛媛県宇和島で出生し、一八九三年にメルボルン総領事の随行員として来豪、結婚当

Minnie Kagami と古沢基夫妻と長女
(『オーストラリアの日本人――一世紀をこえる日本人の足跡』)

時は二十七歳であった[21]。古沢は一八九七年には、メルボルン領事館在勤からシドニー領事館在勤を命じられている[22]。古沢基の在オーストラリア領事館勤務は十五年余に及び、一九三六年に六十八歳で死去し、メルボルンの墓地に葬られた[23]。

長女ミニーの結婚後、ゴダユー一座は引き続きオーストラリアやニュージーランドなどで公演を続けたが、新聞広告などからはその一座の編成などはよくわからない。もしかすると、ゴダユー一家の娘たちは一座の上演から離脱したかもしれない。さらに、カワイ・トミキチやカワイ・サダたちも次第にゴダユー一座とは別行動を取るようになった可能性がある。太平洋戦争開戦の頃にオーストリア政府に提出した資料では、長女ミニーの職業は洗濯業の所有者、三女カメは裁縫師であった。

少なくともはっきりしていることは、一八九七年頃にはゴダユー（鏡味五太夫）は息子であるリトル・キング（キング・ゴダユー）と一緒に公演していたことである。[24] このリトル・キングは、ゴダユーの本当の息子ではなく、おそらく一座の一員であるマツゴロー（リトル・マツ）を養子にして、リトル・キングとかキング・ゴダユーと名乗らせたのであろう。

ゴダユー一座（ゴダユーとリトル・キング）は、一八九七年二月からゴダユーが死去する一九〇〇年までフィッツジェラルズ・サーカスの公演に加わっていた。[25] フィッツジェラルズ・サーカスは、オーストラリア最大のワース・サーカスが海外公演をしている間に、オーストラリアのサーカスの主要な位置を占めるようになった。鏡味五太夫は一九〇〇年十二月にメルボルンで腎臓炎のために亡くなった。[26] 享年五十七歳であった。彼の墓は現在もメルボルン市内の墓地にある。

そして、ゴダユーの死後、キング・ゴダユー（マツゴロー）がゴダユー（二代目）の名前を引き継いだようである。その二代目ゴダユーも引き続きフィッツジェラルズ・サーカスで働いていた。キング・ゴダユーは、初代ゴダユーが死亡したので、フィッツジェラルズ・サーカスでは、今度はHadji Zaharという芸人と一緒に上演していた。[27] このHadji Zaharはゴダユーたちがワース・サーカスで共演したアラブのベドウィン（遊牧民族）の一座の関係者であるように思う。二代目ゴダユーとHadji Zaharは、ワース・サーカス時代からの知り合いであったのであろう。

一九一一年頃になると、二代目ゴダユーはキョーデー（Kioday）という芸人と一緒に二人の〝日本

二代目ゴダユー（キング・ゴダユー）とキョーデー
（“Les Équilibristes Godayou”（1911）より。Österreichisches Filmmuseum）

の軽業師〟として公演していた。そのキョーデーは、実は日本の衣装をまとった Hadji Zahar のことらしく、キョーデーは兄弟を意味していた。すなわち、彼らの芸名は、ゴダユーとその兄弟という意味らしい。兄弟のローマ字の綴りが、Kioday であるところが微笑ましい。

興味深いことには、そのキョーデーとゴダユーの演技は、実はカラーのフィルム（映画）に撮影され、オーストラリアやニュージランドの劇場などで上演されていたのである(28)。さらに、そのフィルム（映画）は、現在インターネットでも動画として見ることができる。実際にその動画を見ると、キョーデーは日本の衣装を身に付けているが、明らかに日本人らしく見えず、中近東の出身の人物のように見える。

おもとさんの最期と一家のその後

北米およびヨーロッパを巡業してきたゴダユー（鏡味五太夫）およびおもとさん（鏡味おもと）であったが、オーストラリアは最終の地となった。既述したように、夫であるゴダユーは、一九〇〇年（明治三十三年）にメルボルンで死亡した。

そして、妻であるおもとさんは一九一六年（大正五年）八月十六日に、メルボルンの郊外にあるアーマデイルという町で、七十三歳で亡くなった。[29]

おもとさんの遺族は、三人の娘（ミニー・フルサワ、タケ・クロー、カメ・カガミ）と、三人の孫娘（よしの、すま、あき）だけであった。おもとさんの孫は、古沢基と長女ミニーとの間に生まれた三人の娘たちであった。おもとさんの娘や孫たちは、ほとんどアーマデイルで生活していたようである。

おもとさんの享年が七十三歳であったので、そこから計算すると、彼女は一八四三年（天保十四年）または一八四二年（天保十三年）に生まれたことになる。長女のミニーが太平洋戦争直前に英国国籍を取り戻す申請をした時の書類によると、[30]おもとさんの結婚前の名字は「Sataya」であった。これは名字というよりも屋号であろう。おそらく、漢字で書けば、佐田屋とか佐多屋あたりになるであろう。

おもとさんは、幕末・明治を生きた女性としては、まさに波乱万丈の人生をおくったことになる。

もちろん、おもとさんの伴侶である鏡味五太夫も、時代の流れに翻弄された人生をおくったが、おもとさんの人生はブヒクロサンとの関係があるので、ある意味ではそれ以上にドラマティックなものであった。

おもとさんの生涯を振り返ると、まず十八歳の頃に、横浜でフレデリック・ブレックマンの内妻（妾）になり、一男と二女を出産。さらに、幕末の遣外使節団に同行してヨーロッパまでの往復の航海を経験し、また夫であるブレックマンが軽業見世物一座の支配人をしていたので、同一座に踊り子として同行して北米および英国などを旅行した。サンフランシスコでは、おもとさんは正式に出国の許可を得た最初の日本人女性の踊り子であると宣伝されていた。明治に入ってからも、夫であるタナカー・ブヒクロサン（ブレックマン）が軽業見世物一座を引き連れて英国および欧州を巡業したので、彼女も同行した。

それから、ブヒクロサンとおたきさんとの関係が親密になったので、おもとさんはブヒクロサンとの内妻関係を清算し、ブヒクロサンの一座の太神楽の芸人五太夫と結婚し、一男三女を出産。また、自らも女綱渡りとして最初はブヒクロサンの一座、後にはゴダユー一座で舞台にも立った。女綱渡りとしても、一流の活躍をした。もともと舞踊などの素養があったので、軽業見世物一座の興行に同行しながら、自然と綱渡りなどの芸も身に付けたのであろう。

四十八歳頃には、おもとさんは夫の五太夫の一座とともに南アフリカを経由してオーストラリアに渡り、ゴダユー一座を陰で支えた。ゴダユーとの間にできた娘たちもゴダユー一座に出演した。長年

古沢一家（Minnie Furusawa、古沢基、三人の娘）
（『オーストラリアの日本人——一世紀をこえる日本人の足跡』）

にわたり欧州や北米を軽業見世物一座と一緒に旅したおもとさんは、日本から遠く離れたオーストラリアの地で最期を迎えたのである。

まさに開国した日本を象徴するように、万里の波濤を乗り越えたおもとさんの人生は、地球規模の大きさに彩られていた。当時、おもとさんの人生以上に興味深い一生をおくった日本女性は数少なかったであろう。開国以降、いわゆる公演などを通じて、海外で活躍した日本人女性としては、川上貞奴やロダンのモデルとして有名なお花さん（太田花子）などが有名であるが、おもとさんの一生もそれらの女性たちの生き様に劣らないものであった。

おもとさんの死後残された三人の娘たちの行方であるが、次女タケ（たけ）についてはよくわからない。もともとタケはデンマークで生まれたが、おもとさんが死んだ時の新聞記事ではミセス・クロー(Mrs. Krogh) と報道されていたので、おそらくデンマークまたは北欧系の人物と結婚したようである。ただ、第二次世界大戦開戦時まで存命であったのか、またオーストラリアに在住していたのかは不明である。少なくとも、タケは三女カメのように第二次世界大戦中に敵国人として拘束されてはいない。

第二次世界大戦が始まると、オーストラリア在住の日本人（日本国籍所有者）は敵国人として拘束され、収容所に抑留された。日本国籍を持っていた三女カメもタツラ収容所に収容された。収容された時のカメについてのオーストラリアの報告書から、彼女に関するいろいろなことが判明する。(31)

カメはイタリアのカザーレという町で一八八二年九月二十日に生まれた。カザーレはトリノの近くの町である。ゴダユー一座はその時、カザーレかまたはあまり遠くないトリノあたりで公演していたのであろう。カメは婦人服の仕立てを仕事にしていた。戦後、カメは一九四八年にオーストラリアの国籍を申請し、一九五七年にオーストラリア国籍が与えられた。[32] カメがいつ死亡したのかは不明である。

一方、長女のミニー(ミニー・フルサワ)は九十四歳まで長生きして、一九六八年二月に亡くなり、夫である古沢基と同じメルボルンの墓地に埋葬された。[33] ミニーと古沢基の間に生まれた三人の娘も、同じ墓地に葬られている。ミニーは彼女の両親や二人の姉妹の人生と比べると、三人の娘に囲まれ、比較的幸せな人生をおくったかもしれない。

興味深いのは、ミニーはおもとさんと鏡味五太夫の長女でかつ古沢基の妻であったのに、日本語ができなかったという点である。[34] 英国に生まれ、太平洋戦争直前に日本国籍を放棄し、英国国籍(当時はオーストラリア国籍と同じこと)を取り戻したのは、もしかすると彼女にとっては自然な流れであったのかもしれない。

第Ⅲ部　「ロンドン日本人村」仕掛け人時代（一八八三―一九四年）

第一章　日本の美術品および日本製品の流行

日本の美術品や工芸品が与えた影響

第Ⅲ部では、ブヒクロサンの一世一代の大事業である一八八五年（明治十八年）のロンドン日本人村を扱う。まず本章では、ロンドン日本人村という興行を思いついたきっかけや、またその事業が実現できた背景について言及してみたい。一言でいえば、日本からの美術品や日本製品が英国で大変もてはやされていた状況のことである。

英国のそうした時代環境が存在したので、ロンドン日本人村のような事業が企画され、少なくと最初の数ヶ月は多大な成功を収めたのである。ブヒクロサンが打って出たロンドン日本人村という博奕を理解するためには、そのような英国における社会的・時代的な背景を知る必要がある。

序章で説明したように、開国後、日本の美術品や工芸品がジャポニスム（日本趣味）の流行をもた

1862 年のロンドン万博での日本美術品の展示

らした。それは文化的な意味合いでは、開国後の日本が欧米を中心とする外国に与えた最大のインパクトであった。英国の場合、既述したようにジャポニスムの始まりは一八六二年（文久二年）に開かれたロンドン万国博覧会で、初代駐日英国公使であったラザフォード・オールコックが収集した日本の美術品の展示であった。その日本美術が英国に与えた影響は大変大きく、そのことは以下の二点の文献でも言明されている。

まず、一八七八年に刊行された英国の子供向けの雑誌に「文明史の画期」という題名の一連の記事が掲載された。その記事の中で次のようなことが記述されている。それは記事が水陸による東西の交通史に言及した部分である。

この記事は一八六九年に開通したスエズ運河に触れているが、明治維新とスエズ運河の開通がほとんど同時期にあたるのも、この時期（一八六〇年代後半）が歴史の転換点に相当することを象徴しているようである。ここであえて子供向けの雑誌の記事を引用するのは、この記事がそうした時代の特徴を端的にわかり易く説明しているからである。

スエズ運河はおそらく近代文明の形成に大きな役割を担うように運命づけられている。ちょうど東洋諸国がヨーロッパから多くのことを学ぶように、東洋との多方面にわたる交易により、ヨーロッパ自身も東洋から影響を受けていることを自覚するか、またこれから自覚するであろう。日本の美術はすでに近代装飾美術に革命を引き起こし始めており、その影響がすでに英国のほとんどの家庭にも及んでいると断言することができる(1)。

この記事では、日本の美術が欧米の近代装飾美術に革命的な変化をあたえ、その影響は英国の一般的な家庭にまで及んでいると言い切っているのである。

一八八〇年に『日本の装飾品とデザインの文法』という題名の書籍が、英国で出版された。著者は、英国王立建築研究所の会員であるトーマス・カットラーである。カットラーも、オールコックによって英国に紹介された日本美術が、ヨーロッパの装飾美術に多大なインパクトを与えていることを次のように述べる。その趣旨は「文明史の画期」の記事の内容とよく似ている。

ラザフォード・オールコック卿（ＫＣＢ駐日公使）は一八六二年の〔ロンドン万国〕博覧会ですば

らしい収集物を英国に持ち込み、この興味深い国〔日本〕の装飾芸術を外部世界にはじめて紹介した。さらに、オールコック卿はヨーロッパの装飾美術に大きな影響を与えている日本の製品に対する熱意を奮い立たせ、新たに展開された斬新な分野を探究するように美術界に喚起をうながした。(2)

一八七八年の「文明史の画期」という記事も、一八八〇年のカットラーの『日本の装飾品とデザインの文法』も、同じように日本の美術が英国やヨーロッパの装飾美術に大きなインパクトを及ぼしたと主張する。

日本の美術が英国の装飾美術に密接に関連する美術産業に無視できない影響を与えていたことは、次に掲載する新聞の投書からも判明する。一八八六年九月二十八日付の『スタンダード』という日刊新聞に、英国の技芸教育についての同紙のフランス特派員からの長文の記事が掲載された。その記事で、英国の技芸教育などがフランスなどの影響により改善されていることが報道された。それに対して同紙の編集長宛に以下のような投書が送付され、二日後に同紙に掲載された。

投書の題名は「日本の美術」で、投書主はW・A・ノーマンという、ケンブリッジ大学で文学士および医学士の二つの学位を取得した教育のある人物であった。参考のために、一八八五年のロンドン日本人村との関係でこの投書の日付に注目すれば、この投書が掲載された年はロンドン日本人村の開催年の翌年にあたる。

貴紙の今日〔九月二十八日〕の記事では、この問題についての一つの源泉が無視されている。私の考えでは、英国は他の国と同様にその源泉から一体美とは何であるのかについて知るべき、何よりも重要な教訓を学んだのである。その源泉とは日本美術の影響のことである。日本および日本からの製品は三十年ほど前にはほとんど知られていなかった。現在では、どんな貧しい家でも日本の製品があるのである。たとえば、暖炉の鉄格子の上にある紙の傘とか、暖炉の棚の上にある扇子またはうちわとか、壁に掛かっている皿などが日本の製品である。その他の多くの製品、特に壁紙、カーテンや家庭の瀬戸物などにも、日本の美術やデザインが与えた影響を看取することができるであろう(3)。

以上引用したのは一つの投書に過ぎないが、しかし英国の技芸教育についての新聞記事を読んだ一読者が、わざわざ新聞の編集長に日本の美術について手紙を出そうと考えるほど、その影響は多大であった。日本の美術品の紹介から始まったジャポニスムの流行は、一八八〇年代には英国のほとんどの家庭に日本からの品物が氾濫しているといわれるような状態にまで膨れあがっていたのである。

日本からの品物や製品が英国でもてはやされる状況は、一八七〇年代頃からすでに始まっていた様子である。最初に引用した「文明史の画期」という記事は、一八七八年の刊行であり、タナカー・ブヒクロサンのロンドン日本人村の興行や、W・A・ノーマンという人物の日本美術についての投書は一八八〇年代半ばのことである。日本製品の流行は、おそらく一八八〇年代には、ある意味では頂点に達したのではないかと想像することができる。

日本の製品の店から出発したリバティ百貨店

次に引用する記事は、それ以前の一八七七年に出版されたものである。英国で刊行されていた『マイラの服装とファッションの雑誌』の一八七七年（明治十年）五月号に掲載された「町の紡ぎ」という記事の冒頭に、次のようなことが書かれている。

この記事によっても、日本美術の紹介などを契機にして始まった日本製品などの流行が装飾、デザイン、衣服などの分野に波及し、もうすでに一八七〇年代後半には、大変もてはやされていた様子がよくわかる。

日本はここ三、四年断固として最も流行している国になった。日本の若者が来訪して、ロンドンやパリの社交界でもてはやされるだけではなく、日本は我々に家具、服装、室内装飾、織物について、その模範を示している。日本の模様は我々の壁、我々のモーニング・ガウンをこしらえるプリント地の生地によく見かける。我々が所蔵している小箱やついたては日本製である。我々が苺を食べる時に使う皿も日本製であり、五時のお茶の時間に使用するカップも日本製である。我々は夏に日本の莫蓙を床に敷くが、その値段はインド製の半額に過ぎない。日本の肩掛け（ショール）は、テーブル掛けにもソファのカバーにもベッドの掛けぶとんにもなる。日本製の厚手の敷物は色が明るく、しかも調和がとれているので、貧相な部屋を陽気にしてくれる。(4)

この記事は、続いてロンドンのリージェント通りにあるリバティという日本の品物を売る店にも言及する。

もちろん、このリバティは、現在もロンドンにある有名な老舗百貨店のことである。リバティはもともと日本の製品を販売する店として、一八七五年に開業したのである。

私はリージェント通りに出かける時には、必ずレイザンビー・リバティ氏の日本の店に立ち寄る。浪費をするという訳ではないが、通常は、子供のため、夫のため、そして三番目には家のため、日本の興味深いものを購入する。実は、三番目に掲げた家のものが一番高い出費になるのである。私はリバティ氏に青磁器を見せてもらったが、その青磁器を購入したいという魅惑には、なんとか抵抗することができた。しかし、私自身、日本の絹製品の魅力に対しては、まったく無力であった。日本の絹製品は、美しい生地で出来ており、値段も手頃で丈夫であり、夏用の絹の織物の中では、他にかなうものがないのである。実は、我々が自分たちの模範として日本に対して目をつけているのは、単に家の中で飾るものや我々が身につける装飾品だけではないのである。この驚

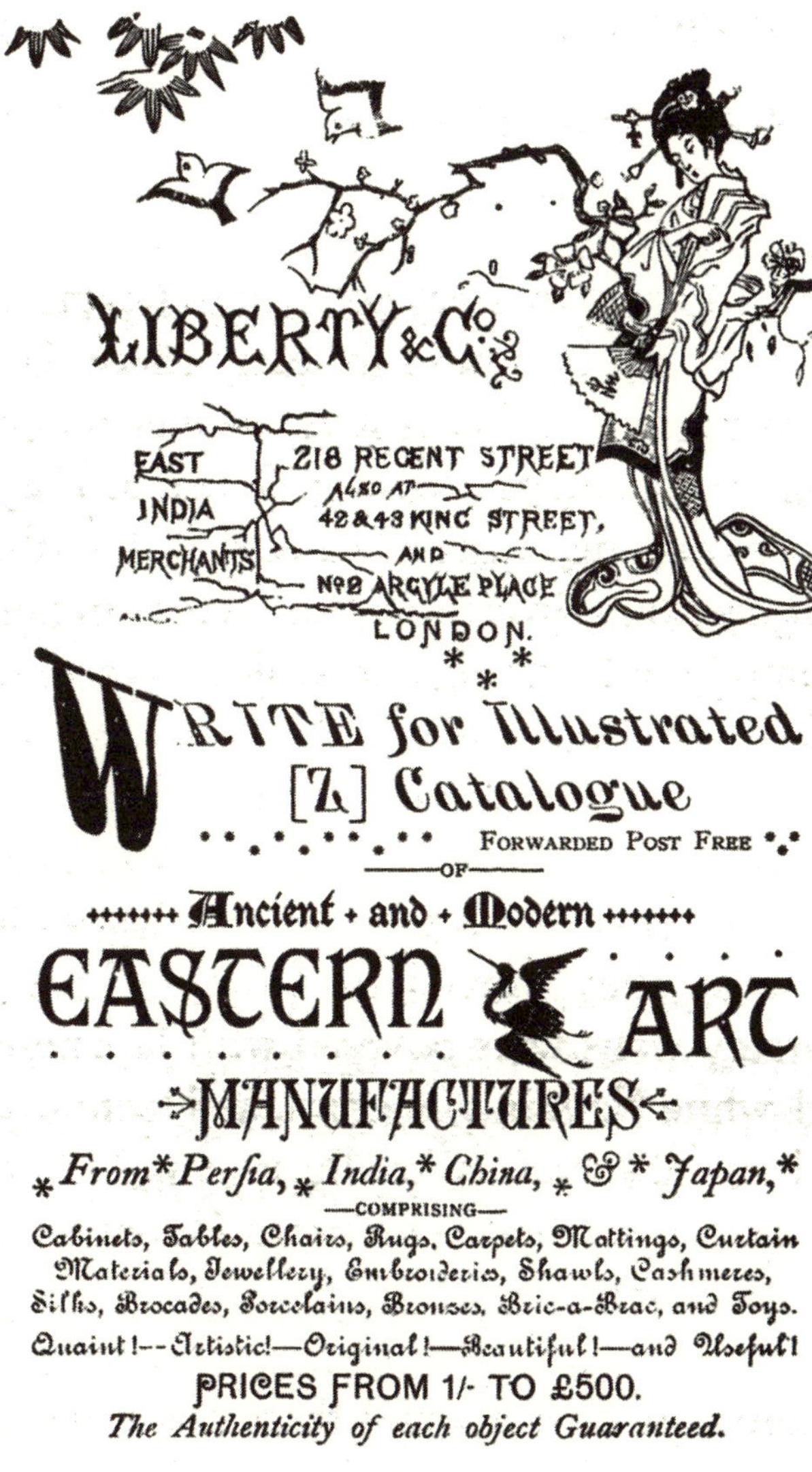

リバティ店（ロンドン）の広告

くべき人たち〔日本人〕の得意とする分野の一つは、紙の製造である。紙の製品というのはハンカチ、壁紙、ついたて、ブラインド、紙の傘、うちわ・扇子などのことで、それらはデザインや材料の面で大変優れているのである。(5)

この記事(コラム)の著者(女性)は、〝かいこ〟(英語で the Silkworm)というペンネームを使っているが、彼女は英国に持ち込まれた日本の製品にすっかり魅了されている様子である。もちろん、この筆名からもわかるように、彼女が一番魅了されたものは、日本の絹製品である。彼女は絹製品だけに限らず、日本からもたらされた室内の装飾品や、身につける服飾品なども称賛するのである。彼女は特に日本からの紙製品を褒めている。

英国における絹製品、装飾品、服飾品、紙製品など日本から輸入された品物の流行には、リバティ百貨店の創業者レイザンビー・リバティ氏の功績も、大変大きかった。そのリバティは後述するように、ロンドン日本人村の開催と同時期に公演された『ミカド』というコミック・オペラの衣装の分野でも、大きな貢献をする。

装飾・日用品には日本製品が溢れる

既述したように、日本製品の流行は一八八〇年代にさらに盛んになり、ある意味では、一八八〇年代に頂点に達するのである。その一八八〇年代のちょうど半ばにあたる一八八五年一月に、ロンドン日本人村が開かれるが、その直前にあたる一八八四年十二月に、次のような記事が、新聞に掲載されていた。

この記事でも、すでに引用した雑誌記事などと同じように、日本製品がロンドンにあふれていた状況が克明に報道されていた。ここで注目すべき点は、この記事は翌月（一八八五年一月）にタナカー・ブヒクロサンによってロンドン日本人村が開かれるのを前提にして書かれていたことである。

この記事から想像することができるのは、ロンドン日本人村の興行は、日本からの品物や製品がロンドンにあふれているような状況を前提にして、企画されたのであろうという点である。

ロンドンの通りを五分とか十分歩けば、屋内で飾る魅力的な品物が店の窓に展示されているのを必ず目にするであろう。それらは一目で英国やヨーロッパで作られたものでないことがわかる。もし、それらが英国とかヨーロッパで作られたものであるとしたら、少なくとも東洋の模様をまねたものである。結局、それらは十中八九日本の物である。ロンドンおよびこの国で、どの家でも優雅さや小綺麗さを自慢しようとすれば、装飾として日本から輸入された繊維製品や陶磁器を必ず利用するのであろう。暖炉の棚の上には日本製の小さなついたてが置かれ、部屋の隅には日本製の屏風が立てかけられ、暖炉で暖められた〝英国〟の空気が逃げるのを防いでおり、また屏風は〝英国〟の冬のすきま風が入らないようにする役割をしている。五時のお茶の時間のテーブルは柳で出来た日本製であり、お茶をそそぐ婦人は日本製の急須を使い、日本製の椅子に座り、刺繍の入った日本製の茶会服を着ているのである。ドアのパネルは日本製の紙の飾りで覆われており、壁は旭日の国の子供たち〔日本人〕がいかに巧妙であるかを表現している(6)。

この新聞記事も、すでに引用した『マイラの服装とファッションの雑誌』の記事や日本美術について書かれた投書などと同じように、日本から輸入された繊維製品や陶磁器などの日本の品物や製品が英国の店舗や家庭にあふれていることを報道している。

これらの記事は、日本の製品などを通して、日本人がデザインなどの面でいかに優れていたのかを宣伝していたのである。

日本のバザールの流行

タナカー・ブヒクロサンのジャパン・エンターテインメント（ジャパニーズ・エンターテインメント）について説明した部分で述べたように、一八八〇年代に入ると、日本からの品物や製品などが英国に氾濫している状況を背景として、英国では日本のバザールとか日本のファンシー・フェアーなどが盛んに開催された。日本のバザールの開催は、おそらく英国における日本からの品物や製品の流行を追いかけていたのであろう。

日本のバザールが英国の各地で開かれたことは、英国の新聞記事などを調べるとよく理解することができる。たとえば、一八八一年四月にはハル市で日本のバザールが開かれた。バザールはもともと慈善事業などの募金のために開催されたので、この時のバザールの目的は教会の修理のために資金を集めることであった。

会場は江戸の通りに似せて作られ、日本の神を祭る神社、または寺のようなものもあり、stall（売店、屋台）は日本の店を模して設置され、その売店で働いている婦人たちは日本の衣装をまとっていた[7]。

翌一八八二年には、ダーリントン市やバース市などでも日本のバザールが開かれた。ダーリントンの場合は、その売店にそれぞれ日本の名称とか地名らしきもの、たとえばハコダウ（箱館?）、ジェッソ（蝦夷?）、マツマイ（松前?）、デド、サンガイなどの名前が付されていた[8]。

すでに、タナカー・ブヒクロサンのジャパン・エンターテインメントの部分で述べたように、もともと日本から輸入された品物や製品（いわゆる雑貨）の販売と、バザールという催物は大変相性がよかった。

また、日本のバザールは、古いイギリスの田舎や街並みを模したバザール、スイスの田園の風景をまねたバザールなどと同様に、大変人気が高かった。ある意味では、日本のバザールは東洋風のバザールの代表的なものになった。

当時、バザールをどのように準備・設置したらいいのかを解説する本（いわゆるバザールのハウツー本）がいくつか出版されたが、その解説本の中の一つには日本のバザールを開く場合の予定表（プロ

グラム）の雛形なども含まれていた。(9)

バース市で開かれた日本のバザールの場合、新聞では「昨日〔一八八二年十一月三十日〕バース市の市議会の建物で日本の町の顕著な特徴をかき集めた斬新なバザールが開かれた」(10)と報道された。

またこのバース市のバザールを記念して、『日本のバザールの本』という題名の出版物が刊行された（口絵13）。この本の中に「バザールの目的」という記事（コラム）があり、そこに次のようなことが書かれている。

日本美術はあまねく称賛され、この国でも現在よく研究されている。しかし、我々が知っている限り、今までだれも日本のバザールというような考えを思い付かなかった。長い経験および実務的な技量を持っているM・M・バラウド氏の援助を得て、奇妙で美しい景色を模造しながら、今回、市議会の建物の中にある舞踏場を日本の村のように改装することができた。バザールの訪問者はそこに現れる日本の村という幻想が、可能な限りよくできていることを認めるであろう。英国の十二月の一般的な気候条件から、バザールのような会合はちゃんとした建物の中で安全に開催される必要がある。しかし、バザールにやって来た訪問者が現在自分がどこにいるのかを知る手立ては、天井だけなので、その訪問者は簡単に自分自身がある晴れた日にあたかも日本の村の大通りをさまよっているような気分にさせられるであろう。〔中略〕さらに、〔訪問客は、〕売店で働いている婦人たちがその衣装や外観で日本の婦人になりすまし、また日本の男たちが自分たちの

『日本のバザールの本』（*Book of the Japanese Bazaar*）より

村に間違って入り込んだ英国人たちの群衆を押し分けているところも見ることができるであろう。(11)

コラムの最後で、日本の村で英国人の群衆を押し分けている〝日本の男たち〟のことが言及されているが、もちろんこれは本当の日本人の男たちを意味している訳ではない。

ここで〝日本の男たち〟とされているのは、日本人の男を装っている英国人のことである。なぜならば、上記で引用したところに続く部分で、わざわざその村では英語だけが話されていることが強調されているからである。すなわち、その村で聞くことができるのは英語だけで、異国語（日本語）は一切耳にすることはないだろうと書かれているのだ。

さらに、そこの部分では、米国に駐在する日本公使（森有礼）が、日本人は日本語を捨てて英語を自分たちの言語にするべきという意見を発表したという新聞報道に言及している。

『日本のバザールの本』の編集者は、日本人は自分たちの言語である日本語を捨てて、英語を採用するべきであるという森有礼の議論が気に入ったらしく、この本にわざわざその森有礼の論文を掲載している。

〝日本の村〟から〝日本人の村〟へ

『日本のバザールの本』に掲載された「バザールの目的」というコラムで注目すべき点は、日本のバザールで作り上げられた会場を〝日本の村〟と表現していることである。

実は、一八八二年にバースで開催されたバザールに限らず、日本のバザールで表出または演出される〝日本〟を模した会場は、よく〝日本の村〟として表現された。たとえば、一八八三年七月にウェールズのカーディフ市で開催されたバザールは〝日本の村のバザール〟と呼ばれ、「装飾品など販売するためのバザールが日本の村という形態にアレンジされている」と新聞で報道されていた[12]。

また、同年十月にハルで開かれた日本のバザールも「部屋〔会場〕は日本の村を表すように設置され」、「売店は〔日本の〕田舎風の小さな家、塔、寺院に似せるように作られ、そのように装飾されていた[13]」。

また、翌一八八四年五月にダーラムで開かれた〝日本のファンシー・フェアー〟でも、「そのバザールは提灯がたくさん飾られた日本の村を表すように設置され」、「それぞれの売店は日本の店を模して設置されていた(14)」。

日本のバザールは、以上述べたように、よく〝日本の村〟と呼称されたが、しかし、日本のバザールで表出または演出される〝日本の村〟と、タナカー・ブヒクロサンが一八八五年に興行したロンドンの〝日本人村〟との間には、大きな違いがあった。ロンドンの〝日本人村〟には日本人の住人がいたが、バザールで表現される〝日本の村〟には日本人の住人はいなかったのである。

英語で表現すれば、〝日本の村〟も〝日本人村〟も同じ"Japanese Village"となるが、両者には実際の日本人が住んでいるのかいないのかという大きな違いがあったのである。バザールの〝日本の村〟では、日本人の衣装をつけた英国人が店番をしたり通りを徘徊していたかもしれないが、本物の日本人(日本語を話す日本人)はバザールの〝日本の村〟にはまだ現れていなかったのである。ブヒクロサンはそのバザールの〝日本の村〟を、実際の日本人が住む〝日本人村〟に格上げして、ロンドンのナイツブリッジにロンドン〝日本人村〟を設置したのである。それが彼の興行が成功した一つの秘密であっただろう。

第二章　ロンドン日本人村の開業——一八八五年

ロンドンのど真ん中にできた〝縮小した日本〟

「日本人村」という博覧会・催物は一八八五年（明治十八年）一月十日（土）から、ロンドンのサウス・ケンジントンに隣接するナイツブリッジで始まった。ある英国の新聞記事の見出しは、その博覧会を「縮小した日本」と表現した(1)。まさに、日本のミニチュアがロンドンに出現したのである（口絵14）。

そのミニチュア版の日本について、英国の代表的な新聞『タイムズ』は次のように表現した。

日本の意匠や様式で建てられた店舗、住居、茶店、および寺院だけではなく、日本の土着の工芸家や職人および彼らの家族をまとめてこの国に運び込み、ロンドンの中心部にできた小さな植民

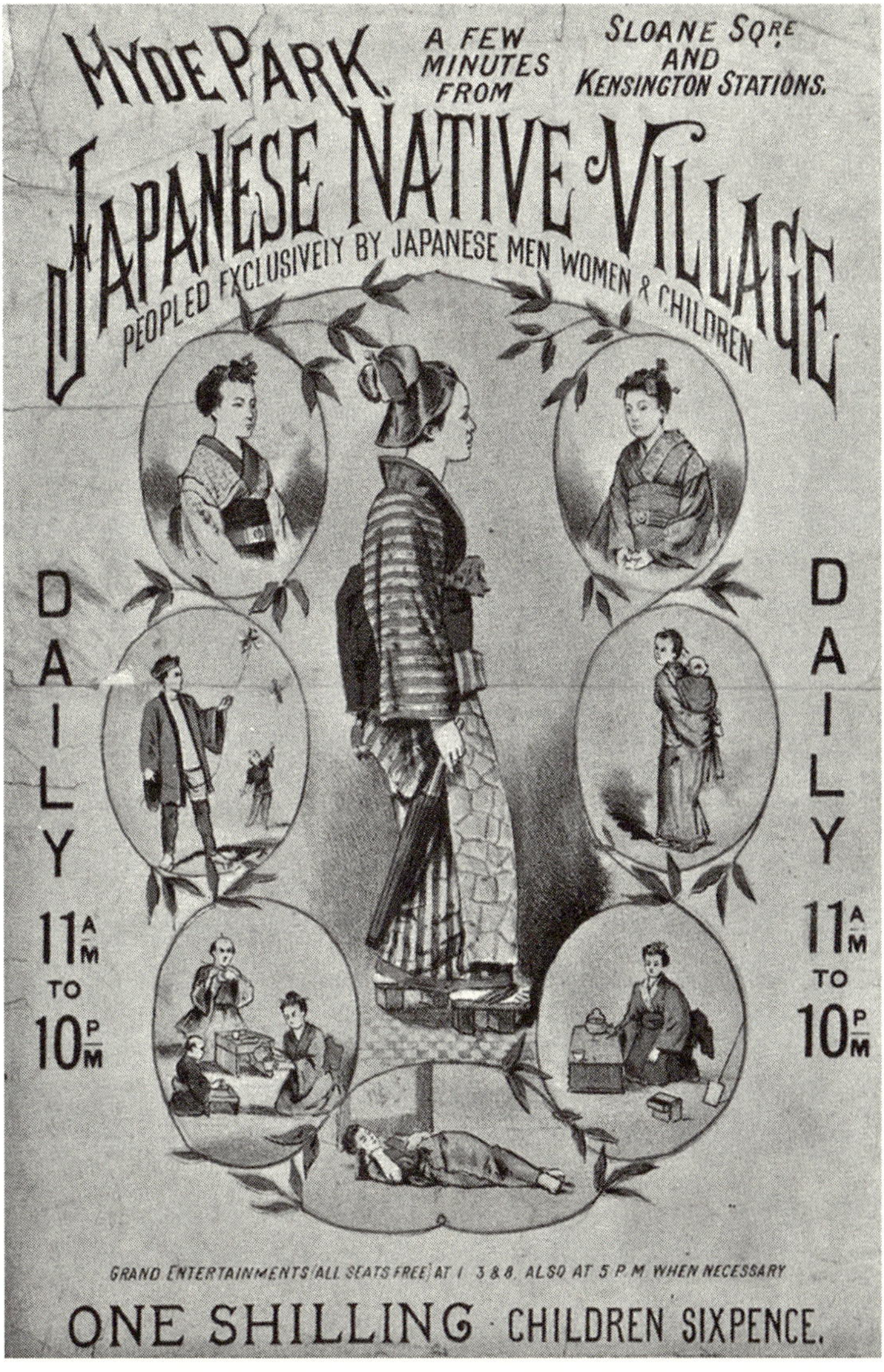

ロンドン日本人村（*Japanese in Britain 1863-2001: a Photographic Exhibition*）

地に移植するという、今までにない思い付きが周到かつ上品に実行に移された。(2)

まさに、ロンドンに日本人の職人や家族が住む植民地が出来したのである。

ロンドン日本人村はすでに開催以前から新聞広告で、「日本人自身によって建設され、日本人だけがそこに住む日本人村が、ハイド・パークの脇にあるアルバート・ゲイトで開業する」と宣伝されていた。(3) ハイド・パークの南側にナイツブリッジと呼ばれる地域があり、その北側がアルバート・ゲイトである。

また、同じ新聞広告はこの事業が英国王室の愛顧を受けていることを強調した後、日本人村の博覧会・催物の様子を次のように説明する。(4)

日本の熟練した工芸家や職人（男女）が日本の鮮やかな衣装を着け、日本の風俗、習慣そして美術産業を披露する。仏教寺院はすばらしく飾られ、輝いている。日本の茶店では午後五時にお茶のサービスがある。日本の音楽やその他の娯楽なども提供される。日本人村では、日本人の住民たちが、毎日日本と同じように生活している。さらに軍楽隊の演奏が博覧会・催物を盛り上げる。以上が新聞の広告がリスト・アップした日本人村の博覧会・催物の特徴であった。

だれでも一シリングの入場料を払うと、ロンドンのど真ん中にできた、その〝縮小した日本〟を、覗き見ることができたのである（**口絵15**）。ただし、一シリングはわずかな金額ではなく、現在の英国通貨では五十ポンド、現在の日本円では六三〇〇円ぐらいに相当する金額である。入場料としては、

ロンドン日本人村の中の寺院（*Survey of London Volume 45: Knightsbridge*）

ロンドン日本人村の中の茶店（*Illustrated London News*, 21 February 1885）

決して安くない金額である。

ロンドン日本人村は、日本側の資料では「日本風俗博覧会」または「日本村落風俗博覧会」という名称で、その実態が次のように報告されていた(5)。

その報告は、実際に住民としてその博覧会に参加していた長沢石蔵という人物が日本に帰国したので、神奈川県の職員が長沢を尋問し、長沢が話した内容を書き留め、それを神奈川県知事が外務省に通報したものである。報告の日付は一八八五年（明治十八年）七月であった。長沢自身は同年三月末日にもうロンドンを離れていた。

まず、開場時の日本村の住民の数は八十五人であった。英文の資料では、よく百名弱と報告されているが、開場時にはそれよりもやや少なかったようである。

博覧会の会場は屋根がガラス板などで覆われている大きな建物で、ハンフリー・ホールと呼ばれていた。そのハンフリー・ホールの中に日本風の建物が三十六棟建築された。三十六棟というのは数が多過ぎる印象を受けるが、一棟の規模がかなり小さかったのだろう。

その三十六棟の中には、次のような建物、店舗、商売、職業などの区画が含まれていた。――寺院、茶屋、揚弓場、大工職、餅菓子店、髪結師、扇職、箱職、陶芸職、飾職、象牙職、金銀象眼職、判木職、画工、傘職、提灯工、経師職、下駄職、縫箔師、塗師職、竹細工、押絵工、植木職、写真店、撃剣師、七宝焼、芝居の楽屋、日本婦人の溜まり場など。

日本人村には舞台があり、鉄線渡り、軽業、足芸、綱渡り、相撲、剣師の試合（撃剣）、手踊り、チョ

ロンドン日本人村での職人の実演（*The Graphic*, 9 May 1885）

ンキナ踊りなどが演じられた。それに日本の芝居の一こまとして、『鎌倉三代記』、『忠臣蔵』なども上演された。

寺院には僧侶が一人おり、焼香や読経の様子などを見せた。餅菓子店では、蒸し菓子などが売られ、結構繁盛していた。

また、場内では日本人村で製造されたものなどが販売された。どのようなものが販売されたかといえば、日本の新聞によると(6)、縫取物、団扇、扇子、蝙蝠傘、ランプ、沓、竹細工、屏風、襖、笄簪、青銅細工、陶器磁器、絹糸、茶等の諸品などであった。

さらに、日本人村では入場した観客の髪を日本風に結うサービスや、日本の衣服を着けて、写真を撮るサービスなども準備された。その日本の衣服は写真師より貸与された。

日本人村の仕掛け人、ブヒクロサン

この日本人村の仕掛け人はタナカー・ブヒクロサンで、彼はこの事業の興行主であり、同時に総支配人であった。厳密にいえば、彼はこの博覧会および催物を運営する、日本人村博覧会貿易会社(Japanese Native Village Exhibition and Trading Company)の創設者および総支配人であった。

前述した長沢石蔵の報告によると、ブヒクロサンは会場である日本人村から三里ほど離れたルイシャムという場所(ロンドン市外)に日本人妻と一緒に住み、馬車で会場まで往復したという(7)。

ブヒクロサンによる日本人村という博覧会・催物は何かといえば、彼がすでにジャパン・エンターテインメント(ジャパニーズ・エンターテインメント)などの自分の軽業見世物一座でやって来たこと(軽業興行、日本の踊りや音楽の披露、日本からの小物の配布・販売)に付け加えて、日本の住居、店舗、仕事場、劇場、寺院などの実物を建設し、そこに〝実物〟の日本人を住まわせ、日本人の職人や工芸家などが実際に仕事をする状況をロンドンの観客に披露したのである。

この日本人村で重要な点は、実際の日本人が住んでいることであった。既述したように、日本人村は英語で表現すれば "Japanese village" で、それを日本語に訳すと日本村とか日本人村になる。日本村では単に日本風の村になり、あえて日本人が住んでいることを強調する必要はないが、日本人村では当然住民は日本人でなければならない。

英国の各地で開催された〝日本のバザール〟でも〝日本の村〟は出現したが、〝日本人の村〟はまだ披露されていなかった。実際の日本人が生活しているところを見ることができるのかどうかは、結構大きな意味を持ったのである。

新しいロンドン日本人村の事業には、すでにブヒクロサンがジャパン・エンターテインメントなどの名称で英国において軽業見世物一座の興行として行って来たことも含まれていた。そのことは新たに設立された日本人村博覧会貿易会社の「同意の覚書」にもはっきりと記載されている。それに加えて、それまでに英国には紹介されていなかった剣道や相撲の実演が付け加わった。

その日本人村博覧会貿易会社の「同意の覚書」というのは、ブヒクロサンと日本人村事業の共同事業者であるジョン・マイルズ（印刷業者）との間で、一八八三年（明治十六年）の年末に取り交わされたものである。そこには次のようなことが記載されている。

創設者〔タナカー・ブヒクロサン〕は多年にわたり、現在巡業中の日本の一座の興行主および支配人をしてきた。その一座というのはいくつかの契約の下に、ブヒクロサンに雇われている何人かの日本人で構成されている。創設者は彼の業界ではすでに名声と評価を得てきた。創設者は在席の人々〔覚書の証人のことか?〕のもと、ジョン・マイルズと一緒に日本人村博覧会の開業の準備が整い必要であると求められた際には、彼の一座および彼の契約の下で雇われている雇用者を該当の会社〔日本人村博覧会貿易会社〕に移行・譲渡することに同意する。(8)

この「同意の覚書」が何を表現しているのかといえば、日本人村博覧会貿易会社は創設時にブヒクロサンが興行主・支配人をしているジャパン・エンターテインメントなどの一座を取り込んでいたという事実である。

ロンドン日本人村の事業・興行はブヒクロサンがすでにジャパン・エンターテインメントなどの名称で実施してきたものを、大胆に拡大したものであった。ロンドン日本人村はある意味ではかなりユニークな大事業であったので、それだけで独立した出来事であったが、その歴史的な由来の中には長年にわたるブヒクロサンの軽業見世物興行のDNAが含まれていた。

もちろん、それ以外にも、前述したように英国における日本の美術品や製品の流行、および日本風の会場を設置して日本製品などを販売する〝日本のバザール〟が各地で開催されたような背景も重要であった。

〝人間動物園〟に日本政府は反発

ロンドン日本人村（日本人村博覧会・催物）は大変繁盛し、毎日四千人から五千人の入場者があった。[9] 一八八五年一月十日の開場から同年四月終わり頃までに、入場者の総数は二十五万人に達するほどであった。[10]

一日の入場者の数については、四千人から五千人という数字よりも多い説も存在し、前述の長沢石蔵の報告によると一日六千人から七千人ぐらいあったという[11]。

総入場者数が二十五万人という数字からもわかるように、ロンドン日本人村は開業以来かなり繁盛していた。ブヒクロサンや日本人村博覧会貿易会社の関係者（株主）も、最初の数ヶ月間はロンドン日本人村の事業・興行で相当の収入を得ていたはずである。

では一体、その成功の大きな要素は何であったのだろうか。それは本物の日本人が本物の日本の家屋などで生活し、本物の日本の品物を生産したり、本物の日本の店で働いている姿を見ることができる点であった。ある意味では、ロンドン日本人村の博覧会・催物には、いわゆる〝人間動物園〟（human zoo）の要素があったのである。後述するように、日本政府は開業前からロンドン日本人村の興行に反対し、その事業に対して不愉快の念を表していた。日本政府が反対した一番重要な問題は、やはり日本人を〝人間動物園〟の対象にした部分であろう。

もちろん、日本人村で上演される芝居や歌舞音曲、さらに撃剣や相撲などの質が低く、到底日本を代表するものでないという点も重要な懸案ではあるが、英国に在住する日本人および日本政府が一番嫌悪した点は、日本人自身が見世物になっていたことであった。さらに、見世物の対象になっている日本人が到底日本人を代表する水準に達していなかったことである。

同じ点は日本の新聞でもすでに報道されていた。その新聞記事は英国の新聞を情報源として次のように報告している。英国在留の日本人は日本人村について憤懣の情をいだき、嫌悪すべきものとしているが、その理由は「該村落に於いて公衆の観覧に供せられたる日本人の男女は最も下等社会に属するもの」であるからだという[12]。

日本人が観覧に供せられていること自体も不愉快なことであるが、さらに日本人を代表している人たちの質も問題にされていたのである。英国に在留する日本人は、日本人の代表にふさわしくない人たちが公衆の観覧に供せられていると考えたのである。

ブヒクロサンは日本の軽業見世物興行をしていた時から、日本に対する興味が盛り上がり始めた英国の情勢を見ながら、新しい事業の可能性を模索していたのであろう。長年続けていた軽業見世物が英国で徐々に飽きられ始めたことも一つの原因で、彼はすでにジャパン・エンターテインメントのような変則的な軽業見世物興行を始めていたが、その頃から、もうすでに少しずつ日本人村のような事業のアイデアを暖めていたと思われる。

では、実際にブヒクロサンがロンドン日本人村の事業・興行を具体化する段階では、どのようなことが直接大きな影響を与えたのであろうか。そのことを考える時、次の三点に注意を払うとブヒクロサンが抱いたロンドン日本人村に対する意図が鮮明になるであろう。

その三点とは、ロンドンで開かれた二つの博覧会と、日本人村事業のために設立された日本人村博覧会貿易会社のことである。二つの博覧会とは、ロンドン日本人村が開かれた場所の近接地域で、前々年に開催された万国漁業博覧会（一八八三年）、および前年に開催された万国衛生博覧会（一八八四年）である。

すでに日本人村博覧会貿易会社については、「同意の覚書」の部分で簡単に言及したが、この会社は一八八三年の末日に設立されている。

年代的に見ると、一八八三年に万国漁業博覧会が開催され、一八八三年十二月末日に日本人村博覧会貿易会社が設立され、一八八四年に万国衛生博覧会が開かれ、そして一八八五年一月にロンドン日本人村が開業したことになる。

一八八三年の万国漁業博覧会、および一八八四年の万国衛生博覧会から、ブヒクロサンが日本人村の事業を成功させるために何を学んだのか、そして一八八三年末に、日本人村博覧会貿易会社がどのように設立され、その会社の株主たちはだれであったのか、以上の疑問点がブヒクロサンが企てたロンドン日本人村を考える時、大きな鍵になるであろう。また、それらの疑問を追究すると、ロンドン日本人村事業の理解について何か有益な示唆を発見することができるかもしれない。

日本人村の開会式

だが、万国漁業博覧会、日本人村博覧会貿易会社および万国衛生博覧会については次章で詳しく言及するとして、ここではひとまずロンドン日本人村開業の初日（一八八五年一月十日）に執り行われた開会式に戻りたい。

一八八五年（明治十八年）一月十日に開かれたロンドン日本人村の開会式は、まずレイナグル・バー

ネットの司会で始まった。バーネットの要請により、ラザフォード・オールコック卿が日本人村の開業を正式に宣言した。(13)

オールコック卿は初代駐日英国総領事および公使で、来日したばかりのブヒクロサン（ブレックマン）を一八五九年（安政六年）に英国公使館の通訳として雇った人物である。

そのオールコックがブヒクロサンのその後の履歴についてどの程度の知識を持っていたかは不明であるが、少なくとも現在タナカー・ブヒクロサンと呼ばれている人物が昔フレデリック・ブレックマンと称していたことは知っていたはずである。

すでに、英国における日本の美術品や日本製品の流行の部分でも言及したように、オールコックは一八六二年（文久二年）にロンドンで開催されたロンドン万国博覧会に自分で収集した日本美術品を展示し、また『日本の美術と工芸』という著書を出版したこともあった。

以上のことからも想像できるように、オールコックは日本の美術工芸の優秀さを認め、それに対して高い評価を与えた人物で、彼は日本の美術工芸のユニークさに注目した最初の欧米人の一人であった。いわば英国におけるジャポニスム（日本趣味）流行のきっかけを作った功労者であった。その意味で、オールコックはまさに日本の工芸家や職人などが住むロンドン日本人村の〝開場〟を宣言するのに一番ふさわしい人物であった。

一方、ロンドン日本人村の開会式で司会を務めたレイナグル・バーネットがどのような人物であったかといえば、彼はブヒクロサンが雇った日本人村事業の広告宣伝の担当者であった。

バーネットは約二年間ほどブヒクロサンの日本人村博覧会貿易会社に雇われていたようで、その仕事の契約が終了した後は、後述するように日本人村博覧会貿易会社が〝日本人村〟を日本人村東洋貿易会社に売却した後、新しい雇用の機会をさがす広告を『イーラ』という週刊新聞に出した。バーネットはその広告では、自分のことを日本人村の文芸および広告部門の講師および指導者であったと宣伝している。[14]

なぜ、バーネットが日本人村の文芸部門の講師であったと自称しているのかといえば、ロンドン日本人村の興行中に同所で売られた『日本、過去と現在――日本人の風俗と習慣』[15]という出版物を編集したからである。このバーネットが編集した『日本、過去と現在』という出版物については後述する。

おたきさんとキリスト教

ロンドン日本人村の開会式の演説や発言の中で一番注目すべき点は、バーネットがブヒクロサン夫妻とキリスト教について、次のように発言していることである。[16]日本人村の総支配人タナカー・ブヒクロサンは、この事業の利益をキリスト教に帰依している彼の日本人妻に渡すつもりであると発言しているのだ。

二十年間にわたり祖国日本を留守にしているブヒクロサンの妻は、日本に戻り、女性の社会的地位改善を目的とする伝道団を組織したいと真剣に考えているという。ブヒクロサンの妻おたきさんは長崎の茂木出身であり、もしかしたらもともと何かキリシタンと関係があったのかもしれない。

いずれにしても、司会者バーネットは、おたきさんが日本におけるキリスト教の布教に大変熱心であることを公表した。そのことはバーネットの発言だけではなく、ロンドン日本人村の住民のために特別に日曜の礼拝が組織されたことからも窺い知ることができるであろう。

新聞広告によると、一八八五年二月二十二日にロンドンにあるセント・セイヴィアーズ教会で日本人村住民のために日曜日の礼拝があり、日本人村の興行主（タナカー・ブヒクロサン）とその妻（日本婦人）も出席する予定と報道されていた。[17] その日曜礼拝を執り行うのは、英国教会伝道協会（The Church Missionary Society）から長崎に派遣されていたハーバート・モーンドレル師で、そのモーンドレル師はちょうど日本から英国に戻ったばかりであった。

おたきさんが長崎出身であり、オランダ人ブヒクロサン（ブレックマン）も長崎とは浅からぬ因縁があり、モーンドレル師は明治初年に家族と一緒にその長崎に住んでいたのである。モーンドレルとブヒクロサンにどの程度の面識があったのかは不明であるが、長崎をめぐる因縁は興味深いところである。もしかすると、もともとモーンドレル師とブヒクロサンはほとんど面識がなく、たまたまモーンドレル師が家族と一緒に長崎からロンドンに戻ったので、ブヒクロサンが日本人村の住民およびブヒクロサン夫妻のために日曜の礼拝を依頼しただけかもしれない。

後述するように、ブヒクロサンは日本人の妻（おたきさん）と日本の僧侶およびヨーロッパの宗教師の立ち会いのもとに結婚したことを強調しているが、その結婚がいつどこで行われたのかについては、ブヒクロサンは何も述べていない。

もし、その結婚が日本で執り行われていたとすれば、場所はおそらく長崎で、立ち会ったヨーロッパの宗教者はモーンドレル師である可能性が高くなる。ただ、レイナグル・バーネットはおたきさんは二十年間にわたり日本を留守にしていると述べているので、実際にブヒクロサン夫妻が日本で結婚式をあげてはいないかもしれない。

二十年前には、ブヒクロサンはおたきさんとではなくおもとさんと結婚していたのだから、ブヒクロサンとおたきさんが日本で結婚式をあげていたことは考えにくい。ブヒクロサンとおたきさんが日本の僧侶およびヨーロッパの宗教師の立ち会いのもとに結婚したというのは、場所としては英国での話かもしれない。

一八七八年には、真言宗の僧侶を含む日本の〝宮廷一座〟が、ヨーロッパで公演し、ブヒクロサンもその興行に携わっているので、もしかするとその僧侶に結婚に立ち会ってもらったという話かもしれない。

もう一点、結婚の問題についてては、レイナグル・バーネットは次のような興味深いことを述べている。ブヒクロサン夫人（おたきさん）が日本におけるキリスト教伝道に貢献したいという点は、すでにバーネットの話として言及したが、それとは別にバーネットは、日本における結婚法の改正もブヒクロサン夫人が自分の使命として掲げていたと述べる。

なぜ日本の結婚法が問題であるのかについては、バーネットは何も説明しないが、もしかするとブヒクロサン夫妻は日本の結婚法のことで何か不愉快な経験をしたことがあったのかもしれない。そのため、ブヒクロサン夫人、またはブヒクロサン夫妻はわざわざ日本における結婚法の改正を推進したいと提案したのかもしれない。

小冊子『日本、過去と現在』

キリスト教とブヒクロサン夫妻との関係で興味深いのは、ロンドン日本人村博覧会のために出版された『日本、過去と現在——日本人の風俗と習慣』という冊子である。この出版物の著者は"Otakesan Buhicrosan"で、それはブヒクロサンの妻おたけさん（またはおたきさん）を意味する。編者はレイナグル・バーネットであった。

実際には、ブヒクロサンの意向を受けてバーネットが英文の日本関係書からいろいろな部分を寄せ集め、適当にまとめ上げたものであろう。この『日本、過去と現在』は最初に日本の地理的な位置を説明した後、続いて古代史によると日本人は三大民族によって構成されていたと説明する。その三大民族は北方の原住民アイヌ民族、南方の原住民、そしてユダヤ民族であるという。さらに、神武天皇をはじめとする支配階級はユダヤ民族の子孫であるという。

ユダヤ民族云々という説は、現在の常識からかなりかけ離れた学説である。バーネットがこのような荒唐無稽な説をどこから引用してきたかといえば、彼はニコラス・マックレオド（Nicholas

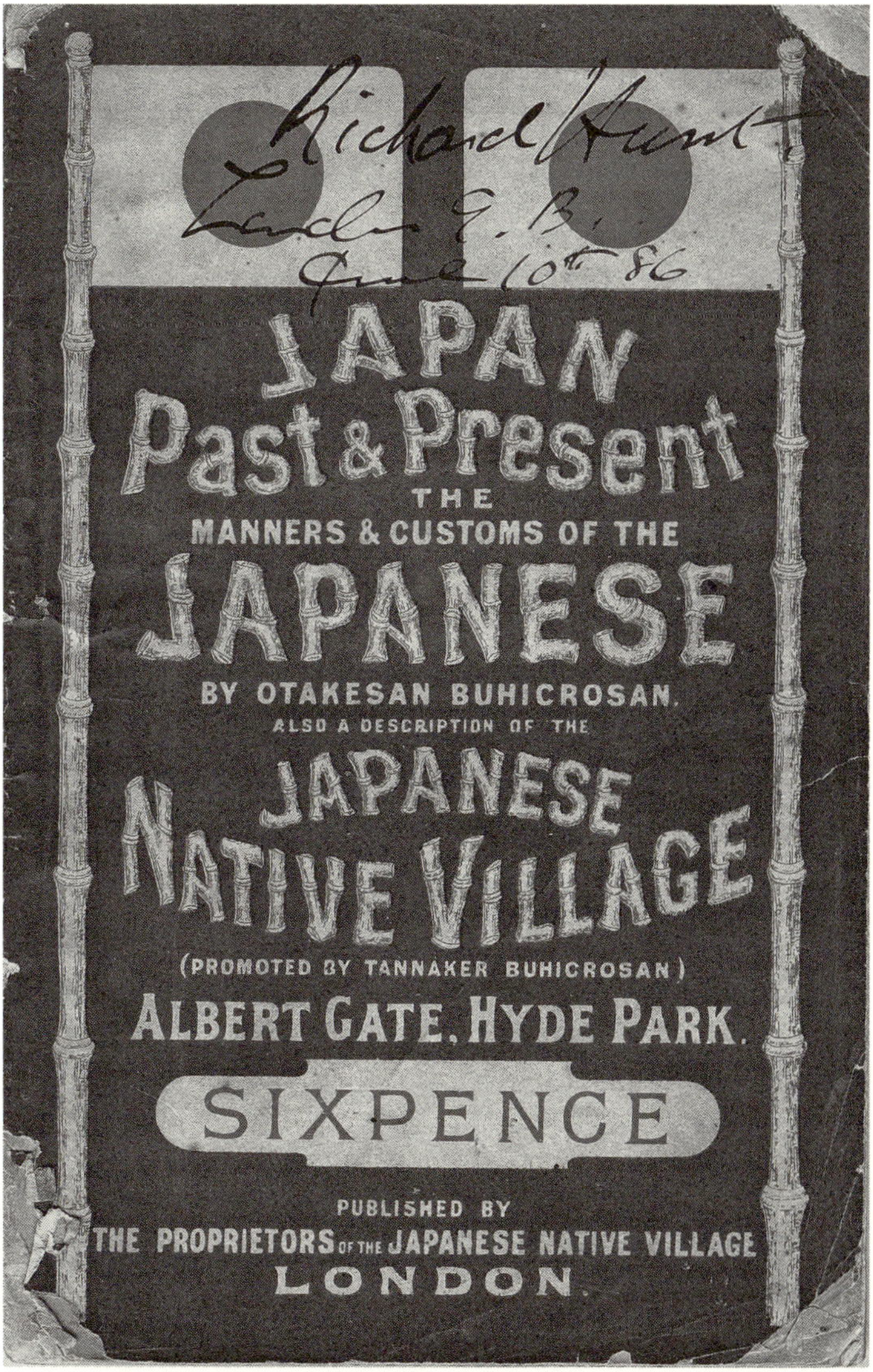

ロンドン日本人村で売られた冊子『日本、過去と現在——日本人の風俗と習慣』

McLeod）というスコットランド人が一八七五年（明治八年）に長崎で出版した『日本古代史摘要』（*Epitome of Japanese Ancient History*）という書籍から、ほとんどそのまま書き写したようである。

明治維新直前に来日し明治前半頃まで日本に住んでいたマックレオドと、ブヒクロサンまたはおたきさんがどこかで接触を持ったのか、または単に、バーネットがマックレオドの本を勝手に引用しただけなのか、いずれにしても『日本、過去と現在』とマックレオドの『日本古代史摘要』との関係は興味をそそるものがある。

一八六八年に来日したマックレオドは、最初長崎に住み、その後神戸に移動したようである。またしても、長崎がいろいろな関係者の接点に位置しているのである。

バーネットによると、おたきさんは一八八五年の時点で日本を二十年間にわたり留守にしているということなので、おたきさんがマックレオドと会ったという可能性は少なくなる。一方、ブヒクロサンが明治時代初期に来日した可能性をまったく否定することはできないが、おそらく彼は明治時代初頭には来日しなかったであろう。しかし、ブヒクロサンは一八八四年には確実に来日している。

そこで、一八八四年当時日本に滞在していたマックレオドと、来日したブヒクロサンがどこかで会ったという可能性はありうる。しかし、実際には二人は会ったことはなかったであろう。ブヒクロサンとマックレオドが知り合いであったかどうかは別問題として、マックレオドの『日本古代史摘要』は異様な書籍であり、バーネットは日本民族の由来について、この本の該当部分をそのまま書き写し、『日本、過去と現在』の中では、そのコピーした部分をあたかも自分が書いたように記述しているのである。

第三章　先行した二つの万国博覧会の影響

万国漁業博覧会（一八八三年）

さて、『日本、過去と現在』に話題を戻すと、同書の紹介（Introduction）部分で、著者“Otakesan Buhicrosan”は次のような興味深い点を指摘をしている。これはおたけさんが書いたというよりも、タナカー・ブヒクロサンが書いたというべきであろう。

日本は多くの賞賛すべき芸術的かつ有用な品物を我々にもたらした国であるのに、万国漁業博覧会やその他の博覧会では、多くの人々の予期に反して、日本の展示はあまりにも貧弱であった。ただ、最近の衛生博覧会では、日本はりっぱに競争して、金賞、銀賞、銅賞およびその他の賞を獲得した。そのことは注目すべき価値がある。(1)

この記述は、ブヒクロサンがどのようにしてロンドン日本人村という博覧会・催物を成功に導こうとしたのかを考える上で、大変役に立つ指摘である。

そこで、次に一八八三年の万国漁業博覧会、一八八四年の万国衛生博覧会に言及し、それらがロンドン日本人村の事業・興行にどのような影響を与えたのかを検討してみたい。

まず注目すべきは、上記の博覧会が開催された場所である。一八八三年の万国漁業博覧会、一八八四年の万国衛生博覧会はロンンドンのサウス・ケンジントンで、一八八五年の日本人村博覧会はサウス・ケンジントンに隣接するナイツブリッジで開かれた。サウス・ケンジントンでは一八八五年に発明博覧会、一八八六年に植民地・インド博覧会も開催された。日本人村博覧会を含むこれらの博覧会はいずれも近接する地域で開かれた。

『日本、過去と現在』が言及するように、日本は一八八三年の万国漁業博覧会では不評を買い、一八八四年の万国衛生博覧会ではそれなりに健闘した。一方、よく日本と比較される中国の場合は、これら両方の博覧会で好評を得たのであった。

万国漁業博覧会は英国王室の愛顧を受け、一八八三年五月十二日から同年十月三十一日までサウス・ケンジントンで開催された。当時の新聞が「最も成功した博覧会」と称するように、二百万人の観客が入場したという。

各国の展示の中で、中国の部門が最もすばらしく、かつ最も教育的であり、最も美術的に表示されていたといわれた。[2] 実際に、中国の漁業に関係する多くの珍しい物が展示された。中国部門の展示については、すでに開催前から最も魅力的であり、最も人気がある部門であることが予想されていた。[3]

その中国の展示は、清朝政府が直接出展の事務を司ったのではなく、総税務司長であるロバート・ハート（英国人）が率いる清朝の税関が担当したので、博覧会の観客が何を見たいのか、どのようなものに興味を持つのかをよく心得ていたのである。翌一八八四年に開かれた万国衛生博覧会でも、ロバート・ハート配下の税関が中国部門を担当した。

一方、現在は水産大国と自他共に認める日本は、一応一八八三年の万国漁業博覧会に参加したことは参加したが、その展示は『日本、過去と現在』によると貧弱なものであった。日本政府自身も資金不足から万国漁業博覧会では不体裁をなし、面目を損なったことを認めていた。[4]

万国衛生博覧会（一八八四年）と中国の健闘

万国衛生博覧会は一八八四年五月からロンドンのサウス・ケンジントンで、五ヶ月間にわたり開催された。博覧会は衛生と保健に焦点を合わせ、展示物の範囲には食物、衣服、住居、上水道、暖房、照明、換気、救急医療、学校、作業場、技術教育などが含まれていた。

その中で注目すべき展示は、再現された古いロンドン（一六六六年の大火以前のロンドン）の街並みであった。それはロンドン日本人村博覧会における日本の街並みを示唆するような展示であった。

英国の新聞なども、この古いロンドンの街並みの展示が最も人気を博したと報道していた。

前年に開かれた漁業博覧会とは異なり、衛生博覧会の場合、その博覧会の主題（衛生、保健、健康）の性質から、人々の〝生活〟が展示の前面に出てくる可能性があった。そこで、日本とか中国などのエキゾチックな国が出展する場合、主催者の英国政府も観客に受ける展示や催物を期待したのである。実際、駐日代理英国公使は、婉曲的に〝茶屋〟やそこで働く〝侍女〟などを博覧会に出すように日本側に示唆していた。(5) 日本の場合は、単に英国やヨーロッパの観客が見たいものだけを展示するだけではなく、当該国の政府として、日本の生活文化、教育、衛生政策などへの理解を深めるもの、さらに日本や日本の文化に対する一般的な評価を高めるものを含めたかったのである。

一方、中国の場合、清朝政府が展示の権限をロバート・ハート配下の税関に移譲していたので、展示内容や催物をよりヨーロッパ人向けにアレンジすることができた。その点について、英国の新聞記事は次のように中国の展示を賞賛している。

この博覧会の準備では、中国政府は良識を働かせ、自分たちで展示の品物などを選ばず、ヨーロッパ人が最も見たいと思うものが選ばれるように、その選択をヨーロッパ人に任せた。その選択は北京にある税関の総税務司長であるロバート・ハートに一任された。(6)

以上のような出展の経過をたどった衛生博覧会における中国部門には、中国のレストラン、茶屋などが設けられ、中国のバンドによる中国音楽の演奏などもあった。そこで、漁業博覧会に引き続き、衛生博覧会でも中国の部門は好評を博した。

中国部門の展示の中で特に人気があったのは、北京の一角を模した部分であった。[7] その中では、居間、寝室、店舗、運搬手段、そして中国の市民生活そのものが展示されていた。北京から派遣された工芸家や職人が実際にその中国の住居の壁を塗ったり、店舗、建造物、調度などを組み立てたのである。[8]

万国衛生博覧会における中国部門を拡大発展させれば、ある意味では、それは翌年に開催されたロンドン日本人村博覧会にかなり接近する可能性があったのである。しかし、大きな違いは〝実物〟の中国人が衛生博覧会に設置された〝北京の一角〟で生活をしていなかった点である。

一方、日本側も前年の漁業博覧会で予算僅少が原因で損なわれた「御国之面目」を取り返そうと、今回はある程度予算をもらい、日本部門にも日本の茶屋やレストランも設けて、それなりに健闘したのであった。ただ、中国との比較では、「確実に中国部門よりも劣っている」という評価もあった。[9] また、「中国部門が豪華であるとすれば、日本部門は括弧付きで大変興味深く、純粋に美的意味では中国部門に比肩し、知的面では中国部門に勝っている」という評価もあった。[10]

日本もがんばったが、やはり英国やヨーロッパの観客の興味をつかむ点では、中国の方が一枚上であり、たとえば音楽の分野でもそれがはっきりしていた。

中国のレストランでは、宴会の後〝中国に旅行したことがない観客〟のために、中国の音楽家で構成されたバンドによる中国音楽の演奏があった。その中国の音楽家は、奇妙な方法で中国語の歌を歌い、シンバル、太鼓、カスタネット、およびびっくりするような中国の楽器などを使って、音楽を演奏した。(11)

楽器についていえば、日中両国は同じように衛生博覧会でそれらを展示した。ただ、民族音楽に興味を持つ観客にとっては、中国の場合には、音楽家が実際に楽器を演奏するところを見ることができたが、日本の場合はただ展示されている楽器を見るだけであった。(12) 衛生博覧会の日本部門では、中国の場合とは異なり、日本の楽器を利用した演奏などは一切なかったのである。

郵便報知新聞社の社長で、『経国美談』などの著者である矢野龍渓は、英国を中心とした欧州視察の一環として、一八八四年(明治十七年)六月下旬に、英国に到着した。後述するように、矢野龍渓はロンドンから『郵便報知新聞』にロンドン日本人村について報告や記事などを寄稿するが、来英時にすでに開催されていた万国衛生博覧会についても、次のような通信を送っていた。

衛生博覧会と云へば狭き様に聞ゆれども、衣食住の諸道具を持出たる事ならば、随分賑はしき会に御坐候。支那人は近来余程欧州慣れしと見へ、此度の会にも大なる支那風の料理屋を立て、支那料理を致し候故(陳列場に諸品物を多く見事に持出だせしに加るに)、非常の評判にて御坐候。夫に引き換へ、日本は出品も遅く場所も不十分なれば、誠に遺憾なる事多し。(13)

以上のように、矢野は衛生博覧会というのは実際には衣食住の生活に関する博覧会で、中国は中国料理店を設置し、中華料理を提供して、日本を圧倒している様子を報告している。

もちろん、日本も遅ればせながら日本料理店を設け健闘したが、しかし中国の料理店にはかなわなかったことを、矢野は翌年に次のように報告していた。

> 昨年は支那が斯く奮発せるが故に、之に比する日本は、実に圧倒せられたる有様なりき。支那の方は、場所も五六倍広く、出品も八九倍美々敷、又支那料理屋抔は、別に大なる一棟を美麗に建築し、金碧粉装を加へ、一体に料理屋の仕懸けも頗る広大にて、流石は大国と見へしに、日本の料理屋は、僅に狭小なる二階一と間の事なれば、之を支那の者に比するときは、実に気の毒千万にて、東京の会席料理屋と田舎の茶漬屋との如き釣合なりき。(14)

結局、矢野の報告によれば、衛生博覧会では料理屋も含めて、日本は中国に及ばなかったのである。レストランについては、狭小なる日本の料理店に比べて、中国料理店は規模も大きく、日中の料理店の差は東京の会席料理屋と田舎の茶漬屋ほどの違いがあったのである。

万国衛生博覧会とアーネスト・ハート

さて、その万国衛生博覧会と日本との関係で注目すべき人物は、アーネスト・ハートであった。ハートは英国の代表的な医学雑誌『ブリティッシュ・メディカル・ジャーナル』の編集長、英国衛生協会（National Health Society）の会長で、万国衛生博覧会実行委員会の委員を務めていた。

その後、ハートは英国有数の日本美術品のコレクターになる人物である。大英博物館における最大の日本美術品のコレクションはアンダーソン・コレクションで、一八八二年に大英博物館に収蔵された。しかし、収蔵されたのは四千点弱の絵画や浮世絵版画などで、それ以外のアンダーソン・コレクションの日本美術品はハートが購入したのである。それがハートの日本美術品のコレクションの始まりであった。

ハートとアンダーソンは医者同士で知り合いであったし、また年代は異なるが、二人はロンドンの同じ学校の卒業生であった。しかし、ハートが本格的に日本美術品のコレクションを構築し始めるのは、実は衛生博覧会が開催された一八八四年以降のことである。ハートは万国衛生博覧会の準備および開催を契機に、日本美術品や日本の品物などを扱う英国人の商人と知り合いになったのであろう。そのあたりの接触から、彼は日本美術品の収集を加速させる。ロンドン日本人村が開催された一八八五年には、ブヒクロサン自身もハートと書簡のやり取りをしている。

そのアーネスト・ハートは万国衛生博覧会への日本の出品について、次のように述べている。

日本政府が今回衛生博覧会の出品に厚意にして、且事務官其人を得たる事は、甚だ欣喜に堪へざるなり。抑々東洋に於て二大国民と称せる支那及日本が、今回の博覧会に於ける諸官庁及割烹店の模型并に衣食住及衛生法に就きての標本等の精密にして巧妙なるは、欧州に於て吾人の未だ曽て見ざる所なり(15)。

ハートは日本政府による万国衛生博覧会への出品を感謝するとともに、中国と日本の両国の展示を賞賛している。ハートは日本と一緒に中国の模型や標本なども褒めているのである。

ここでは、ハートは多少日本贔屓の評を与えてくれたのであるが、ここまで見てきたように、万国衛生博覧会では中国部門の方が日本部門よりも勝っていたことは確実であった。

ブヒクロサンは衛生博覧会で、中国がどのようにして観客の興味をそそる展示や催物を企画したのかを学び、翌年開かれた自分たちのロンドン日本人村の事業・興行の参考にしたのであろう。ブヒクロサンは衛生博覧会、特に成功した中国部門の展示や催物などから、ロンドン日本人村の事業や催物が観客に受けるであろうという確信を持ったのである。

また、英国人にとっては、ロンドン日本人村は万国衛生博覧会に続く、似たような博覧会として、開場する前から期待されていたようである。

たとえば、後述するように一八八四年十一月末にロンドン日本人村の参加者が日本からロンドンに到着すると、日本人村に対する期待が高まり、英国の新聞は「遊び人の若者が衛生博覧会に出かけたように、もしそれらの若者の間で日本人を見に行くのが流行するとすれば、ロンドン日本人村博覧会の成功は確実である」[16]と報道していた。そして、実際にロンドン日本人村は、少なくとも最初の四ヶ月は「大成功」を収めたのである。

第四章　ロンドン日本人村の経営と〝住民〟雇用事情

日本人村博覧会貿易会社

すでに述べたように、一八八五年一月から始まるロンドン日本人村は、日本人村博覧会貿易会社によって運営されていた。タナカー・ブヒクロサンはこの会社の筆頭株主であり、総支配人であった。

英国公文書館（The National Archives of the U.K.）にこの会社に関する資料（BT31/3271/19257 C42695）があるので、ここでは、その資料を利用して主要な株主などを検討してみたい。

まず最初に一八八三年十二月三十一日付で、タナカー・ブヒクロサンを含む七人の株主（一人百株ずつ所有）がその会社を登記した。その七人は、ブヒクロサン以外は、印刷業者、音楽興行関係者、退職した海軍関係者、日本の品物を扱う商人などで、いずれもブヒクロサンと何らかの関係がありそうな人物たちである。

印刷業業者はポスター、チラシおよびプログラムの印刷でブヒクロサンの軽業見世物興行に関係したのであろう。音楽興行関係者も同じ興行仲間であり、ブヒクロサンとは顔なじみであったのであろう。退職した海軍関係者はブヒクロサンと同じようにロンドン近郊のルイシャムに住んでいるので、もしかするとブヒクロサンの隣人であったかもしれない。また、ブヒクロサンは軽業見世物興行で日本の品物を配布していたので、英国における日本の品物の商人や輸入業者とも親しかったと思われる。また、会社登録の書類では、ブヒクロサンの職業は日本の軽業見世物一座の興行主とか支配人ではなく、商人となっていた。ブヒクロサンはロンドン日本人村の事業を企画した時点で、自分は日本の品物を日本から輸入して販売する商人であると認識していたようである。

次に、日本人村博覧会貿易会社の目的については、英国公文書館所蔵の資料によると、実際にその後日本人村の事業や興行で実施されたことが、すでに同社の定款などに記載されていた。たとえば、第一条は「住居、店舗、小屋、その他の建物および日本人の職人、労働者、その他の人々で構成される〝日本の博覧会〟を、日本から〝輸入〟し、設立すること」になっている。

また、英国で発行されていた週刊新聞『ロンドン・チャイナ・アンド・テレグラフ』の一八八四年一月九日号は、株式会社として日本人村博覧会貿易会社が登録され、資本金は五万ポンドであると報道した。[1] 英国公文書館が所蔵する、一八八四年二月付の日本人村博覧会貿易会社についての書類には、この会社の資本および株の梗概が掲載されている。それによると、資本金は全部で五万ポンド、その内訳は四万五千ポンド（四万五千株）が通常の株、残りの五千ポンド（五千株）が会社発起人の株で、もちろん会社発起人の株はタナカー・ブヒクロサンが全部所有していた。ブヒクロサンは通常株も五百株所有していた。

通常株の所有者で他に目に付く株主は、ジョン・マイルズ（印刷業者）、ジュリアス・スパイアー（商人）、ロットマン・ストローム会社（日本の品物を扱う商社）、コーネリアス・パレ（日本の品物を扱う商人）、ジョン・ジーン（商人）、イザイア・マリアンズ（商人）、チャールトン・ハンフリー（建築業者）などであった。

ジョン・マイルズはすでに紹介したように日本人村博覧会貿易会社の同意の覚書に、ブヒクロサンと一緒に署名しているので、この会社の中ではブヒクロサンに次ぐ立場の人物であったのであろう。

ロットマン・ストローム会社（アレキサンダー・ロットマンとチャールズ・ストローム）、コーネリアス・パレ、イザイア・マリアンズは、日本美術品や日本の品物を扱う商人・貿易業者で、このうち少なくともロットマン・ストローム会社とコーネリアス・パレは一八八四年の万国衛生博覧会に日本の品物などを出展した業者であった。

ロットマン・ストローム会社は万国衛生博覧会で、日本の家具、薩摩焼、金唐革紙などを展示した。ジュリアス・スパイアーやジョン・ジーンは単に商人と記載されているが、おそらく日本の品物や美術品などを扱う商人であっただろう。

ロットマン・ストローム会社は金唐革紙、壁紙などの日本製品や美術品を扱う商社で、ロンドン以外にも横浜にも事務所を持っていた。万国衛生博覧会当時、アレキサンダー・ロットマンはロンドン事務所、チャールズ・ストロームは横浜事務所を担当していたらしい。アレキサンダー・ロットマンは彼自身日本国中を広く旅行した経験を持っていた。[2] ただ、ロットマンはこの時はまだ二十代後半の若者であった。

ブヒクロサンは一八八四年にロンドン日本人村の事業・興行に参加する日本人の〝住民〟を雇うために来日するが、日本でその雇用のためにブヒクロサンの仕事を援助したのがチャールズ・ストロームであった。もしかすると、アレキサンダー・ロットマンも来日し、ブヒクロサンの雇用活動を援助したかもしれない。というのは、後述するようにロンドン日本人村の住人は大きく二つのグループに分かれて英国に出かけるが、その第二陣がヨーロッパに到着した同じ時期に、ロットマン夫妻が横浜から戻ったという船舶の乗客情報があるからである。

ロットマン・ストローム会社はアレキサンダー・ロットマンおよびチャールズ・ストロームを中心とする会社であったが、後にはヘンリー・ティムが同じ共同経営者として加わった。ティムが加わったのちロットマン・ストローム会社は一八九一年八月に解散している。[3]

イザイア・マリアンズはロットマン・ストローム会社と同じように、日本の品物や美術品などを扱う商社であるI・マリアンズ会社の関係者であろう。I・マリアンズ会社およびその系列の会社は、一八七〇年代から一九三〇年代ぐらいまで、日本の品物を扱う商社として活動した。[4]

チャールトン・ハンフリーはハンフリー・ホールの建造者であり、所有者であった。日本人村博覧会はそのハンフリー・ホールの中で開催された。ブヒクロサンによると、ハンフリーは彼の友人であるという。ジョン・ジーンは一八八八年に日本人村博覧会貿易会社が解散する時に清算人になる人物である。他の連中と同じように、日本の品物を輸入し販売する商人であったであろう。

日本人村博覧会貿易会社の株主については、英国公文書館の資料（BT31/3271/19257 C42695）によると、一八八四年の場合と同じように一八八七年二月の時点の同社の資本および株主の梗概が作成されている。

日本人村博覧会貿易会社および同社の創設者および総支配人であるタナカー・ブヒクロサンは、同年一月に日本人村の事業・財産などを日本人村東洋貿易会社（Japanese Village and Oriental Trading Company）に売却していた。

一八八七年二月付の日本人村博覧会貿易会社についての書類は、この会社を終結するために、それ以前までに取得された株および株主をリスト・アップしたものである。いずれにしても、一八八七年二月の時点では日本人村博覧会貿易会社は閉鎖される運命にあった。

その株主のリストを見ると、興味深い人物が新たに加わっている。もちろん、ブヒクロサンなどの旧来の株主は大部分残留していた。新規の株主の中では、やはり日本美術品や日本の品物を扱う商人・貿易業者が目立っている。たとえば、新たに加わった株主はマーカス・サミュエル、ウィリアム・アーサー、ジーグフリード・ビング、アントン・ベンダ、ソロモン・フランクなどで、いずれも日本の美術品や品物を扱う商人たちであった。それらに付け加えて、旧来の同じ日本の美術品・日本の製品を扱う商人であるイザイア・マリアンズ、コーネリアス・パレ、ロットマン・ストローム会社も、株主のリストに含まれているので、株主の中で日本の品物や美術品を扱う商人たちが占める割合はかなり高くなる。

マーカス・サミュエルはサミュエル商会およびシェル・トランスポート・トレーディング会社などの創設者で、現在世界で一、二を争う国際石油会社ロイヤル・ダッチ・シェルの基礎を築いた人物である。金融関係でも、彼は現在の英国の有力銀行ロイドTSB銀行の一部であったヒル・サミュエル銀行の創設者である。国際企業ロイヤル・ダッチ・シェル社はもともと日本の品物や骨董品の商売から始まった会社であり、同社を作り上げたマーカス・サミュエルは日本人村博覧会貿易会社の株主の一人だったのである。

ジーグフリード・ビングはサミュエル・ビングとも呼ばれ、パリの日本美術商でジャポニスムに関係が深い人物である。ジャポニスム（ジャポネズリー）の流行では必ず言及される美術商である。

ややこしいのは、既述したように一八八七年一月に日本人村博覧会貿易会社が日本人村を日本人村東洋貿易会社に売却したが、その新しい日本人村東洋貿易会社の中心人物がマーカス・サミュエルたちであった。ちょうど日本人村博覧会貿易会社のタナカー・ブヒクロサンに相当する人物が、日本人村東洋貿易会社のマーカス・サミュエルであった。（旧）日本人村博覧会貿易会社のタナカー・ブヒクロサンと、（新）日本人村東洋貿易会社のマーカス・サミュエルの対決については後述する。

いずれにしても、ロンドン日本人村については日本人村博覧会貿易会社と日本人村東洋貿易会社の二つの会社が関係した。またこの二つの会社は名称もよく似ていて、非常に紛らわしいのである。

『郵便報知新聞』で報じられた懸念

さて、話題をロンドン日本人村の博覧会に戻そう。ロンドン日本人村に関連した一連の動きについては、四つの画期に分けて説明するとわかりやすい。

第一期は開催前年の一八八四年（明治十七年）にあたり、いわゆるロンドン日本人村の準備段階であった。

第二期は一八八五年一月十日の開業から、同年五月二日の焼失までの四ヶ月間で、ロンドン日本人村が華やかな脚光を浴びた時期である。ロンドン日本人村の最盛期であった。この時期についてはすでに記述した。

第三期は一八八五年十二月二日にロンドン日本人村が再建され、一八八七年一月に日本人村東洋貿易会社に売却されるまでの一年二ヶ月弱の期間である。ここまで（第一期から第三期まで）は、タナカー・ブヒクロサンが日本人村の事業・興行を完全に支配していた。

第四期には日本人村が日本人村東洋貿易会社に売却され、ブヒクロサンは多数の日本人村の住民を引き連れて、ロンドン日本人村を離れた。ブヒクロサンがいなくなったロンドン日本人村は、もっぱら日本から輸入した製品を販売する市場（マーケット）に変身した。ただ、第四期の日本人村でも、規模は縮小したが、日本人による軽業などの公演も行われ、日本人の職人による実演なども続いていた。

第一期の準備段階（一八八四年）における最大の問題は、どのようにして日本から日本人村に住む〝住民〟（職人およびその家族など）を英国に〝輸入〟するのかという点であった。

日本人村で働く職人たちを雇うために、ブヒクロサンは一八八四年六月下旬に英国を離れ、日本にやって来た。ブヒクロサンが一八八四年六月三十日にイタリアのブリンディジという場所から英国のP＆O（ペニンシュラー・アンド・オリエンタル・スチーム・ナビゲーション）という船舶会社の蒸気船サラットに乗船したのは間違いない(5)。長旅の末ブヒクロサンが来日したのは、おそらく一八八四年八月頃であろう。

ブヒクロサンが横浜に来航する前に、一八八四年（明治十七年）七月二十六日付で、『郵便報知新聞』に次のような記事が掲載された。

〇日本風俗博覧会　長崎、神戸の両港に久しく在留して、日本の風俗を熟知せる蘭人タナルカといふ者は、先年中日本の女を迎へて妻となし、何か日本の風俗上の事を以て、奇利を得んと工夫を運《めぐ》らせしすえ、其髪を蓄へて頭を野郎に剃り、丁髷を結ふて、タナルカのルの字を除きて田中と名乗り、自ら日本人の如く扮し、人力車夫、瞽女《ごぜ》、按摩、願人坊主等、賤業の者数名を雇入れ、其見苦しき風俗のまま自ら率いて英国に渡り、昼は一同を二、三輛の馬車に乗せ、分《わか》らぬ歌を謡《うた》はせながら、大鼓を打囃《うちはや》して、繁昌なる市街を乗廻はし、其評判を取り、夜は種々訳の分らぬ日本風の芸尽しを演せしめしに、奇を好むは世の人情なれば、市街一般大評判となり、何所に於ても大当りを取り、意外の大金を得にければ、田中は得たりと同志数名と謀り、一の会社を組立て、日本風俗博覧会と号し、日本にて各種の賤業を営む下等人民百名程を雇入れ、其見るに堪へられぬ風俗等を其まま見世物にせんと企て、其会場を倫敦在の某村に設くることに決せしかば、右見世物に適すべき日本のがらくた人物を仕入れの為め、右会社員か近々日本へ向け出発する由なるが、誠に苦々《にがにが》しき次第なりと、在英国の社友某より通信の端に記せり。[6]

上記の『郵便報知新聞』の記事は、多少間違った情報も含まれているが、いろいろな有用なことを教えてくれる。

まず、この記事をロンドンから送付してきた人物（郵便報知新聞の社友）はだれであるのかという疑問がわく。明記されていないが、その人物は明らかにロンドン滞在中の矢野龍渓のことである。正確にいえば、この記事を書いた人物としては矢野龍渓以外の別人を想定することができない。

というのは次のような事情による。矢野は一八八四年六月にロンドンに到着した。さらに翌一八八五年（明治十八年）には、彼は同じ郵便報知新聞の社員である森田思軒をロンドンに呼び寄せていた。内容および当時の通信・交通事情を考慮に入れると、おそらく上記の『郵便報知新聞』記事は一八八四年六月下旬か七月初旬に書かれていたのであろう。矢野の場合はなんとか時期的に間に合うのである。

一方、もし、この記事が別の郵便報知新聞の社友によって書かれていたとすれば、明治十七年および十八年頃ロンドンに郵便報知新聞の関係者が三人も滞在していたことになり、そのような事態はちょっと考えにくい。

おそらく、矢野龍渓はロンドンに到着して間もない頃、ロンドン領事園田孝吉あたりからブヒクロサンや日本風俗博覧会および日本人村博覧会貿易会社などのことを聞いたので、上記の記事を書き、日本に送ったのであろう。

また、『郵便報知新聞』の同記事にあるブヒクロサンが月代を剃り、丁髷を結い、日本人の扮装をしているという記述も大変興味深い。

さらに、同記事の「人力車夫、瞽女、按摩、願人坊主等、賤業の者数名を雇入れ」云々の話は、おそらく、ブヒクロサンによるジャパン・エンターテインメント（ジャパニーズ・エンターテインメント）などの興行のことを意味しているのであろう。この部分については、多少矢野の方にも誤解が含まれているかもしれない。

ブヒクロサンと藤田茂吉の対話

注目すべきは、日本人村博覧会貿易会社の社員が日本で「各種の賤業を営む下等人民百名」を雇うためにまもなく日本に向けて出発するという情報である。これによると、矢野が書いた『郵便報知新聞』の記事はブヒクロサンの出発よりも前に送付されたようである。ある意味では、ブヒクロサンは日本人村の〝住民〟を雇うために、『郵便報知新聞』の記事を追いかけるように、一八八四年(明治十七年)八月に横浜に来航したのである。

横浜では、ロットマン・ストローム会社のチャールズ・ストロームが、ブヒクロサンが日本人村の住民を雇用するのを援助した。具体的にいえば、ブヒクロサンとチャールズ・ストロームが日本でロンドン日本人村の〝住民〟を雇用したのである。

すでに述べたように、ロットマン・ストローム会社は、ロンドンと横浜に事務所を持ち、和紙から作られた日本の壁紙や、日本から輸入する様々な装飾品を扱う商社であった。アレキサンダー・ロットマンとチャールズ・ストロームによって経営されており、ロットマンは日本を広く旅行した経験があった。(7) また、ロットマン・ストローム会社は日本人村博覧会貿易会社の株主でもあった。

ブヒクロサンが来日すると、ちょうどその頃に発行された『ジャパン・ガゼット』紙が、ロンドン日本人村の住民雇用のためにブヒクロサンが来日し、横浜のロットマン・ストローム会社を通じて日本人を雇い入れる計画であることなどを報道した。

『ジャパン・ガゼット』は横浜で発行されていた英字新聞で、『ジャパン・ガゼット』が同年七月二十六日付で『郵便報知新聞』が日本風俗博覧会について批判的な記事を掲載したことに言及したので、『ジャパン・ガゼット』を通じて、来日したばかりのブヒクロサンはそのことを知ったようである。

また、ブヒクロサンが横浜のロットマン・ストローム会社を通じて日本人の職人などを雇用するという話は、『ジャパン・ガゼット』の記事を通じて、日本側の新聞にも伝わり、『東京横浜毎日新聞』などでも報道されていた。(8)

『郵便報知新聞』の批判を知ったブヒクロサンは、早速一八八四年（明治十七年）八月十八日に郵便報知新聞の本社に同紙の主筆である藤田茂吉を訪問し、『郵便報知新聞』の記事の中に誤聞などがあることを抗議するため藤田との対話を申し入れた。その対話の内容は八月二十日および八月二十一日付の『郵便報知新聞』に掲載された。(9)

また、『郵便報知新聞』は八月二十日付で藤田が執筆したと思われる日本風俗博覧会についての社説を掲げた。(10) その社説の趣旨は、海外で外国人が射利を目的として日本人の地位を軽んずるような事業には、『郵便報知新聞』は断固反対し、さらに現在計画されているロンドン日本人村の事業は「日本村落ノ風況ヲ写シ、賤民ヲ集メテ、其習俗ヲ欧人ノ観覧ニ供スル趣工ナル旨」というので、その事業についても憂慮を表明するというものであった。

ただ、藤田たちは、日本の家屋を造りその中で日本の美術・工芸品などの制作現場を見せるという、ベルリンなどで計画されている技術博覧会などには反対していない。

『郵便報知新聞』に掲載されたブヒクロサンと藤田との対話は、ブヒクロサンが、ロンドン日本人村の事業は「上等の人物にて技術に長ぜる人を択び、日本の技術を其の儘に欧羅巴人に示して、其の品物を製造する様を示し、直ちに販売するの見込にて、決して卑しき人を伴ふて、賤しき技を為さしむるにあらず」と説明したのに対し、藤田はロンドン日本人村（日本風俗博覧会）で日本の公益が損なわれるのを心配しており、ブヒクロサンが主張するのが本当かどうかは、ブヒクロサンが実際にどのような人たちを雇い入れるのかで判断すると結んでいる。

要するに、藤田はブヒクロサンの言明を完全に信用していた訳ではなかった。ただ、藤田はブヒクロサンの言い分もきちんと聞いてはいた。

このブヒクロサンと藤田との対話の記録で興味深いのは、ブヒクロサンがロンドン日本人村の事業がけっして日本の利益に反しないことを説明するために自分と自分の家族のことを持ち出したことである。ブヒクロサンは彼自身と彼の家族を次のように説明している。

> 余は日本の婦人を妻に娶れり、婚姻の時には日本の僧と欧羅巴の宗教師と立ち合ふて厳格の儀式を済ましたり。現に八人の子供あり。されば、余の妻は即ち日本人にして、余と妻との間に設けたる子供は、即ち日本人にも異ならざるの縁故あり。余は本国に於て、学校寺院其外貧院病院等に寄附金をなすにも、皆日本人の名を以てせり。(11)

以上のように、ブヒクロサンは自分がきちんとした方式で日本人の女と結婚しており、二人の間には子供が八人あり、また、彼が学校、病院などに寄付をする場合、日本人の名前でしているという。そして、妻子と一緒に撮った家族の写真を藤田に見せている。

たしかに、ブヒクロサンは自分の軽業見世物一座を興行した時、たびたび学校、病院、貧民収容施設などの慈善事業へ寄付をしたり、また恵まれない子供たちを無料で自分の一座に招待したこともあった。それが興行にとって有利な宣伝になるという面もあったかもしれないが、ブヒクロサンが実際に慈善活動に熱心であったのは事実である。

日本人村参加者雇用をめぐる争い

ブヒクロサンと藤田茂吉との対話の後に繰り広げられた、ブヒクロサンとロットマン・ストローム会社によるロンドン日本人村参加者の雇用の動きと、それを阻止しようとする外務省や神奈川県などの動きについては、外務省外交史料館所蔵の史料（「英国倫敦府ニ於テ開場日本村落風俗博覧会へ本邦人民被雇一件」）や、倉田喜弘著『一八八五年ロンドン日本人村』[12]などに詳しく記載されているように、特にロンドンに出かけようとするロンドン日本人村参加者の旅券発行などの問題で紛糾した。

明治十七年（一八八四年）九月十日付で、神奈川県令沖守固から、外務卿井上馨宛に出された「我国賤民ノ海外へ密行差止方ニ付伺」によると、次のようなことが判明する。

ブヒクロサンとロットマン・ストローム会社は「各種業体之者ヲ雇入」るため、横浜在住の沼島治郎兵衛に周旋を依頼した。沖守固はブヒクロサンたちが「下賤之職工遊芸人等ヲ雇入ントスル様子」なので、結局ロンドン日本人村の事業は本邦の「醜体」を海外に示すことになると判断していた。二十五名の「下賤ノ職工、画工、若シクハ僧、芸妓等何レモ下等ノ者」が、ロンドン日本人村に参加するため旅券を申請したので、沖は参加を断念するように説得したが、数名しか承伏しなかった。そこで、沖がそれらの連中の旅券の願書を却下したところ、チャールズ・ストロームとブヒクロサンが沖を訪問して、改めてその連中の旅券下付を請願した。

沖がその依頼を断ったので、ブヒクロサンたちは旅券なしに密行する可能性を沖に示唆した。それに対して、沖の方は行政処分によってそれらの参加者の出国を阻止するつもりであるが、それについて外務卿井上馨に伺いを求めたのである。それが「我国賤民ノ海外へ密行差止方ニ付伺」であった。それに対する井上馨の返事は、旅券なしに密行する場合は不問に付す以外に処置がないというものであった。

以上のように、沖守固をはじめとする日本側（外務省や神奈川県など）は旅券の不給付や行政手段により、ブヒクロサンたちがロンドン日本人村参加者を雇用し、英国に連れ出そうとするのを防ごうとするが、ブヒクロサン側もいろいろな手段を用いて、結局百人近い日本人をロンドンに送り出すことに成功する。

実際には、日本から「老若男女さまざま、士族平民合わせて延べ九十四人が雇われ」てロンドン日本人村に参加した[13]。倉田喜弘著『一八八五年ロンドン日本人村』には、参加者の氏名、年齢、職業、住所などが記載された九十一名のリストが巻末に掲載されている。

日本からロンドン日本人村に雇われた日本人は、大きく二つのグループに分かれて、英国の船舶会社であるP&Oの蒸気船ブリンディジ、およびアンコーナに乗船してロンドンに来航した。

最初のグループは三十五名で、一八八四年十一月二十七日に蒸気船ブリンディジでロンドンに到着した。[14]ブヒクロサンはこのグループに同行していた。ブヒクロサンおよびこのグループの大半はP&Oの蒸気船テヘランで、同年十月三日に横浜を出港し、香港で蒸気船ブリンディジに乗り換えたのである。[15]

第二陣がいつ日本を出発したのかは不明であるが、P&Oの蒸気船アンコーナで一八八四年十二月五日にロンドンに到着した。[16]この第二陣に少なくとも部分的に同行したのは、アレキサンダー・ロットマンである。というのは、蒸気船アンコーナがイタリアのブリンディジという港に停泊していた時、横浜から来たロットマン夫妻がP&Oの蒸気船ロンバルディでイタリアのベネツィアに向かうという船客情報があるからである。[17]

第二陣については、アレキサンダー・ロットマンが日本から〝雇用者(被雇用者)〟を送り出し、自分も妻と一緒に途中まで連中に同行して、ブリンディジからは第二陣の連中と別れてベネツィアに向かったのであろう。

第二陣は、いずれは当時建設中の日本人村で生活する予定になっていたが、十二月十七日にはひとまず仮の宿舎に落ち着き、さらにこの二グループに入っていなかったロンドン日本人村の参加者(住民)も十二月下旬にはロンドンに到着するとのことであった。[18]そこで、一八八四年末までには日本から参加したロンドン日本人村の〝住民〟がなんとか揃ったのである。

当時、外務省によって海外在留本邦人職業別人口調査が実施されており、明治十八年(一八八五年)

十二月三十一日現在の英国在留の日本人の職業別の人数がわかる。それによると、職工六十人（男：四十三人、女：十七人）が報告されている。[19]

この職工六十人については、「職工ノ部ニハ日本村落ノ者ヲ含ム」という但し書きがあり、ロンドン日本人村の住民も外務省の調査に含まれていた。在英国日本領事館がはたしてロンドン日本人村の住民全員を把握していたかどうかは不明である。

第五章　ロンドン日本人村の焼失と再建

開業四ヶ月で二十五万人が来場

すでに記述したように、ロンドン日本人村は一八八五年一月十日にナイツブリッジで開業して、大変人気を博し、四ヶ月で二十五万が入場した。ロンドン領事園田孝吉も二月六日付で外務省にその状況を詳しく報告した。日本人村がいよいよ繁盛し、毎日入場者が四、五千人に上ることに触れた後、園田は次のように述べる。

尤モ当地ノ世評ニ拠レバ、其企行ハ投機ニ出テ、渡来ノ本邦人モ賤民ノ一群ニシテ、我社会ノ現況ヲ示スニ足ルベキモノニ無之義ハ、了解致居候様相見、且今日迄目撃致候処ニテハ、其興行ニ付、醜体ヲ顕シ、御国体ヲ汚損致候行為ト認定不致候。

すなわち、英国の世評によれば、ロンドン日本人村の事業は投機を目的に企てられたもので、日本人村に住む日本人は下等社会の者で、必ずしも現在の日本の状況を代表している訳ではないと理解されていると、園田は報告した。

園田は自分が目撃した範囲では、日本人村の興行が醜態を現し日本の国体を傷つけているとは認定していない旨を、外務省に報告し、同時に英国の新聞記事の切り抜きを送付した。園田の報告によれば、ロンドン日本人村は心配したほど日本の〝醜態〟をさらしているのではなかったのである。

それでは、郵便報知新聞の社長（社友）として英国および欧州に滞在している矢野龍渓は、どのような評価を与えていたのであろうか。矢野が一八八五年（明治十八年）六月三十日付で日本に送付し、同年八月中旬に『郵便報知新聞』に「龍動通信」として掲載された記事によると、次のような点が報告されていた。

矢野の論点は多岐にわたっているが、一応ここでは以下の三点、「衣服」、「婦人」そして「舞踊や芝居などの質の低さ」について、矢野がどのような議論を展開しているのかを簡単に紹介してみたい。

極々取纏め搔撮《かいつまむ》で云えば、男女の衣服与に一寸一通りは繕ひ居り、甚だ見苦しと云ふ迄には至らず。〔中略〕左りとて又我々の目には決して満足とは思はれず。(1)

まず、矢野はロンドン日本人村の住民の衣服について、男女ともに見苦しくはないが、満足できるものではないという。矢野はロンドン日本人村の評価を住民が着ている〝衣服〟で代表させており、見苦しいというまでにはいたらないが、さりとて満足できるものでないという判定を下している。続いて矢野は、婦人については次のように批評する。

男子は左程にも無けれども、四五人の婦人の殊に醜く見ゆれば、気の毒なり。又衣装の如きも、汚穢には無けれども場所、処に不似合なるを着けたるあり。〔中略〕日本村興行の風聞を聞て、英国人抔は殊に日本婦人の身体、骨格、衣服、装飾抔に、物珍しく注意することの有様となれり。然るに、前述の如く、其衣服装飾は疎末にして、其の動作風姿は甚だ見苦しく、音楽と云ひ、舞踏と云ひ、下品野鄙と見へんには、欧洲人は其心中にて、日本と云ふ国の婦人全体、及び日本の総人種を如何に評定すべきやは、之を想像するに難からざるべし。(2)

矢野によると、ヨーロッパでは「婦人を以て国俗、人種の品位を鑑定する一部分」とするという事情を述べ、婦人の評価が国の評価を代表すると述べる。ロンドン日本人村の婦人については、その衣服および装飾が粗末であり、動作や風姿が見苦しいので、日本人の評価を引き下げているという。

そして、矢野は最後にロンドン日本人村で演じられる芸能などの質の低さに言及し、次のように慨嘆する。

日本ならば誰れも見返へりもせぬ拙劣下品の音楽、舞踏、其他の芸抔を、真の日本人の賞翫する高等の者と見做され、欧洲全体に笑草の種とせられ、彼処の芝居や此処の人寄せ場にて真似をせられ、之を以て日本国の真の見本と為られ、日本を鄙野下品の国柄と評定せらるゝを不愉快と思ふのみ。(3)

矢野はロンドン日本人村で演じられる拙劣なる音楽、舞踏、芝居などが、日本の見本と見なされ、日本が野鄙下品な国と評価されるのを大変不愉快であるとしている。

結局、ロンドン公使館の領事園田孝吉や、郵便報知新聞の矢野龍渓などのロンドン日本人村に対する意見は、金儲けのための博覧会で日本人を見世物にするような要素があるが、恐れていた程日本人村が醜態をさらし、国体を汚損する程ではなかった。ただ、日本人村の住民やそこで演じられるものが、到底日本人や日本の文化を代表するようなものではないので、その点が大変不満足であると感じた、ということだったのである。

四ヶ月後に火災で焼失

しかし、多くの話題を集め、人気も高く、大変繁盛していたロンドン日本人村も、開場後たった四ヶ月で災禍に襲われるのである。火事のために一八八五年五月二日（土曜日）に焼失したのである。新聞記事などによると、その五月二日の火事の様子は次のようであった。(4)

日本人村が入っている鉄製のハンフリー・ホールの前に、アルバート・ゲート・マンションズ（ハンフリー・マンションズ）というレンガで建てられた大きな建物があった。それに付設する別館に、〝スパイアーズ・アンド・ポンズ〟という軽食チェーンのレストラン・バーがあったが、その食品置場、または台所から、午前八時二十分頃に出火したのである。

出火については、日本人村で日本人が朝食を料理するために使用した火鉢が原因であるという説もあったが、出火の目撃者がいることから、出火元は火鉢ではなく、〝スパイアーズ・アンド・ポンズ〟であることは確実であった。

最初に日本人村の中で掃除をしていた日本人女性が、火事を見つけて通報した。日本人村に宿泊していた連中も起き出して消火しようとしたが、火勢は強く、結局引き下がらざるをえなかった。

ちょうど日本人村の反対側に近衛連隊のナイツブリッジ兵舎があり、急いでラッパが鳴らされ、近衛兵が駆け付け、日本人が避難したり持物を運び出したりするのを手伝った。そうこうしているうちに、火事は急速に拡大し、ロンドンの消防隊が到着した時には、燃えやすいもので建てられた日本人村はすでに火に包まれていた。

アパートや店舗が入っているアルバート・ゲート・マンションズは耐火構造のはずであったが、火勢が強く、屋根などが燃え始めた。そこで、消防隊が放水したため、水などによる被害が大変大きく、

延焼するロンドン日本人村（*Illustrated London News*, 9 May 1885）

結局、全焼を免れたアルバート・ゲート・マンションズも後には破壊された。

日本人村の被害総額は一万五千ポンドに上ったが、保険は五千ポンド分または七千ポンド分しか掛けていなかった。

宿泊場所を失った日本人村の住民については、女子供などはロンドンのノッティングヒルにオルバニー・ハウスという名称の家を持つアレキサンダー氏が受け入れを申し出た。男たちはナイツブリッジ兵舎にある空家などに分散して泊まることになった。ブヒクロサンも、何人かの住民をロンドン近郊のルイシャムにある自分の家に引き取ることにした。

以上述べたように、ロンドン日本人村の住民はおおむね無事であったが、不幸にも、その中の一人である版木師稲見鹿之助が火事のために死亡した。[5]

ロンドン日本人村が焼失した後早い時期から、ブヒクロサンは再建を新聞などで宣言していたが、実際に同じ場所に、規模を大きくし、防火対策などが施された新しい日本人村が建てられ、開場（開業）したのは、約半年後の一八八五年（明治十八年）十二月二日のことであった。

日本人村焼失後も住民の生活（給料、宿泊など）を保証しなければならない立場にあったブヒクロサンは、ロンドン日本人村と同じような企画（ベルリン日本人村）を持つ主催者（リーベックなど）と連絡を取り、日本人村の住民六十九人を引き連れドイツに渡ることにした。

ブヒクロサンの一行は一八八五年（明治十八年）六月二日にベルリンに到着した。[6] その日本人村の一行には契約した人数の帳尻を合わせるため、ブヒクロサンの妻おたきさんや彼の子供も含まれていたという。[7]

日本人村住民である六十九人の中には、婦人が十五、六名、子供が四、五名含まれ、その職業別内訳は竹細工、塗物師、大工、縫箔、傘張り、彫刻師、絵草紙の画工、陶器師、相撲、俳優、三味線弾き、舞妓、料理人などであった。[8]

ベルリン日本人村は一八八五年（明治十八年）六月十八日に開場し、同年八月十六日に閉場し、さらに同じドイツのミュンヘンでも興行した後、日本人村の連中は同年十月二十二日にロンドンに戻った。[9]

ベルリンなどで興行された日本人村博覧会についても、ロンドンの場合と同じように日本政府側の反対はあった。一方、日本人村興行のためにドイツに出張したブヒクロサンたちにとっては、ドイツでの営業はどうであっただろうか。実は、想像していたよりもブヒクロサンたちにとっては実入りがよかったのである。ドイツ、特にミュンヘンでは日本人村で販売する品物の売上が多く、結局財政的にはドイツでの日本人村巡業は成功したようである。[10]

ブヒクロサン一行がドイツ国内を巡業していた期間にも、ロンドン日本人村の再建は進展していた。たとえば、日本人村が入る新しいハンフリー・ホールの建設は一八八五年九月十五日に始まり、十月の終わりまでに完成する予定で、その中には四十五の日本家屋が入り、そのうち四十軒は二階建てであるという。[11]

また、ドイツ巡業にはブヒクロサンの妻であるおたきさんや子供たちも参加したと記したが、必ずしも彼らはドイツ巡業の全日程に参加していた訳ではないようである。というのは、次に述べるようにアーネスト・ハートが編集長をしている『ブリティッシュ・メディカル・ジャーナル』の記事には、おたきさんまたはブヒクロサンの娘と思われる日本人女性のことが記載されているからである。

前に述べたように、ハートは一八八四年の万国衛生博覧会を契機に、英国で日本美術品や日本の品物を取り扱う商人たちと親しくなったようである。またそれらの商人は同時にブヒクロサンの日本人村博覧会貿易会社の株主でもあった。ロンドンにはセント・メアリーズ病院および同病院医学校があり、ハートはその医学校の学部長をしていた。

一八八五年十月一日に同医学校の卒業生、学生および関係者が集まる晩餐会が開かれた。翌日には談話会があり、病院・医学校の中で各種の美術品・電気器具などが展示された。日本の美術品・品物を扱う商人で、同時に日本人村博覧会貿易会社の株主であるコーネリアス・パレと、ウィリアム・アーサーが、セント・メアリーズ病院および同病院医学校における展示のために日本のホールを準備し、その中に日本の茶室が設けられ、その茶室に鎮座していたのが〝ミス・ブヒクロサン〟であった(12)。

この〝ミス・ブヒクロサン〟はおそらくおたきさんのことであると思われるが、ブヒクロサンの娘の一人である可能性もある。ブヒクロサンとおもとさんの間に生まれた長女や次女は、もう娘といえる年齢に成長していたと思われる。

もし、かりにその日本人女性がブヒクロサンの娘ではなく、妻のおたきさんであるとすると、一八八五年十月二日の時点では、おたきさんはドイツではなくロンドンにいたのである。

〝ミス・ブヒクロサン〟の〝ミス〟という部分に注目すると、ブヒクロサンの娘である可能性も無視することができない。いずれにしても、ブヒクロサンの妻か娘が日本の衣装を着けて、セント・メアリーズ病院の中に作られた日本の茶室に現れたのである。

再建されたロンドン日本人村

さて、ロンドン日本人村の第三期は、再建された日本人村が開業した一八八五（明治十八円）年十二月二日から始まった。ロンドン領事園田孝吉は、再建されたロンドン日本人村の様子を外務大輔（外務次官）青木周蔵に次のように報告した。

日本村落ノ儀ハ、五月初旬焼失後、村民一時独逸へ出張営業致居申候処、更ニ当地ニ於家屋等建造ノ上、本月二日ヨリ再ヒ開場致候。仍テ早速臨観致候処、場内ノ模様モ前回ヨリハ整頓シ別段醜体ヲ顕ハシ、御国ノ美名ヲ汚損スヘキ程ノ事ハ無之様致思考候[13]。

園田によると、場内の様子は前回よりも整頓されていて、再建された日本人村が醜態をさらし、日本の美名を汚すようなことはないだろうとのことであった。

園田の報告では直接言及していないが、再建された日本人村の重要な部分は、実は耐火・防火対策であった。きちんとした対策を施さなければ、ロンドン当局は日本人村の再建を許可しなかったのであろう。耐火・防火対策のためには余分の費用がかかったと思われる。

日本の新聞では、明治十九年（一八八六年）一月三十日付の『時事新報』が、英国の新聞記事に基づいて、再建した日本人村の様子を次のように報道し、再建された日本人村が火災に対する処置をし、またその規模も焼失したものよりも大きなものであることを伝えていた。

此度は場所も広さも前に倍し、建物も総て堅牢なる材料を用ひ、木材其他の可燃質の材料を用ひたる処は、総てシエーナイトと云へる薬を塗り、館内の布置も火災を防ぐを旨としたれば、此度は火事の恐なかるべしと云ふ。又村落は右の館内に在りて、前のよりも余程大仕掛に作り、其間に七條の広き街道を設け、奇麗なる遊歩場数箇所あり。村内の家屋肆店寺社等も前よりは大にして、且つ多く、又場内一箇所の仮庭を出来《しゆつら》ひ、之に日本の田舎風の橋を架け渡し、其下に激湍《はやせ》の奔流する状《さま》を模造したるは、日本の風景の真骨を描出したる思ありと云ふ。又村落の傍に新たに広さ一千五百余人を容るべき劇場を造り、此処にて日本の歌舞を興行し、

さらに、『時事新報』の記事は、日本人村の中の茶店にも言及し、また料理店も開設する予定も披露している。また、新たに日本から七名の新しい村民が加わった(14)。

いずれにしても、再建されたロンドン日本人村は焼失したものよりも規模が大きく、かつ多数の英

国人の観客を招き寄せる工夫がこらされていたのである（口絵16）。

再び開業した日本人村について、開場の約三ヶ月後に発行された英国の『グラフィック』という絵入り週刊新聞では次のように紹介されている。

日本人村はロンドンで最もきれいな場所の一つである。小さな村が火事で廃墟になったことは、決してがっかりすることではなかった。というのは、タナカー・ブヒクロサン氏が規模を拡大・改善して、日本人村を再建したからである。新しい日本人村の最も注目すべき特徴の一つは、快適な広々とした劇場である。通りには店が並び、その店ではあらゆる種類の職人がいろいろな美術工芸品を作っている。一方、通りや出入口では女たちがおしゃべりをしているし、子供たちは家の周りでかくれんぼをしている。頭を坊主頭にした赤ん坊は大変人気がある。一方念入りに髪を結い、小さな下駄で音をたてて歩くお茶をサービスする娘は、大変絵になる姿を見せてくれる。小さなテーブルの一つで、午後のお茶を一杯飲み、それからシェバイヤ〔芝居屋？〕と呼ばれる劇場を訪れるのが、一番はまった見学の仕方である。その劇場（シェバイヤ）ではトミー・ザ・ウルフの妙技は言うに及ばず、相撲、手品、綱渡り、さらに踊りの実演があり、入場者を大変楽しませてくれる。(15)

以上の『グラフィック』の記述からもわかるように、再建された日本人村の新しい目玉はシェバイヤ（芝居屋？）と呼ばれる劇場で、そこではブヒクロサンの軽業見世物一座でおなじみのトミー・ザ・ウルフが妙技を見せ、また相撲、曲芸、舞踊などもその劇場で演じられていた。

再建後の日本人村の入場者数は低迷

日本人村の耐火・防火施設が充実したことが理由であるかもしれないが、英国王室関係者もロンドン日本人村を見学した。一八八六年三月や四月には、コノート公、ベアトリス王女、ヘンリー・バッテンバーク王子、エアバッハ伯爵夫人、エジンバラ公夫人（アルフレッド王子夫人）、アーサー・コノート王子、マーガレット王女などが日本人村を訪問した。[16]

王室関係者が訪問したことからもわかるように、引用した『グラフィック』の記事を含めて、再建されたロンドン日本人村は少なくとも最初の数ヶ月間は順調に興行していたように見える。ただ、焼失する前の日本人村にとって、最盛期は最初の四ヶ月だけであったように、再建された新しいロンドン日本人村がそれなりの人数の観客を集めたのも、どうも最初の数ヶ月ぐらいであったようである。というのは、再建された時にはすでに一八八五年一月に最初に開業した時のようなロンドン日本人村に対する興味や関心は失われており、結局再建後の日本人村は焼失する前のような勢いを完全に取り戻すことはできなかったようである。

さらに間が悪いことに、日本人村に近接するロンドンのサウス・ケンジントンでは、一八八六年五

再建後のロンドン日本人村（1886 年）。午後のお茶の時間。
（*The Graphic*, 13 March 1886）

月四日から十一月十日まで植民地・インド博覧会が開催された。この植民地・インド博覧会は大変人気が高く、総数で約五六〇万人という大量の観客を集めたのである。

どうも、ロンドン日本人村は植民地・インド博覧会が開催された一八八六年五月以降、植民地・インド博覧会に観客を奪われたようである。そのため、ロンドン日本人村の観客数が低迷した。結局、再建されたロンドン日本人村が順調に入場者を集めたのは、最初の数ヶ月ぐらいの期間であったようである。

ロンドン日本人村が一八八六年五月四日から十一月十日まで開催された植民地・インド博覧会に観客を奪われたかもしれないという点について、それを示唆する数字がある。植民地・インド博覧会および同じ場所で開かれた過去の博覧会の入場者数が英国の新聞『タイムズ』に掲載されている。(17)

年	名称	入場者総数	一日あたり入場者
1883	漁業博覧会	2,703,051	18,387
1884	衛生博覧会	4,153,390	27,506
1885	発明博覧会	3,760,581	23,071
1886	植民地インド	5,550,749	33,846

それを表にすると上のようになる。

この表からわかることは、植民地・インド博覧会は過去の博覧会に比べて入場者数が多いということで、その結果、性質が似通っている再建後のロンドン日本人村の観客が奪われた可能性は十分にあり得る。

また、一八八五年五月に焼失した旧ロンドン日本人村の場合、同年に開かれた発明博覧会とは開催時期は全く重なっていなかった。また、発明博覧会の場合、博覧会の性質が日本人村とはかなり異なっていた。さらに、発明博覧会の入場者数も植民地・インド博覧会に比べると少なかった。

植民地・インド博覧会に観客が奪われたことや、日本人村に対する興味や関心が薄れたことなどが影響し、一八八六年後半になると再建されたロンドン日本人村の観客数は低迷し、そのため日本人村の経営が悪化したと思われる。耐火・防火対策を施した新しい日本人村建設にも、相当資金が費やされたと思われるので、それも日本人村の経営を圧迫したと想像することができる。

日本人村博覧会貿易会社からの売却

その結果、一八八七年（明治二十年）一月に、突然新しく設立された日本人村東洋貿易会社（Japanese Village and Oriental Trade Company）がロンドン日本人村を購入し、日本人村を日本からの美術品、骨董品、品物などの中央商業市場（いわゆるマーケット）にするという新聞記事が出た。[18]

日本人村東洋貿易会社は、日本人村を購入するために資本金二万ポンドで新しく設立された会社であった。[19] ロンドン日本人村はブヒクロサンが総支配人・筆頭株主をしている日本人村博覧会貿易会社（Japanese Native Village Exhibition and Trading Company）から、日本人村東洋貿易会社に移管された。簡単にいえば、ブヒクロサンは日本人村を日本人村東洋貿易会社に売却したのである。日本人村の建物、施設、製品などは、新しい会社の所有になったが、被雇用者である日本人村の住民はどうなったのであろうか。

ブヒクロサンは売却したロンドン日本人村から分離して、五十人ほどの旧ロンドン日本人村の住民を引き連れて、英国の各地で〝日本人村〟の巡業をすることにした。また、何人かはブヒクロサンの日本人村の地方巡業とは別に、ロンドン日本人村を離れた。残りの十七、八人のロンドン日本人村の住民は契約の満期解雇の時には帰朝の旅費が支給される保証があるというので、新設の日本人村東洋貿易会社に購入されたロンドン日本人村に残った。[20]

ロンドン日本人村に残った残留組のうち、六、七人は一八八七年六月に解雇され、旅費の支給を受け帰朝した。残りの十一人は同年九月に満期解雇になったが、旅費の支給がなくそのため騒動が発生する。その騒動については後述する。

ロンドン日本人村は、売却された一八八七年（明治二十年）二月以降も数ヶ月間、一応いわゆる〝日本人村〟の営業を続けたようである。もちろん、新しい会社の方針で、日本から輸入された美術品や日本の品物の販売の方に重点は移っていたが、しかし日本の軽業曲芸などの公演も含まれていた。

焼失前の日本人村にも舞台と呼ばれる建物はあったが、前述のように再建された日本人村には目玉としてシェバイヤ（芝居屋？）という大きな劇場が建設された。その劇場は新設の日本人村東洋貿易会社に購入された後、〝日本劇場〟（Theatre Nihon）と改称され、日本関係以外の劇場としても利用された。日本人村は貸し劇場も商売にしたのである。

一八八七年五月三十一日付の『タイムズ』紙に掲載された「日本村」という記事によると、日本人村東洋貿易会社に購入された日本人村は、開業時と同じくらい人気があると報道されている[21]。その新聞報道が伝えるように、ロンドン日本人村は、一応人気があったかもしれないが、いずれにしてももうすでに閉鎖される運命にあったのである。

ロンドン日本人村には、日本人村博覧会貿易会社と日本人村東洋貿易会社が関係していたわけだが、前者である日本人村博覧会貿易会社はすでに一八八七年二月に閉鎖されることが決定しており、清算人にジョン・ジーン（John Geen）が任命された[22]。いろいろと変遷があって、同社が最終的に清算されたのは一八八八年八月二十七日であった[23]。

後者の日本人村東洋貿易会社も一八八七年七月に自発的に閉鎖することが決定し、その清算人にアルバート・チャンプネスが任命された[24]。同社の最終的な清算は一八八八年十二月頃までもつれ込んだようである。[25]

ロンドン日本人村そのものは一八八七年（明治二十年）九月下旬に完全に閉鎖された。すでに同年七月に日本人村の興行は最後の数週間となったという広告が、新聞などに掲載されていた。[26] 実はそのロンドン日本人村の閉鎖には、解雇された日本人村住民の帰国旅費問題が関係していたのである。

日本人村住民の帰国問題

日本人村東洋貿易会社の経営下に入ったロンドン日本人村に残った日本人は、タナカー・ブヒクロサンから、満期解雇時には帰国旅費が支給されると聞かされていたので、安心して引き続き日本人村で働いていた。

しかし、その残留した日本人には帰国旅費が支給されなかったので、騒動が持ち上がった。その騒動については、ロンドン領事園田孝吉が外務次官青木周蔵宛にその事情を詳しく報告している。ここでは、その報告を中心にして、さらに英国の新聞記事などで補充しながらその騒動を概述してみたい。[27]

ロンドン日本人村に居残った日本人のうち、六、七名は、既述したように一八八七年六月に解雇になり、旅費が支給され帰国した。残りの十一名は一八八七年九月下旬に満期解雇になったが、彼らには帰国する旅費が支給されなかった。

そこで、その十一名はブヒクロサンに掛け合い、ブヒクロサンも十一名のために日本人村東洋貿易会社と交渉することを引き受けた。ブヒクロサンの日本人村博覧会貿易会社は、日本人が満期解雇で帰国する場合には必ず旅費を支払うと約束していたからである。

まず、十一名は帰国旅費支出について日本人村東洋貿易会社に問い合わせをしたが、同社は曖昧な回答しかしなかった。そこで、十一名は同年十月二十六日に難民の格好をしてロンドンの警察署に訴え出て、騒ぎが大きくなった。

この問題では、日本人十一名の利益を代表する日本人村博覧会貿易会社のブヒクロサンと、日本人村東洋貿易会社を代表するマーカス・サミュエルが対決することになった。両者の言い分の違いは、日本人村東洋貿易会社が同年七月に閉鎖した後も、旅費支給の義務を果たすべきかどうかという点であった。マーカス・サミュエルを中心とする日本人村東洋貿易会社は、同社閉鎖前には、確かにその義務を果たしていた。一八八七年六月に解雇された日本人には旅費が支給されたのである。

問題は日本人村東洋貿易会社が閉鎖した後の話である。ブヒクロサンによると、サミュエルは個人的に義務を果たすと約束したと主張するが、サミュエル側はブヒクロサンの主張を否定した。しかしながら、結局十一名の直接行動か、またはブヒクロサンの談判のどちらかが功を奏し、十一名の帰国旅費は支給されることになった。

十一名のうち、八名は旅費を支給され一八八八年(明治二十一年)一月に日本に帰国した。残り三名は本人の希望で英国に残ることになった。

以上が帰国旅費支出をめぐる騒動であったが、この騒動で興味深いのは、ブヒクロサンの対決相手が世界有数の石油会社（シェル石油）や銀行（ロイドTSB銀行）の創設者マーカス・サミュエルであった点である。ブヒクロサンは、マーカス・サミュエルという将来の大物と対等に相撲を取っていたのである。

日本人村の残影――細井田之介

序章で述べたように、ロンドンでは、一八九〇年代頃から日本人美術商の活躍が目に付くようになる。そのうちの何人かについては、博物学者南方熊楠のロンドン時代の日記に、熊楠との交友関係が記載されている。その一人が細井田之介《たのすけ》であった。

南方熊楠は一八九二年（明治二十五年）九月に来英し、それから約八年近くロンドンに在住した。彼の日記によると、熊楠は来英の翌年にロンドンで足芸師の美津田滝治郎と親しくなり、その美津田を通じてエジンバラ大学で医学を学ぶことになる福田令寿に会い、その福田令寿のロンドン宅で飯田三郎および細井田之介と知り合いになった。飯田三郎および細井田之介は、共に外国人を妻としてロンドンで日本の美術品販売を商売としていた。ある意味ではお互いにライバルであったかもしれない。飯田三郎は仙台出身で、いつ英国に渡ったのかは不明であるが、一八九五年にロンドンで英国人フローレンス・ウィルキンズと結婚した。一九一一年の英国国勢調査によると、二人の間には三人の息子があった。飯田三郎は後には日本美術商から庭園業に商売替えをしている。彼はロンドンで一九一一年に五十三歳で死去した。

一方、ロンドン日本人村に〝村民〟として参加後、引き続き英国またはヨーロッパに残り、日本美術商として活躍した細井田之介については、次のような事実が判明している。外務省外交史料館所蔵の「英国倫敦府ニ於テ開場日本村落風俗博覧会へ本邦人被雇一件[28]」によると、細井田之介は「越前国福井大和上町三八番地、細井久蔵養子、彫刻師　細井田之介（二十五歳）」と記載されている。細井田之介は福井市（当時は福井町）出身の彫刻師であった。田之介の年齢は明治十八年（一八八五年）当時二十五歳なので、生年は一八六〇年（万延一年）になる。また、細井田之介は細井久蔵の養子で、旧姓は小川である。英語では、田之介が名字として扱われ、「H. O. Tanosuke」、「H. Tanosuke」、「H. Ogawa Tanosuke」などとして表示された。「Hosoi」とか「Ogawa」は名字ではなく、名前として処理された。田之介の妻子の名字も「Hosoi」とか「Ogawa」ではなく、「Tanosuke」であった。

前述したように、熊楠の日記に細井田之介の名前はよく登場するが、特に一八九七年一月から半年ばかりの部分に多い。熊楠が下宿先から大英博物館に出かける途上、頻繁に田之介の店（日本美術品などを売っている店）に立ち寄ったり、また田之介が家族と一緒に暮らしていた家にもしばしば訪れていたことが記載されている。田之介一家はロンドンの西方にあたるチジックと呼ばれる地域に住んでいた。また、熊楠が一八九七年五月にロンドン滞在中の紀州徳川家の世子徳川頼倫、紀州出身で翌年に慶応義塾の塾長になる鎌田栄吉、戦艦富士に乗り組んでいた紀州出身の大佐津田三郎および戦艦富士の乗務員などを歓待した際には、チジックにある細井田之介の家を使っている[29]。田之介の家で牛鍋、すし、さしみなどがふるまわれ、また田之介の娘たちもピアノを演奏して宴会を盛り上げた。熊楠の日記によると、田之介は熊楠にいろいろなことを依頼しているが、その一つが福神漬を作るため野菜を干す作業で、熊楠はその依頼を断っている。[30] もしかすると、細井田之介の日本美術品店では、日本の美術品や骨董品と一緒に福神漬も販売していたのかもしれない。

英国の有名な美術雑誌『Studio』に、一八九六年十月号から三回にわたり、ジョサイア・コンドルによる日本の生花について記事が掲載された。その記事などが追い風となり、一八九七年以降英国でも日本の生花がいろいろと話題になった。そこで、細井田之介も生花に目を付け、一八九八年夏にロンドンで生花の展示および講演をした。それを取り上げた英国の雑誌記事によると、細井田之介の称号は〝田之介教授〟として表示されていた。[31]

田之介の夫人フリーダ・タノスケも日本の美術品の販売などに携わっていた様子で、彼女の名前が英国の商業名鑑に記載されていた。その住所は細井田之介一家が住んでいたロンドンのチジックという地域であった。二十世紀に入ると、田之介は店舗もまた自宅もロンドン西方のチジックから、現在では高級住宅地になるハムステッド地域に移した。

一九〇二年四月にスペンサー・カンプトン・キャヴェンディッシュ（八代デヴォンシャー公）夫妻が、地元であるイーストボーンにある大邸宅で週末に宴会を開いた。デヴォンシャー公は英国の名門貴族政治家で、首相になるように三回要請されたが辞退したといわれている。その宴会には並み居る貴族の紳士淑女が招待されていたが、細井田之介夫妻も招待されており、英国の新聞『オブザーバー』

に二人の名前が記載されていた。[32] 田之介夫妻はどのようにしてデヴォンシャー公のような英国のトップ貴族階級に取り入ることができたのであろうか。日本美術の影響力は大きかったのである。

一九〇九年（明治四十二年）に田之介夫妻は一時日本に帰国したであろうと思われる。中国で発行されていた英字新聞に、六月六日に上海に来航した船客として同夫妻の名前が記載されていた。[33] また、一九一一年四月二日に実施された英国の国勢調査の報告によると、齢五十一歳の田之介は美術商としてロンドンのハムステッドに、妻、娘三人、使用人（女中）それに義理の母（妻フリーダの母親）と一緒に一家を構えていた。一九一一年以後については、妻子の様子は判明しているが、肝心の細井田之介の消息は不明である。彼は妻子と別れて日本に戻ったか死亡したかもしれない。少なくとも英国では死亡していない。おそらく田之介の最期の地は日本であろう。

第六章　ロンドン日本人村の残した影響

『ミカド』などの舞台作品が生まれる

ロンドン日本人村は一八八五年（明治十八年）一月十日に開業し、最終的には一八八七年（明治二十年）九月下旬に閉鎖した。途中約七ヶ月間は、火事で焼失して再建されるまで閉鎖した期間で、正味開業していたのは十四ヶ月弱であった。最後の三ヶ月間は、開業はしていたが、その活動はあまり活発ではなかったと想像する。ロンドン日本人村が最も話題になり大きな影響を与えたのは、開業から一八八五年（明治十八年）五月二日の焼失までの四ヶ月であった。

ロンドン日本人村の影響はいろいろな部門にわたるが、特筆すべきはウィリアム・シュウェンク・ギルバート作、アーサー・サリヴァン作曲による有名なコミック・オペラ『ミカド――またはティティプの町』である（口絵18）。

『ミカド』に似たものとして、ジョン・ローレンス・ツールの『グレート・タイキン――日本のミステリー』や、ハリー・ポールトンによるバーレスク『ジャプス――運命づけられた大名』などがある。いずれも一八八五年一月に開業して盛況を博しロンドン中の話題になっていたロンドン日本人村が、重要な契機になって企画されたものである。

『ミカド』の場合、日本の美術品および日本製品などの輸入による日本ブームに触発されて企画され、その準備はたまたま先行していたロンドン日本人村のプロジェクトに相乗りするようなかたちで進み、ロンドン日本人村が開業し、日本人村が最盛期を迎えている期間に含まれる一八八五年三月十四日にはじめて上演された。

それ以降二年間にわたり、ロンドンでは『ミカド』の公演が続いた。『ミカド』の作曲家サリヴァンが存命中の十九世紀中（一九〇〇年まで）には、全部で千回上演されたという。

一方、ジョン・ローレンス・ツールの『グレート・タイキン』は、ロンドン日本人村との関係は『ミカド』の場合以上に密接で、物語の舞台そのものがロンドン日本人村であり、ツールが演じる主人公のグレート・タイキン（手品師）は、どこかタナカー・ブヒクロサンを多少モデルにしているようなところがある。

もちろん、『グレート・タイキン』は、『ミカド』の成功に誘発されて企画されたものである。公演自体はロンドン日本人村が焼失する一八八五年五月二日の一日か二日前に始まり、その後、約半年ほどロンドンで公演されたようである。

Henry Stephen "Hal" Ludlow というイラストレーターが描いた『ミカド』についてのスケッチ（Lionel Lambourne, *Japonisme: Cultural Crossings between Japan and the West*）

『ジャプス』は一八八五年八月から始まり、一一ヶ所の劇場で二、三ヶ月にわたり公演された。ロンドン日本人村が最初に開業した一八八五年という年に相次いで初演された『ミカド』、『グレート・タイキン』および『ジャプス』という一連の動きを考えるにあたって、それらのコミック・オペラ、ミュージカル、バーレスクなどには、一応前身にあたるものがあったことを忘れてはならない。

実はすでに、一八七八年(明治十一年)に、オックスフォードで『ジャパノレヴェルリー』というミュージカルが上演されていた。日本に関する興味は一八八五年に頂点に達するが、それに行き着く動きはすでに一八七八年頃から始まっていたのである。

リチャード・ドイル・カートはギルバートとサリヴァンのオペラ(いわゆるサヴォイ・オペラ)をサヴォイ劇場などで上演するため設立したドイル・カート会社の創設者であるが、そのカートは『ミカド』について一八八五年八月十八日付の『ニューヨーク・タイムズ』のインタヴューで、次のように話している。

　ご存じのように、『ミカド』は日本に対する熱狂から始まった。ロンドンはいつも何か熱狂にさらされている。去年はそれが遠く離れた日本であった。ギルバートはいつもビジネスに注目しており、現在の状況にすみやかに乗ずることができるようにしている。ロンドンには日本に対する熱狂で一儲けしようと考えていた一人の投資家がいた。その投資家は二百人の日本人と一緒に本当の日本の村を輸入し、ロンドンのすぐ外のナイツブリッジに設置した。おそらく、その日本人

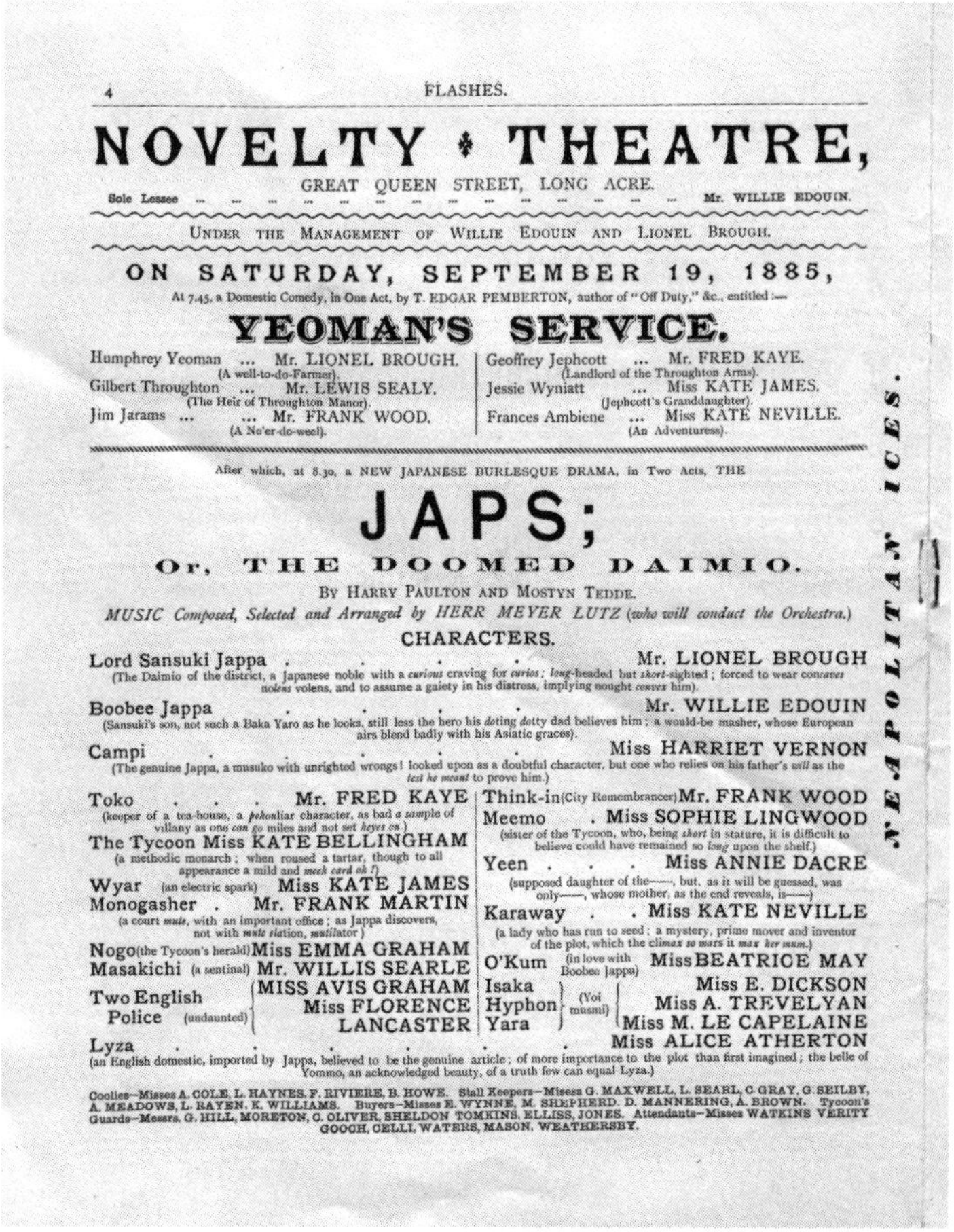
4 FLASHES.

NOVELTY THEATRE,
GREAT QUEEN STREET, LONG ACRE.
Sole Lessee ... ... Mr. WILLIE EDOUIN.

UNDER THE MANAGEMENT OF WILLIE EDOUIN AND LIONEL BROUGH.

ON SATURDAY, SEPTEMBER 19, 1885,
At 7.45, a Domestic Comedy, in One Act, by T. EDGAR PEMBERTON, author of "Off Duty," &c., entitled :—

YEOMAN'S SERVICE.

Humphrey Yeoman ... Mr. LIONEL BROUGH.
(A well-to-do-Farmer).
Gilbert Throughton ... Mr. LEWIS SEALY.
(The Heir of Throughton Manor).
Jim Jarams ... ... Mr. FRANK WOOD.
(A Ne'er-do-weel).
Geoffrey Jephcott ... Mr. FRED KAYE.
(Landlord of the Throughton Arms).
Jessie Wyniatt ... Miss KATE JAMES.
(Jephcott's Granddaughter).
Frances Ambiene ... Miss KATE NEVILLE.
(An Adventuress).

After which, at 8.30, a NEW JAPANESE BURLESQUE DRAMA, in Two Acts, THE

JAPS;
Or, THE DOOMED DAIMIO.
BY HARRY PAULTON AND MOSTYN TEDDE.
MUSIC Composed, Selected and Arranged by HERR MEYER LUTZ (who will conduct the Orchestra.)

CHARACTERS.

Lord Sansuki Jappa . . . . . Mr. LIONEL BROUGH
(The Daimio of the district, a Japanese noble with a *curious* craving for *curios*; *long*-headed but *short*-sighted ; forced to wear *concaves noleus* volens, and to assume a gaiety in his distress, implying nought *convex* him).
Boobee Jappa . . . . . Mr. WILLIE EDOUIN
(Sansuki's son, not such a Baka Yaro as he looks, still less the hero his *doting dotty* dad believes him ; a would-be masher, whose European airs blend badly with his Asiatic graces).
Campi . . . . . Miss HARRIET VERNON
(The genuine Jappa, a musuko with unrighted wrongs! looked upon as a doubtful character, but one who relies on his father's *will* as the *test he meant* to prove him.)
Toko . . . . Mr. FRED KAYE
(keeper of a tea-house, a *pekou*liar character, as bad *a sample* of villany as *one can go* miles and not set *heyes on*.)
The Tycoon Miss KATE BELLINGHAM
(a methodic monarch ; when roused a tartar, though to all appearance a mild and *meek card oh!*)
Wyar (an electric spark) Miss KATE JAMES
Monogasher . Mr. FRANK MARTIN
(a court *mute*, with an important office ; as Jappa discovers, not with *mute elation*, *mutilator*)
Nogo (the Tycoon's herald) Miss EMMA GRAHAM
Masakichi (a sentinal) Mr. WILLIS SEARLE
Two English Police (undaunted) { MISS AVIS GRAHAM / Miss FLORENCE LANCASTER
Think-in (City Remembrancer) Mr. FRANK WOOD
Meemo . Miss SOPHIE LINGWOOD
(sister of the Tycoon, who, being *short* in stature, it is difficult to believe could have remained so *long* upon the shelf.)
Yeen . . . . Miss ANNIE DACRE
(supposed daughter of the——, but, as it will be guessed, was only——, whose mother, as the end reveals, is——)
Karaway . . Miss KATE NEVILLE
(a lady who has run to seed ; a mystery, prime mover and inventor of the plot, which the cli*max so mars* it *max her mum*.)
O'Kum (in love with Boobee Jappa) Miss BEATRICE MAY
Isaka / Hyphon / Yara } (Yoi musmi) { Miss E. DICKSON / Miss A. TREVELYAN / Miss M. LE CAPELAINE
Lyza . . . . . . Miss ALICE ATHERTON
(an English domestic, imported by Jappa, believed to be the genuine article ; of more importance to the plot than first imagined ; the belle of Yommo, an acknowledged beauty, of a truth few can equal Lyza.)

Coolies—Misses A. COLE, L. HAYNES, F. RIVIERE, B. HOWE. Stall Keepers—Misses G. MAXWELL, L. SEARL, C. GRAY, G. SEILBY, A. MEADOWS, L. RAYEN, K. WILLIAMS. Buyers—Misses E. WYNNE, M. SHEPHERD, D. MANNERING, A. BROWN. Tycoon's Guards—Messrs. G. HILL, MORETON, C. OLIVER, SHELDON TOMKINS, ELLISS, JONES. Attendants—Misses WATKINS VERITY GOOCH, CELLI, WATERS, MASON, WEATHERSBY.

NEAPOLITAN ICES.

『ジャプス』のポスター
（ボードリアン図書館ジョン・ジョンソン・
コレクション：London Playbills Kingsway (3)）

村が最近焼失したことは聞いて知っているだろう。その投資家はその日本人村の入場料として、一シリング〔現在の英国通貨で五〇ポンド、日本円で六三〇〇円ぐらい〕を取った。その日本人村の事業は、日本に対する熱狂をさらに盛り上げた。そして、次に『ミカド』が現れ、ロンドンは日本の町になりそうになったのである。ギルバートとその投資家はお互いに都合のよいように振る舞った。二人は、お互いに相手を宣伝し合ったのである。それも、上手に自然と宣伝し合った。ギルバートは『ミカド』が始まる前に日本人村を訪問して、演技指導を頼んだ。日本人村から一人の踊りの師匠と二人の少女が来て、すべてを教えてくれた。そのため、日本人がもじもじする様子や、くすくす笑う方法、その他の同様に微妙であるが、望ましく役に立つものを獲得することができた。すべて運良く運んだのである。(1)

以上のカートの話は『ミカド』とロンドン日本人村、またはブヒクロサンとの関係について、いろいろなことを教えてくれる。

『ミカド』とロンドン日本人村の両方とも、日本ブーム（日本熱）に便乗するように企画され、両者は相互に協力しながら、その日本ブーム（日本熱）をさらにあおり立てたのである。

『ミカド』とロンドン日本人村の関係でよく知られているのは、次の二点であった。一つは、ロンドンで実際に日本人村の催物が行われているナイツブリッジという場所が、コミックオペラ『ミカド』の中に登場する点である。(2) ミカドの息子で、行方不明になっているナンキ・プー（Nanki-Poo）の居場所がナイツブリッジなのである。もちろん、これは『ミカド』の作者であるギルバートの冗談である。

もう一点は、ブヒクロサンや日本人村の住民が『ミカド』の演出に協力したことである。そのことは当時の『ミカド』のパンフレットにも、はっきり記載されている。また、サヴォイ・オペラの監督であったフランシス・セリアーの回想によると、日本人村の取締役（複数）の好意により、一人の日本人の男の舞踊家と、一人の日本人の茶屋の女性が『ミカド』の出演者を演技指導するために派遣されたとのことである。(3) もちろん、ブヒクロサンが『ミカド』の公演のためにサヴォイ・オペラに協力したということができる。

『ミカド』とロンドン日本人村の関連でよく知られているエピソードは、ギルバートの書斎に掛けられていた日本刀が突然落ちて来たので、ギルバートが『ミカド』のアイデアを思い付いたという話である。さらに、ちょうどその時、ロンドン日本人村が開かれていたので、ギルバートはそのロンドン日本人村を訪問し、『ミカド』を書くのに参考にしたという筋書きである。

以上の経過は『ミカド』を題材にした映画などにもよく出てくるシーンである。しかし、そのギルバートのエピソードは時間的な継起を考えると、まったくありえない話で、おそらくギルバートが『ミカド』の話をおもしろくするために、後から付け加えた挿話であろう。(4)

カートのインタヴューが示唆するように、時間的経過からいえば、ロンドン日本人村が開業してから『ミカド』の企画が始まったのではなく、ロンドン日本人村の企画が先行していたとしても、ある

『グレート・タイキン』のポスター

程度は『ミカド』のプロジェクトもロンドン日本人村の準備と平行して進んでいたのである。

ツールの茶番『グレート・タイキン』

〝ジャパンザ〟とも呼ばれる、ジョン・ローレンス・ツールの茶番『グレート・タイキン』は、時期的にも『ミカド』のすぐ後に上演され、題名もミカド（天皇）に対して、タイクン（大君、将軍）なので、『ミカド』の二番煎じのような印象を与えるが、両者は日本ブーム（日本熱）にあやかっている点以外は、それぞれ別物であると考えた方がいいだろう。

　ロンドン日本人村との関係でいえば、『グレート・タイキン』は設定そのものがロンドン日本人村であるので、『グレート・タイキン』とロンドン日本人村との関係はより密接である。さ

ジャパニーズ・トミー
（黒人ミンストレル一座の一員であるトーマス・ディルウォードのこと）

らに、喜劇役者、劇場支配人であるジョン・ローレンス・ツールが演じるガンディという人物は、どこかタナカー・ブヒクロサンを暗示しているような役柄である。

ブヒクロサンが手品師として舞台に立っていたように、ガンディも日本人の偉大な手品師グレート・タイキンを装っていた。また、ブヒクロサンがおもとさんという内妻がありながら、おたきさんという女性と結婚したように、ガンディも既婚者でありながら、キティという女性と結婚しようとするのである。ツールは明らかにタナカー・ブヒクロサンの過去に通暁していたような様子である。

では一体、ジョン・ローレンス・ツールとは、どのような人物であったのであろうか。彼は一八七〇年代から一八九〇年代にかけて英国の演劇界ではヘンリー・アーヴィングと並ぶ二大看板であり、一九世紀後半の英国では一番人気があった役者である(5)。

さらに、ツールについて興味深いのは、一八六七年七月にロンドンのクリスタル・パレスで、王室関係者や有名人などを招いて演劇人が饗応した祭典〝ドラマティック・カレッジ・フィート〟で、ツールが上演した茶番である。その〝ツールの日本一座〟という茶番は、当日の最高の出し物であるという評判を取った。

その〝ツールの日本一座〟では、司会であるツールがまず英国人の役者が演じているタイクン（将軍）と、タイクンネス（将軍夫人）の二人を紹介し、次にジャパニーズ・トミーが現在の気持ちを日本語で表現するというお笑いで始まった(6)。

ジャパニーズ・トミーというのは、黒人ミンストレル一座の一員であるトーマス・ディルウォード（黒人のこびと）の芸名であった。もちろん、ジャパニーズ・トミーは日本語をしゃべることはできなかったし、また観客のだれも日本語が理解できなかったので、ジャパニーズ・トミー（トーマス・ディルウォード）が何をしゃべっても大きな笑いを呼んだのであろう。

第七章　軽業興行の変遷とブヒクロサンの最期

再び地方巡業へ

タナカー・ブヒクロサンは、一八八七年（明治二十年）一月に、ロンドン日本人村を売却したわけだが、その後はどんな足どりを辿ったのであろうか。先述の通り、ブヒクロサンは旧日本人村の住民五十名あまりを引き連れて、日本人村の地方巡業に出かけると宣言したが、実際に地方巡業の日本人村が開業したのは同年夏のことであった。

イングランドの北部（英国の中央部）にあるブラッドフォードと、ブラックプールの二ヶ所で、二つの日本人村が開業した。(1) ブラッドフォードは工業都市で、日本人村が開催されたのはその郊外のサルテアという場所であった。ブラックプールはイングランド北部の有名なリゾート地である。日本人村の住民は、二十三名がブラッドフォード、二十名がブラックプールにそれぞれ分散した。

ブヒクロサンの日本人村は一八八七年秋から冬にかけてはブラッドフォードとブラックプールからリヴァプールに移動した様子で、[2] 旧日本人村十一名の帰国旅費問題でブヒクロサンがマーカス・サミュエルと対決した時には、彼はリヴァプールからロンドンにはせ参じている。そのリヴァプールの日本人村には〝日本人の村民〟が五十名いたという。[3]

翌一八八八年の春には、ブヒクロサンの日本人村は北イングランドのノッティンガムに移動した。[4] 続いて、ブヒクロサンは同年六月にベルギーの首都ブリュッセルで開かれた国際博覧会でも、規模の小さな日本人村を開業した。

ブリュッセルの日本人村は夏で終了したらしく、一八八八年九月以降から十一月頃までは、ブヒクロサンは英国のドーヴァー近辺のフォークストン、ターンブリッジ・ウェルズ、ヘイスティングなどの町で、日本人村の巡業を行った。[5]

一応、ここではブヒクロサンの地方における興行を〝日本人村〟の巡業としたが、その興行の実態はブヒクロサンがロンドン日本人村以前に興行していたジャパン・エンターテインメント(ジャパニーズ・エンターテインメント)に非常に近いものになったようである。

要するに、その興行形態は軽業などの見世物、日本の歌や踊り、それに日本手工業品などの販売を加えたものであった。あるいは、職人がその場で手工業品を製造する場面を披露したかもしれない。また、日本からの小物などを販売するなどのいわゆる〝日本のバザール〟の要素も付け加わっていたかもしれない。

実際に英国の業界紙である週刊新聞『イーラ』などに出した広告でも、ブヒクロサンは彼の一座の興行をジャパン・エンターテインメントとか、タナカーの一座と呼んでいた。もちろん、当時ロンドン日本人村はあまりに有名であったので、ブヒクロサンの興行の宣伝には、〝日本人村〟という名前が付されている場合が多かった。しかし、その実態は以前のジャパン・エンターテインメントに近いものに戻ったようである。

いずれにしても、一八八九年（明治二十三年）以降も、タナカー・ブヒクロサンは日本の軽業見世物一座（名称はタナカーの日本の一座とか、ジャパン・エンターテインメント）の興行主・支配人として、自分の一座を引き連れ、英国国内などで巡業を続けたのである。

日本人村以後の日本の軽業見世物興行

ただ、ブヒクロサンが復帰した英国における日本の軽業見世物興行の様子や状況は、一八八五年（明治十八年）のロンドン日本人村開業以前とはかなり異なるものになっていた。

ロンドン日本人村開業以前には、すでに詳しく記述したように、英国における日本の軽業見世物興行はタナカー・ブヒクロサンが牛耳っていたといってもいいだろう。

ところが、ブヒクロサンが自分の配下である芸人たちを引き連れてロンドン日本人村の営業に専心しているうちに、すなわち業界におけるブヒクロサンのコントロールのたががゆるんでいるうちに、英国における日本の軽業見世物興行はかなり様変わりを見せたのである。

典型的な違いは、来英した日本の軽業見世物一座の名称に表れていた。一八八五年のロンドン日本人村以前には、日本人の軽業見世物一座にはほとんど英語の名前が付いていた。典型的には、インペリアル、ドラゴン、タイクン、ミカド、ロイヤルなどの名称を冠した一座が多かった。おそらく、興行主とか支配人が英国人やアメリカ人などの外国人であったので、そのような名前を一座に付けたと思われる。

それがロンドン日本人村以後になると、日本人の名前、それも特に一座の座長とか、中心になる演技者などの名称を付けた日本人の軽業見世物一座が中心になる。たとえば、鳥潟（小三吉）一座、美津田（滝治郎）一座、秋元一座、安藤一座、岡部一座、竹沢一座、福島一座、横浜一座などがその典型である。もちろん、それらの日本人の名前などにインペリアル、ロイヤルなどの英語の名称が付加される場合もあった。

また、小さなグループとか個人の芸人や演技者などの場合にも、直接日本人の名前を出す場合が多くなった。もちろん、その場合でもプリンスなどの英語の名称が付加される場合もあった。たとえば、栗田勝之進（プリンス栗田）、玉本千代吉、丸一兄弟、鏡味仙太郎、水原銀太郎、プリンス米田などがそれにあたるであろう。オーストラリアに出かけた五太夫（鏡味五太夫）なども日本人名のグループに含めてもいいかもしれない。

この傾向は、日本人軽業見世物一座の興行形態に関連する力関係の中で、日本人の座長とか芸人の力が少しずつ増大してきた表れであろう。また、幕末・明治初期には、日本人の芸人たちは言葉もわからず、外国の事情にも疎かったので、外国人の興行主や支配人などに依頼せざるをえなかったが、徐々に外国の公演事情にも通暁し、英語などの外国語を使用してコミュニケーションすることが可能になり、外国人興行主や支配人の枠外に出ることが可能になったのかもしれない。

ある意味では、タナカー・ブヒクロサンは、幕末・明治初期に日本の軽業見世物一座を海外に連れ出して一儲けしようとたくらんだ何人かの外国人の最後の生き残りであった。まさに最後の一人であったといえる。ロンドン日本人村以降、そのような外国人興行主や支配人の役割はもうすでに終了していたのである。

ただブヒクロサンは、他の外国人興行主や支配人などとはかなり異なっている面もあったと思われる。ブヒクロサンの場合、彼は日本人との関係がかなり緊密であり、彼自身も日本の軽業見世物興行をめぐる状況の変化に適応しようとしたので、他の外国人興行主や支配人に比べて、この業界で長く生き延びることができたのであろう。

いずれにしても、英国における日本の軽業見世物興行は一八八五年（明治十八年）のロンドン日本人村騒ぎを一つの契機にして、変化していたのである。もちろん、これらの変化はあくまでも相対的なもので、ロンドン日本人村以後にもドラゴン、インペリアル、ロイヤルなどの英語の名称が付いた日本の軽業見世物一座がまったくなかった訳ではない。

ブヒクロサンの〝偽者〟出現？

もう一つの一八八五年（明治十八年）のロンドン日本人村以後の傾向としては、〝模倣〟の問題がある。もちろん、〝偽者〟とか〝模倣〟は以前からも存在したのであるが、ロンドン日本人村以後それがより目立つようになる傾向があった。

この場合の偽者とか模倣とかの問題は二種類あった。一つはタナカー・ブヒクロサンの偽者または同じような名前をかたる人物が現れた件であり、もう一つは外国人が日本人を装い、日本の軽業・曲芸などを演じるケースである。前者の場合、そのことを偽者とするのは少し酷であるかもしれない。というのは、芸人が単に紛らわしい名前とか、似たような名称を使っただけであるともいえるからだ。

後者の場合は、日本人らしき格好をして日本の軽業・曲芸・手品などを演じる西洋人の芸人が何人か現れたという点で、ある意味では、これは日本の技芸が西洋でも知れ渡って来た証拠になるであろう。ブヒクロサン自身も、最初オーストラリアや英国で日本人を装いながら、日本の手品のまねごとをしていたのである。

タナカー・ブヒクロサンによく似た、または紛らわしい名前の人物が出現するのは、実はロンドン日本人村の騒ぎがあったためであった。ロンドン日本人村を通じてブヒクロサンの名前が英国中に知れ渡ったので、彼の偽者も出現したのである。もし、ブヒクロサンがほとんど無名のままであれば、彼の偽者も現れなかったであろう。

タナカー・ブヒクロサンのタナカー（Tannaker）という名称を使用した人物は、一八八六年六月二十六日付の週刊新聞『イーラ』に「ムッシュウ・タナカー　偉大な日本の驚異、曲芸師、ジャグラー（手品師）、七月五日、十二日は空いているので雇用可能」という広告を出した(6)。この広告に表れるジャグラーというのは、日本語に翻訳すれば軽業師や手品師という意味になる。

この人物はタナカー・ブヒクロサンの名字ではなく、単に名前の部分にあたるタナカーを使用しただけである。また、一八八六年夏といえば、ブヒクロサンは、再建されたロンドン日本人村の事業にまだ専心している時期にあたる。しかし、ブヒクロサンはめざとくその広告を見つけ、早速同年七月三日付の『イーラ』に次のような抗議の広告を出す。

タナカー・ブヒクロサンは、本来の、そして唯一の〝タナカー〟であり、この国にはじめて日本の娯楽をもたらした人物で、過去二十年間にわたり、数個の日本の軽業見世物一座を所有して来た。それらの一座は英国およびヨーロッパ大陸の主要都市で巡業し、日本の演技や娯楽を提供した。そのタナカーは多くの問い合わせに答えるため、友人および一般の人々に、次のことを告知したい。このタナカーは六月二十六日付の『イーラ』で雇用を求める広告を出したエジンバラの人物とは、一切関係がない。また、タナカー・ブヒクロサンはいかなる個人または複数の人物に対しても、タナカーという名前を使用するのを許可したことはない(7)。

ブヒクロサンは過去二十年間、数個の日本の軽業見世物一座の興行主として、英国およびヨーロッパの主要都市を巡業してきたと、まず自分の履歴を誇り、だれもタナカーという名前を使うのを許さないと宣言している。

このブヒクロサンの広告が出た後、そのタナカーをかたった人物は、特にブヒクロサンの脅しに屈したという訳ではないが、早速、タナカー（Tannaker）の綴りを変えるのである。その人物（ムッシュウ・タナカー）は、今度はタナカー（Tannaker）の代わりに、一字（a）を余分に加えて、タナケアー（Tannakear）という名前でやはり同じような雇用広告を出したのである。[8]

もともと、ムッシュウ・タナカーは夫婦で日本の軽業・曲芸の公演をしていたようで、今度の場合はムッシュウ・タナケアーとマダム・タナケアーという夫婦の雇用広告を掲載した。この夫婦はおそらくブヒクロサンに雇われたことがある日本人の芸人夫婦であり、ブヒクロサンとは熟知の間柄にあったと思われる。

さすがのブヒクロサンもタナケアー（Tannakear）に関しては、手も足も出すことができなかった様子で、「ムッシュウ・アンド・マダム・タナケアー」は、一八八九年十一月頃まで『イーラ』などに広告を出していた。[9]

その後も、単独のタナケアー（Tannakear）であるムッシュウ・タナケアーとか、ジュールズ・タナケアーというジャグラー（軽業師・曲芸師）が一八九三年の終わり頃まで活動していた。

タナカー（Tannaker）にしても、ブヒクロサンは、もともとありふれた日本の名字である田中を借りただけであるので、どれだけその名前を独占する権利を持っていたのかは疑わしいところである。

日本人を装う外国人の芸人

外国人（欧米人）が日本人の軽業師、曲芸師、手品師などを装って興行することは、かなり以前から始まっていた。たとえば十九世紀の英国の新聞記事を集めたデータベースなどによると、ネモ（Nemo）という芸人は、〝日本の道化者〟ネモ兄弟、〝日本のジャグラー〟ネモ兄弟、〝日本のジャグラー〟ムッショウ・アンド・マダム・ネモ、〝日本のジャグラー〟ネモ教授、〝日本のジャグラー〟J・T・ネモ教授などの名前で、一八六〇年代半ばから一八八八年頃まで活動していた。

ネモよりも有名だったのは、ダルヴィーニ（D'alvini）である。ダルヴィーニは手先の奇術とバランスをとる曲芸とを最初に組み合わせた一人であった。後者の部分で日本の影響を受けたのであろう。彼の本名はウィリアム・ペッパーコーン（William Peppercorn）で、一八四七年にロンドンで生まれ、一八九一年にシカゴで亡くなった。[10] ダルヴィーニは〝Jap of Japs〟（日本人の中の日本人）と称し、日本の衣装を付けて公演した。

ダルヴィーニはシカゴの新聞のインタビューに答えて、タイクン一座という日本の一座を初めて欧米に紹介したと主張しているが、[11] おそらく彼の作り話であろう。

ダルヴィーニ（"Jap of Japs"）（P.347/No.200 State Library of Victoria, Australia）

また、ダーカロ（Derkaro）一座も日本の一座とか、日本のジャグラーなどとして新聞広告を出していた。ダーカロ一座はダーカロ一家が中心になっていたようである。ダーカロは一八七三年頃から一八九五年頃まで活躍していたようである。

日本人を装った外国人の一座、またはグループで、最も活躍したのは、ザネット（Zanetto）一座またはザネット兄弟であった。ダルヴィーニも有名であったが、どちらかといえば、彼はおもにヨーロッパ大陸とかアメリカで活動した。一方英国で活躍したのはザネットであった。ザネットはイタリア人の名前のように思われるが、英国人のベイル（Bale）兄弟のことであった。ベイル兄弟はジョージ・ベイル、ウィリアム・ベイル、フランク・ベイルの三人のことである。

そのベイル兄弟のザネット一座が活躍するの

が、まさにロンドン日本人村の閉鎖以後（一八八九年以後）のことであった。後年の一八九六年の話であるが、英国のブリストルという都市でザネット一座が公演していた。その時ザネット一座は〝日本〟のジャグラーの一座として売り出していたが、一座の一人はミスター・ザネットまたはミスター・G・B・ザネットと呼ばれていた。

そのミスター・ザネット（ミスター・G・B・ザネット）は、数千人の群衆の前で、ブリストルにある吊り橋の上から落とされたかぶ（蕪菁）を、橋の下で待ち構え、口にくわえていたフォークで受け取る技を披露したという。[12] もちろん、このミスター・G・B・ザネットはジョージ・ベイル（George Bale）（ザネット兄弟の長兄？）のことであった。

一八九〇年代以降に活躍するコロスコ・ベイル（Korosko Bale）一座も、日本のジャグラーとして、広告を出していた。コロスコ・ベイル一座は夫婦とかトリオ（三人）で構成されていたようで、コロスコが夫でベイルが妻であった。その妻であるベイルはおそらくザネット一座のベイル兄弟の関係者であろう。

一八九〇年代後半から活躍するアヴリニス（Avrignys）一座も、日本のジャグラーの一座であると自称している。マジルトン（Majilton）一座も、日本のジャグリングをする芸人であることを売り物にしていた。

女性で〝日本のジャグラー〟として活躍したのは、ミス・ニーナ・ウォーディー（Miss Nina Wardee）で、英国では一八七九年頃から一八八二年頃まで舞台に立っていた。

ザネット兄弟

ザネット一座（絵ハガキの部分）

女装の〝日本のジャグラー〟として活躍したのはミツィ（Mitzi）である。グレート・ミツィ（Great Mitzi）と称したこともあり、ムッシュー・K・ミツィという名前も使用した。

ミツィは日本のジャグラーとか、女性のジャグラーとして宣伝されていたが、彼のポスターには次のような宣伝文句が記載されている。そのポスター[13]には、女装で演技をしている姿と、男装の肖像の両方が含まれている。ただし、女装の姿はあまり日本人らしくない。傘、扇子、それに身につけた衣装が日本人女性を表現しているのであろうか。

ミツィ——女性としての、彼のすばらしい日本のジャグリング（手品・曲芸）と軽業による余興——それは、斬新な体験である。[14]

〝女装の日本のジャグラー〟ミツィは、英国では一八九三年頃から遅くとも一九〇〇年頃まで舞台に立っていた。もしかすると、二十世紀初頭にも活躍していたかもしれない。

先に、一八六七年、六八年頃にオーストラリアで興行したレントンとスミスのグレート・ドラゴン一座の一員である勝次郎が、女装して女綱渡りとして大変な人気を博したことを述べた。もちろん、勝次郎の場合は歌舞伎の女形の伝統を引き継いだもので、〝女装の日本のジャグラー〟ミツィとは関係ないが、しかし日本の軽業見世物の中に何か〝女装〟につながるものがあるのかもしれない。

いずれにしても、十九世紀後半には〝女装の日本のジャグラー〟を含めて、日本人の格好をしたり、

“女装ジャグラー”ミツィのポスター（フランス国立図書館所蔵）

または日本のジャグリングやアクロバットの芸を演技するヨーロッパ人が何人か現れ始めたのである。ある意味では、日本の軽業見世物がそれなりに知れ渡った証拠であろう。

ヨーロッパ人が日本人のふりをする点については、英国ではザネット一座あたりが代表的であり、その時代的な要素をもう少し厳密に検討すれば、相対的な傾向としてやはりロンドン日本人村以降（一八八五年以降）に盛んになるような印象を受ける。日本人を装い、日本のジャグリング（曲芸・手品）をする外国人の芸人が目に付くようになるのは、十九世紀後半以降の中でも最後の四半世紀ではないだろうか。どうしても、日本の軽業見世物一座の興行をめぐる状況は、一八八五年のロンドン日本人村あたりを大まかな区切りとして変化して来たように見えるのである。

ブヒクロサンの娘たち

さて、ここでまた話題をタナカー・ブヒクロサンの一座に戻そう。一八八九年一月の新聞記事によると、同一座の特徴は通常の日本の軽業見世物一座の演技を見せた後に、日本のお土産を配ることであった。[15] そのお土産の種類は屏風、小箱、象牙の扇子、傘、釣り竿、盆などであった。ただ、これらのお土産は、安価なものではなく、ある程度高価なものなので、もしかするとそれらの土産を受け取ることができたのは、入場者全員ではなく、入場する時にくじを引き、そのくじに当たった人だけであったかもしれない。

また、ブヒクロサンの一座の演技の中には剣道も含まれていた。同年末に公演したブヒクロサンの一座についての新聞記事は、その剣道に焦点を当てている。[16] その時の一座は八人で構成されていた。そのうち、少なくとも四人は女性であった。その四人の女性は、まず他の連中と一緒に踊りを踊った。その踊りの後、二組に分かれて剣道の試合をしたのである。もちろん、剣道の面や胴は付けていた。

これらの踊りを踊ったり剣道などをした女性たちは、おそらくブヒクロサンの娘たちであろう。想像するに、ブヒクロサンの一座は妻のおたきさんを含めて、ブヒクロサンの家族を中心とする一座に少しずつ変化したようである。それができたのは、ブヒクロサンが多くの娘（十人？）に恵まれていたからである。

既述したように、タナカー・ブヒクロサンには全部で十四人の子供があった。最初の三人はおもとさんとの間にできた子供で、残りがおたきさんとの間にできた子供であった。その十四人のうち、息子は四人ほどで、残りは全部娘であったようである。

その娘の一人チヨ（三歳半）は、ロンドン近郊のルイシャムにあったブヒクロサンの自宅で一八九一年にモルヒネを誤って飲み死亡した。[17] このチヨがブヒクロサンの十四人の子供のうち、最初に死亡した子供であった。

ブヒクロサンと彼の長女ネリーはモルヒネを飲む習慣があり、そのモルヒネをチヨが誤って飲み、薬物中毒で死んだようである。長女ネリーがモルヒネを使用していたのは、やはり彼女は一座で軽業などをしており、その鎮痛剤としてモルヒネを使っていたのかもしれない。

チヨの死亡を伝える新聞記事で興味深いのは、彼女は鉛筆で日本の文字を書くので、訪問客に鉛筆を削ってくれるように頼み、その鉛筆を使って、床の上で何か日本風の文字を書いたと報道されている点である。これからわかることは、ブヒクロサンの子供たちはかなり日本風に育てられていただろうという点である。

オーストラリアに移住した鏡味五太夫一家の長女ミニーは、両親が日本人であり夫も日本人であったのに、日本語がほとんどできなかったといわれた。ブヒクロサンの娘チヨが日本風の文字を書いたという話は、ミニー・ゴダユーとの比較で大変興味深い。

ブヒクロサンの死

さて、タナカー・ブヒクロサンは長年にわたり興行関係の週刊新聞『イーラ』に投書したり、抗議の広告などを掲載して来た。そのブヒクロサンによる最後の投書が、一八九二年七月二日に発行された『イーラ』に掲載されている。(18)

その投書は同年六月末日付で書かれたもので、日本人の芸人夫婦がある雇用者にだまされたことを報告し、そのだましたインチキ雇用者を糾弾している。

ブヒクロサンによると、その日本人の芸人夫婦は聖霊降臨日の翌日および翌々日(聖霊降臨日は四月にある祝祭日)に英国北東部にあるノースシールズという町で公演をしたが、雇用主は二人の出演料および宿泊費などの経費などを一切支払わずに、その日本人芸人夫婦を放棄したという。

その投書で、ブヒクロサンは悪徳雇用者から芸人を守ることを強く訴えたのである。ブヒクロサンは、日本の軽業見世物一座の興行主・支配人として辣腕をふるったこともあったかもしれないが、彼は彼なりに異国で生活する日本人の芸人たちを保護してきたのであろう。

ブヒクロサンは長年にわたり日本人の家族と一緒に住み、また日本人の芸人などと劇場やテントなどで一緒に働いて来たので、彼の中に自然と日本人に対する共感が湧いていたことは想像に難くない。英国の各地方をそれらの芸人と一緒に巡業し、文字通り寝食を共にしてきたので、日本人の芸人に対する親しみもひとかたならないものがあったのであろう。そこで、困窮した日本人の芸人のために一肌脱ぐこともあったに違いない。一八九二年七月二日に発行された『イーラ』へのブヒクロサンの投書は最後のそのような行為であった。

タナカー・ブヒクロサンは一八九四年（明治二十七年）八月十日にロンドン近郊のルイシャムにある自宅で亡くなった（口絵19）。死亡証明書によると、死因は肝硬変（急性黄疸）であり、享年は五十八歳と推定されている。彼は一八三九年二月二十五日に出生しているので、実際の年齢は五十五歳五ヶ月であった。

また、死亡証明書に記載された名称はタナカー・ベリンガム・ブヒクロサン（Tannaker Bellingham Buhicrosan）であった。死亡証明書にはブヒクロサンの職業は「日本の品物を扱う商人」（Japanese Merchant）と記載されていた。死亡証明書では、彼の職業は日本の軽業見世物一座の興行主・支配人ではなかったのである。

タナカー・ブヒクロサンの妻おたき（おたけ）さんは一九一四年（大正三年）六月二十七日に死亡した。死亡証明書に記載された彼女の名前はタキ・ルース・ブヒクロサン（Taki Ruth Buhicrosan）で、年齢は五十九歳であり、身分は日本の品物を扱う商人タナカー・ブヒクロサンの未亡人と記載されていた。

ブヒクロサンの息子たち

タナカー・ブヒクロサンには同姓同名の長男と次男がいた。二人とも名前はタナカー・ブヒクロサン（Tannaker Buhicrosan）であった。長男はブヒクロサンとおもとさんとの間にできた息子、次男はおたきさんとの間にできた息子であった。

長男が父親と同じ名前を与えられるのはオランダの習慣であったようである。そこで、タナカー・ブヒクロサン（父親）はおもとさんとの間にできた長男にタナカー・ブヒクロサンという名前を与え、またおたきさんとの間にできた最初の息子（次男）にも同じタナカー・ブヒクロサンという名前を与えたのかもしれない。いずれにしても、長男と次男が父親と同じタナカー・ブヒクロサンを名乗ったのである。

次男のタナカー・ブヒクロサンはいろいろな職業（たとえば服地の倉庫管理人？）を経験した。彼は一九一九年、四十三歳の時に二十歳以上若い女性と結婚した。その結婚証明書によると、彼の職業は"Film Renter"となっている。その職業の意味ははっきりしないが、もしかすると映画のフィルムを借りる仕事で、映画館に映画フィルムを供給していたのかもしれない。

また、死亡証明書によると、次男のタナカー・ブヒクロサンは一九四一年にレディングという町の病院で亡くなった。享年六十五歳であった。職業は引退した"Film Renter"の支配人となっていた。この次男がどのような人生をおくったのかは不明であるが、普通に考えてそれなりに通常の幸せな人生をおくったのではないかと想像する。

一方、長男のタナカー・ブヒクロサンは父親や次男などに比べると、比較的恵まれない人生をおくったようである。長男は、父親のタナカー・ブヒクロサンが亡くなってから約五年後の一八九九年六月二十七日に、ロンドンのハマースミスにあるワームウッド・スクラッブという刑務所で、肺結核の喀血により死亡した。享年四十歳であった。彼の職業は技術者と死亡証明書に登録されていた。

長男は詐欺の罪で刑務所に入っていたが、死亡した時にはすでにその犯罪の刑期を終えていたはずである。おそらく想像するに、刑務所を出ても特別に行く場所もなく、またもうすでに肺結核にかかっていたかもしれないので、そのまま刑務所に居続け、その刑務所で息を引き取ったようである。死亡した時にも、彼の家族などはだれも立ち会わず、ただ刑務所の職員が彼の死を看取った。死因である肺結核に冒されたのも、もしすると刑務所での重労働が原因であったかもしれない。

新聞記事などによると、(19) 長男のタナカー・ブヒクロサンは、死亡する三年前に次のような詐欺事件を引き起こしていた。

タナカー・ブヒクロサンは一八九六年十月初旬に、英国南東部の海沿いにあるイーストボーンという町にやって来て、アパートを借りた。彼の職業は鉱山技師で、彼が英国に来た目的は何千という紡錘(糸をつむぐ錘)を自分の兄のために購入することであると家主に説明した。兄は東京に住んでいる裕福な産業家(紡績業者)であると伝えている。

翌日、長男のブヒクロサンは同じイーストボーンにあるチャールズ・ホームズという美術商を訪問した。彼は美術商の支配人に対して、自分は美術品の見本を日本に持ち帰るように委任されており、また、そのための費用はいくら高くなってもかまわないことを伝えた。ブヒクロサンの説明があまりにも上手であったので、美術商の支配人もブヒクロサンをすっかり信用し、ブヒクロサンがかなり高額の品物を自分のアパートに持ち帰るのを許可したのである。

ブヒクロサンは持ち帰った品物の中にあった硬貨で、早速アパート代を支払った。その当時の英国では、骨董品などとして扱われた古い硬貨も通貨として使用することができたのである。

しかし、そんな詐欺はすぐに化けの皮がはがれ、ブヒクロサンは警察に逮捕され、裁判にかけられた。犯人のブヒクロサンが日本人ということで、ロンドンにある日本公使館の一等書記官もその法廷に出席したが、日本公使館では、詐欺の容疑で捕まったブヒクロサンのことはまったく知らなかったという。しかし、他の証人たちの証言から、このブヒクロサンがロンドン日本人村でジャグラーをしていたことや、また同じロンドン日本人村で宣伝の係をしていたことなどが判明した。

また、警察からもたらされた情報により、ブヒクロサンはそれまでにすでに数多くの詐欺を働いていたことも明らかになった。たとえば、彼はイングランドの北部にあるノースアラートンやリーズなどの町や都市、さらに英国南部にある都市サウザンプトンでも同じような詐欺をしていたのである。はっきりいえば、長男のタナカー・ブヒクロサンは詐欺の常習者であったのだ。

そこで、彼は法廷で十八ヶ月間の重労働という判決を受けた。長男は父親に対する反抗か、または母親が継母であることに対するこだわりなどが原因かもしれないが、いずれにしても、小さな時には軽業の稽古を拒否して虐待を受け、それが騒ぎになって新聞に取り上げられたり、また詐欺行為で十八ヶ月間の重労働という刑を受け、最後は刑務所で死亡するなど、父親や他の兄弟姉妹に比べると、比較的恵まれない人生をおくったようである。ただし、詐欺師という点では、幕府から大金を詐取した父親と詐欺の常習者であった長男は、類似した部分を共有していたかもしれない。

終章　日英博覧会余聞——一九一〇年

シェパーズ・ブッシュとアールズ・コート

タナカー・ブヒクロサンの長男（同名のタナカー・ブヒクロサン）は、ロンドンのハマースミスにあるワームウッド・スクラッブという刑務所で一八九九年に死亡した。この刑務所は、現在もワームウッド・スクラッブというオープン・スペース（建物などがない原っぱ）の端に位置している。

そのワームウッド・スクラッブの東南側に、ホワイト・シティと呼ばれる地域があり、さらにホワイト・シティの南側にシェパーズ・ブッシュと呼ばれる地域が続く。広い意味のシェパーズ・ブッシュという地名はホワイト・シティを含む場合もある。

そのホワイト・シティには、二〇一三年三月末まで、英国放送協会（ＢＢＣ）のテレビジョン・センターが置かれていた。ホワイト・シティ（シェパーズ・ブッシュ）にあったＢＢＣの主要な部局や施設は、現在ではロンドンの中心部にある放送会館（Broadcasting House）という場所に移動した。いずれにしても、現在でもシェパーズ・ブッシュとかホワイト・シティといえば、すぐにＢＢＣのテレビジョン・センターのことが頭に浮かぶ地域である。

そのホワイト・シティ（または広い意味のシェパーズ・ブッシュ）では、一九〇八年に仏英博覧会および第四回オリンピック大会、一九〇九年には帝国国際博覧会などが開催された。

それらの博覧会などを組織したのが、ハンガリー生まれのイムレ・キラルフィという人物であった。夏のオリンピック大会は、ロンドンでは一九〇八年、一九四八年、二〇一二年と全部で三回開催された。ロンドンで最初に開かれたオリンピック大会は一九〇八年の第四回オリンピック大会で、その開催場所はホワイト・シティ（シェパーズ・ブッシュ）であった。英国放送協会（ＢＢＣ）のテレビジョン・センターが移って来る以前では、シェパーズ・ブッシュとかホワイト・シティは、博覧会やオリンピックなどで有名な場所だったのである。

そのホワイト・シティ（シェパーズ・ブッシュ）を博覧会の会場として開発したイムレ・キラルフィは、もともと芸人や興行主として活躍していたが、アメリカやロンドンなどで、大規模な博覧会などを開催して一躍有名になった。ロンドンでは、アールズ・コートで開催した博覧会ですでに名声を築いていた。

一九一〇年（明治四十三年）の日英博覧会も、日本政府とキラルフィの会社（シェパーズ・ブッシュ博覧会会社）の協議によって、ホワイト・シティで開催された（**口絵20**）。キラルフィはタナカー・ブヒクロサンと面識はなかったかもしれないが、おそらく一八八五年に開かれたロンドン日本人村が大きな話題になり、たくさんの観客を引き付けたことは、十分承知していたと思われる。

さらに、キラルフィの頭にあったのは、一九〇七年（明治四十年）に、ロンドンのアールズ・コートで開かれた〝日本村（日本人村）〟であった。これは、バルカン諸国博覧会の一部として開かれた展覧会であった。バルカン半島の展覧会だけでは規模が小さいので、それに〝古い日本〟という日本村・日本人村の展覧会（博覧会）が付け加わったのである。

この〝古い日本〟の日本人村博覧会は、規模は縮小したかもしれないが、まさにロンドン日本人村博覧会そのものであった。日本の家屋、店舗、茶店、寺社、舞台などがあり、日本人の職人が実際に仕事をする様子を見せ、出来上がった品物は日本人村の会場で販売された。また、その日本人村の舞台では、日本人の軽業師たちが演技を披露した。

英国の新聞によると[1]、〝古い日本〟の日本人村博覧会は、ペンバートン・ウィラードという人物が組織したもので、彼はタナカー・ブヒクロサンのロンドン日本人村とも因縁がある人物であった。

ペンバートン・ウィラードは一八八六年（明治十九年）および一八八七年（明治二十年）頃、ブヒクロサンのロンドン日本人村にならい、オーストラリア各地で日本人村の興行を行った人物であった。

ブヒクロサンが、ロンドン日本人村で『日本、過去と現在──日本人の風俗と習慣』という冊子を出版したように、ペンバートン・ウィラードも一八八六年に、『日本人の村』という冊子を発行している[2]。

その冊子には、「その日本人村では、日本の男女および子供が日本の衣服を着て住んでおり、毎日美術工芸品を作る様子を披露する」というような意味の副題が付いていた。

いずれにしても、ペンバートン・ウィラードはオーストラリアのタナカー・ブヒクロサンに相当するような人物であった。そのウィラードという人物が、一九〇七年（明治四十年）にロンドンのアールズ・コートで開催したのが、〝古い日本〟（日本人村博覧会）という催しであった。

アールズ・コートの日本人村には、国際的興行師として有名な櫛引弓人がかかわったという説もあるが、(3) おそらく三年後に同じロンドンで開かれた日英博覧会の場合と混同されている可能性が強い。櫛引は一九一〇年の日英博覧会には確実に関係している。

〝見られる側〟から〝見る側〟へ

イムレ・キラルフィは、ブヒクロサンのロンドン日本人村やアールズ・コートの日本人村（一九〇七年）の人気やにぎわいの記憶から、一九一〇年の日英博覧会の余興には、どうしてもいわゆる日本人村タイプの催物が必要であると悟ったに違いない。また、過去に開かれた万国博覧会でも似たような催物があったことも、そうした考えを後押ししたと思われる。

そして、以下の『日英博覧会事務局事務報告』にあるように、一民間会社であるキラルフィのシェパーズ・ブッシュ博覧会会社にとっては、日本人村のような博覧会の余興は経営上必要不可欠なものであった。

『日英博覧会事務局事務報告』も、「博覧会経営方法ハ出品物ノ選択ニ深ク意ヲ用フルト同時ニ、大ニ余興ノ興行ニ力ヲ致スニ至レリ」[4]と記載しているように、一九一〇年の日英博覧会でも、多くの観客を呼び寄せるため、日本の「余興」が重要な課題であったことはきちんと認識されていた。

特に、英国側の主催者としてシェパーズ・ブッシュ博覧会会社を経営するキラルフィにとっては、日本の〝余興〟で多くの観客を動員することは、商業的にも切実な要請であった。日英間の協議の末、結局キラルフィの会社が、その日英博覧会における日本の〝余興〟を担当することになった[5]。

日本の〝余興〟については、キラルフィもまた日本側の日英博覧会事務局も、当然タナカー・ブヒクロサンが興行した一八八五年ロンドン日本人村、さらにはその小規模な模倣である一九〇七年のアールズ・コートの日本人村のことが頭に浮かんでいたと思われる。ある意味では、ブヒクロサンのロンドン日本人村のレガシー（精神的な遺産）はまだ確実に生きていたのである。

あまり大きな騒ぎを引き起こさなかったアールズ・コートの日本人村という前例はあるにしても、日本側（日英博覧会事務局）には、日本人村という形態の見世物が、〝醜態〟をさらし〝御国〟の〝美名〟を汚するのではないかと恐れる〝ロンドン日本人村後遺症〟がまだ残っていたと思われる。

そこで、日本側は、「本邦ノ品位ヲ損スルモノハ一切之ヲ許容セサルコトニ方針を定メ」[6]と、まず日英博覧会の日本の〝余興〟に対して、厳重なる〝規制〟を加えた。この規制を加えることにより、日本側は、残留していた〝ロンドン日本人村後遺症〟を払拭することができたのである。

他方、ロンドン日本人村の繁盛やアールズ・コートの日本人村の人気が記憶に残っているキラルフィは、当然日英博覧会には、〝ロンドン日本人村〟的なものがどうしても必要であると、日本政府に要求したと思われる。日本側もある程度キラルフィ側の要望を認めざるを得なかったので、「而テ同時ニ英国当事者ノ希望ヲ参酌シ」[7]、双方が相談した結果、日本の〝余興〟は、結局次のような形態に落ち着いた。[8]

一　会場内に日本家屋数軒を建築し、その中で日本物品の製作実演をする。
二　日本の田園のパノラマ的模型
三　アイヌ村落
四　台湾原住民の村落
五　独楽曲芸、手品、山雀芸、水芸など
六　活動写真

以上の日英博覧会における日本の〝余興〟は、実質的には一八八五年ロンドン日本人村の興行（日本家屋と村落、日本物品の製作実演、軽業見世物）に、アイヌ村落、台湾原住民の村落、活動写真（映画）が加わったようなものになった。

そして、この日本の〝余興〟について、日本側の代表者におさまったのが、国際興行師としてすでに名声を築いていた櫛引弓人であった。[9] 櫛引は日本の〝余興〟がスムーズに遂行されるのに貢献した。日英博覧会の日本の〝余興〟はもちろん〝上品〟にはなっていたが、ロンドン日本人村における興

日英博覧会の宇治村（*Official Report of the Japan British Exhibition 1910 at the Great White City, Shepherd's Bush, London*）

行の繰り返しのような部分も当然含まれていた。しかし、一八八五年（明治十八年）の日本と、一九一〇年（明治四十三年）の日本の国際的な立場の違いを反映して、その〝余興〟には、大きな〝違い〟が含まれていた。

一八八五年ロンドン日本人村では、〝住民〟である日本人を見る英国人（ヨーロッパ人）などのまなざしは、あたかも非西洋的な植民地の住民を見るものによく似ていた。そのまなざしには、興味本位の〝人間動物園〟的な要素が含まれていた。そしてこの時点では、日本人は〝人間動物園〟において、もっぱら見られる側に入っていた。

この〝人間動物園〟的なものにおける、見る側と見られる側の問題は、それなりにデリケートな問題で、一九〇七年（明治四十年）にロンドンのアールズ・コートで開かれた日本人村でも、日本の職人たちは「見世物同様に扱はるる」ことを第一の理由として、ストライキ騒ぎを起こしかねないような状況が存在した[10]。

アールズ・コートの日本人村に雇われていた職人たちの不満は、当時ロンドンを訪問中だったジャーナリストである杉村楚人冠の著作にも記載されている。しかし、杉村楚人冠によると、その騒ぎの原因の一部が日本人の職人たちの英文の契約書に対する無知であり、またこのアールズ・コートの日本人村を主催した会社側も、騒動が起きそうになったのを察知して日本人の扱いを改善したので、ストライキ騒ぎは大事にならずに済んだようである。

さらに、アールズ・コートの日本人村では、ロンドン日本人村の場合とは異なり、職人たちは日本人村の中に居住していた訳ではなく、別の合宿所のような場所に寝起きしていたようであるので、〝人間動物園〟的な要素は、かなり薄れていたと思われる。

〝人間動物園〟的なものにおける見る側と見られる側の問題に戻ると、一九一〇年（明治四十三年）の日英博覧会では、日本が非西洋国として初めて植民地を獲得した立場を反映して、日本および日本人は、見られる側というよりも、むしろ〝人間動物園〟的なものを組織する側（帝国主義側）に移っていたのである。そのことは日英博覧会の日本の〝余興〟に、台湾の村落やアイヌ村落が含まれていたことで明らかである。

ところが、その台湾の村落やアイヌ村落が問題になったのである。日英博覧会を見学したジャーナリストの長谷川如是閑は、日英博覧会における台湾村およびアイヌ村、特に台湾村の扱いについて、次のような不快感を表明した。

多くの西洋人が動物園か何かに行ったやうに小屋〔台湾の小屋〕を覗いて居る所は些か人道問題にして、西洋人はイザ知らず日本人は決して好んでかゝる興行物を企てまじき事と存じ候。(11)

急速に近代化を実現した日本が、〝一八八五年ロンドン日本人村後遺症〟を払拭し、たとえ、その進歩の成果を日英博覧会で表象することができたとしても、長谷川如是閑が主張するように、日本は決して台湾村やアイヌ村を設定し、その住民を見世物にする〝人間動物園〟的な要素を含む興行物を企てるべきではなかったのである。しかし、日英博覧会には、〝余興〟の一部として台湾原住民村やアイヌ村もあったのみならず、独立した建物として〝日本殖民館〟もあったのである。

開国および急速な近代化の抱え込んだ二面性

日本の近代は開国（幕末）に始まり、明治維新後の大変革（明治時代）を通して急速な近代化を成し遂げ、明治時代の終わりには、帝国主義国家の仲間入りをするまでに至った。日本の場合、開国と明治維新（急激な近代化）は歴史的な必然であり、当時の日本を取り巻く状況によって、開国とゆるやかな改革（または小変革）などの選択肢はあり得なかった。

しかし、仮に開国して欧米諸国などの外国とは交流を開始した後、それに続く近代化（西洋化・資本主義化）が緩慢なものであったとしたら、どのような日本が出現していただろうかと、想像をたくましくしたい誘惑に駆られる。

要するに、あえて極端化すれば、開国はあったが明治維新のなかった日本である。ある意味では、象徴的にそのような日本の歴史的選択肢を体現したかのような人生をおくったのが、異国でロンドン日本人村を含む見世物興行などを組織していたタナカー・ブヒクロサンであった。幕末・明治期に外国で〝日本〟を見せる事業をしていた本書の主人公である。

開国がなかったならばブレックマン（ブヒクロサン）が、幕末の日本で活躍することもなかった。彼が徳川幕府の遣外使節団の通訳として、フランスに出かけることもなかったし、また幕府の大金を詐取することもなかった。

ブヒクロサンの人生には、〝開国〟した日本の存在は重要であった。ただし、明治維新と近代化となると話は違ってくる。ブヒクロサン自身は明治維新の直前に離日し、日本における急激な近代化はほとんど体験していない。また、外国で日本の軽業見世物興行を続けたブヒクロサンにとっては、物珍しさのために外国でもてはやされる〝江戸時代、または幕末の日本〟が〝飯のたね〟であった。彼にとっては、〝古い日本〟が重要であった。彼の商売にとっては、明治維新などはどうでもよかったかもしれない。

明治維新を実感していないブヒクロサンには、一八八五年のロンドン日本人村の興行に対してなぜ明治政府の高官たちがあれほど反対するのかが理解できなかったのであろう。一八八五年のロンドン日本人村は、〝江戸時代または幕末の日本〞、すなわち〝古い日本〞を象徴しており、それに対して明治政府の指導者たちは不満足だったのである。

明治政府の高官が満足することができるのは、〝明治の日本〞が日本側の意図するような形で、英国民の前に披露されること、ある意味では〝新しい日本〞が披露されることであり、それには一九一〇年の日英博覧会の開催まで待たなければならなかった。一九一〇年の日英博覧会では、日清戦争や日露戦争で勝利し、日英同盟を結んだ〝新しい日本〞が、英国民に宣伝されたのである。

明治維新の変革（日本の近代化）が想像以上に急激であった点は、典型的には、明治政府の高官やジャーナリストのだれ一人として、幕末にフランス公使館の書記兼通訳官としてそれなりに活躍したブレックマンと、〝住民〞の日本出国などで問題になっているロンドン日本人村の主催者ブヒクロサンが、同一人物であることに気が付かなかったことに象徴的に表現されている。日本の政体も幕末から明治維新へと大きく変化し、外国との交渉を担当した政府の役人が、幕末と明治時代では大きく断絶していたのである。

日本が明治維新および明治時代を通じて急速に近代化したのはいいとしても、西洋列強を見倣って帝国主義国家になり、植民地を獲得するという歴史的選択肢が、はたして正しいものであったかどうかは疑問に思うところである。

もちろん、それは第二次世界大戦における敗戦を経験した現在から過去を振り返るので、発想することができる意見かもしれない。明治時代の政権の当事者には、それ以外の選択はおそらくなかったのかもしれない。とはいっても、帝国主義国家にならずに日本を近代国家にする道があってもよかったに違いない。

ブヒクロサンが日本の土を初めて踏んだ一八五九年から約半世紀にわたって、ブヒクロサンの生涯と、軽業見世物興行の変遷を通じて、日本と海外との関係をたどってきた。「見られる側」から脱出したいという日本の悲願は、一九一〇年の日英博覧会で一応達成されたが、それはアイヌや台湾という存在を「見られる側」に置くことで実現したとも言える。長谷川如是閑の「西洋人はイザ知らず日本人は決して好んでかゝる興行物を企てまじき事と存じ候」という言葉に、日本の近代化が抱え込んだ二面性を感じ取らずにはいられない。

あとがき

もう十五年ぐらい前の話であるが、ジュディス・ウッド（Judith Wood）という英国人の女性から、彼女の日本人の曾祖父（村上熊太郎）について問い合わせを受けた。彼女の照会は最初ケンブリッジ大学の東洋学部に行き、それからケンブリッジ大学図書館の筆者のところに回されて来たのである。たまたま筆者は『国際結婚第一号——明治人たちの雑婚事始』（講談社選書メチエ、一九九五年）という書籍を出版したことがあり、その本の中で村上熊太郎という人物が明治二十六年にオランダでドイツ人テレザ・ランブエットという女性と結婚したことを記していた。そこで、ウッド女史の問い合わせにも返事をすることができ、またウッド女史と手紙のやり取りも始めた。村上熊太郎の職業は本書の主題である日本の軽業見世物興行の芸人であった。ウッド女史の話によると、彼はロンドン日本人村の村民から転身した細井田之介のように、後には英国で日本美術商などもしていたようである。

その村上熊太郎は、明治二年にトーマス・キングに率いられて香港に向けて日本を出発したロイヤル・タイクン一座の一員であった。キングのタイクン一座が欧州で置き去りにされた事件については、本書の中でも簡単に触れた。その一座の十四人の一行の中には、浪之助（四十五歳）、富士吉（三十八歳）、同妻ふさ（三十八歳）、倅熊吉（十二歳）、次男浅次郎（十一歳）などが含まれていた。年齢は数え年である。その熊吉が村上熊太郎のことであった。熊吉や浅次郎の役割はいわゆる〝高乗〟で、父親が支える梯子や樽などの上で演技をしていたのであろう。

この一行（浪之助一座）は明治六年に日本に帰国して、旅券を返却している。ただし、熊吉の父親富士吉（Foo-Gee Kitchee）は、不幸にも明治四年にロンドンで客死した。倅の熊吉（英語名 Comar Kitchee）は日本にいったん帰国した後、また英国に渡ったようである。彼は英国でハンナ・ストーリ（Hannah Storey）という英国人女性と結婚し、二人の間にはルイーザ（Louisa）、モード（Maud）という娘二人、フレデリック・クマ（Frederick Kuma）という息子が生まれた。最後の〝Frederick Kuma〟または〝Frederick Commer〟がウッド女史の祖父である。

富士吉や熊吉の名前が英国側に記録された時、当時二人には名字がなかったので、「吉」の方が名字扱いになり、妻子を含めて熊吉一家の名字はキッチ（Kitchee）になった。その後、熊吉は名前をコモ・タロウ（Como Tarro）に変え、その名前で軽業見世物芸人として活動していた。そこで、一家の名字もキッチ（Kitchee）からタロー（Tarro）に変わっていた。一八九一年（明治二十四年）の英国の国勢調査報告によると、二十八歳のコモ・タロウが同年齢の妻ハンナ、娘二人、息子一人と一緒にロンドンのウエスト・ハムという場所に住んでいた。

その後、妻ハンナは死亡した様子で、翌一八九二年（明治二十五年）に、熊吉は村上熊太郎の名前で五歳年上のテレザ・ランブエットと結婚した。日本側への届は同年在オランダ公使館を通じて提出された。ウッド女史は村上熊太郎の写真を一枚だけ所持しているが、それは一八九三年（明治二十六年）頃に撮影されたと思われる家族の写真で、髭を生やした村上熊太郎、妻テレザ、娘二人（ルイーザとモード）、息子のフレデリックが写っている。村上熊太郎がいつ死亡したかははっきりしないが、長男フレデリックが結婚した一九二三年よりも前に死去していた。彼は娘の一人を駅で見送った際、心臓麻痺で急死したようである。

たまたまウッド女史のご主人がケンブリッジ大学の卒業生なので、ウッド女史が家族と一緒にケンブリッジを訪問したいということで、筆者はケンブリッジで彼女の家族と会ったことがあった。彼女は多少ラテン系を思わせるような容貌であったが、彼女の娘の代になると、金髪碧眼でもう典型的な英国人の容姿であった。日本人の血が混じっている様子はみじんもなかった。しかし、まだ十代の彼女は高祖父村上熊太郎の話に大変興味を示していた。ただ、筆者はこの時点では内心で、もう村上熊太郎の調査は済んだと思っていた。しかし、実は続きがあったのである。

今回日本の軽業見世物芸人の話を出版することになったので、また村上熊太郎の資料も取り出して調べることにした。村上熊太郎、すなわちコモ・タロウ（Como Tarro）と本書の主人公タナカー・ブヒクロサンがどこかで関係を持っていたのかどうかははっきりしないが、おそらくどこかで接触はあったであろうと想像する。少なくとも、熊吉（村上熊太郎）はブヒクロサンの下で働いていた日本人の軽業見世物芸人とは熟知の間柄であったと思う。やはり、村上熊太郎は来英した日本人軽業芸人とはいろいろな関係を持っていたのであろう。事実、時代的にはブヒクロサンが活躍していた時代よりも少し後の頃にあたるが、熊太郎も日本人の芸人とは深い関係があったことが明らかになったのである。

三年ほど前に『南方熊楠大事典』（勉誠出版）が出版され、筆者も熊楠とロンドンで交友関係を持った軽業師（足芸師）美津田滝治郎の項目を執筆した。その美津田滝治郎のロンドンの家で、熊楠はやはり軽業師として数奇な運命をたどった玉本千代吉と出会っている。筆者はカナダ在住のその玉本千代吉の子孫の方とも電子メールのやり取りをしたことがあったが、玉本千代吉の前半生については、子孫はほとんど何も知らなかった様子である。熊楠は「秘魯国に漂着せる日本人」（『人類学雑誌』）という記事の中で、美津田の二人の養子が「違背して重き家累を生じ」、そのためロンドン在住の美津田が日本に帰国できないという事情に触れている。さらに、熊楠は美津田滝治郎が〝もと〟と「名くる一女（邦人と英婦の間種、芳紀十五六、中々の美人なり）を養ひ、龍動に二三年留まり居」ると記している。実は、熊太郎は美津田滝治郎の養子の一人であり、〝もと〟は彼の娘であった。

一九〇一年（明治三十四年）の英国国勢調査報告には、確かにMitsutaという名字で、Comatro Mitsuta（三十八歳）、Theresa Mitsuta（三十九歳）、Louisa Mitsuta（十六歳）、Maud Mitsuta（十三歳）、Kuma Mitsuta（十一歳）の名前が記載されている。このときComatro（Comataro）は大学病院に入院している様子である。筆者は『南方熊楠大事典』に美津田滝治郎の項目を執筆した時にはまったく気が付いていなかったが、今回本書を上梓することになり、村上熊太郎の資料を調べていて、あらためて美津田と熊太郎の関係がわかったのである。

実は、熊吉（村上熊太郎）および彼の家族（妻子）が足芸師美津田滝治郎の養子になり、Mitsuta姓を名乗っていたのである。熊楠がいう〝もと〟という娘は、熊吉の次女モード（Maud）のことであった。熊太郎が病気か怪我か何かの理由で働けなくなり、親分肌の美津田滝治郎が熊太郎の家族の面倒を見たということかもしれない。熊楠は〝もと〟には会っているので、もしかするとウッド女史の祖父クマ（フレデリック）にも会っていたかもしれない。

その後、熊太郎一家が美津田滝治郎の養子に入った話はどのような結果に終わったのかは不明である。一九一一年（明治四十四年）の英国国勢調査報告には、もうMitsuta姓の人物は一人も含まれていなかった。一方、Murakami姓では、村上熊太郎の妻テレーザと息子クマタロー・フレデリックの二人の名前が記載されている。もちろん、このクマタロー・フレデリック・ムラカミがウッド女史の祖父である。熊太郎の二人の娘は、一九一一年の英国国勢調査報告の時点では結婚して別姓になっていたのかもしれない。また、熊太郎は仕事のため英国を留守にしていて、国勢調査の報告に漏れていたのかもしれない。Mitsuta姓からMurakami姓に戻ったテレーザは、英国で一九三六年に七十八歳で死亡した。その時の彼女の名字はMurakamiであった。

熊吉（村上熊太郎）の最初の妻ハンナ・ストーリは、英国中部（北イングランド）ヨークシャー地方出身であった。そこで思い出したのは、長期労働党政権を築いた英国の元首相トニー・ブレアの父親レオの話である。後に法廷弁護士や大学教員になるレオは、旅芸人の父親と、一緒に駆け落ちしたヨークシャー出身の母親との間にできた子供で、もらい子としてスコットランドの労働者階級の養父母に育てられた人物である。そこで、勝手に想像をふくらませて、ヨークシャーの田舎娘であるハンナが旅芸人の熊吉と一緒に駆け落ちして三人の子供ができたのであろうかと推測してみた。おそらく、二人の間にまったく別の事情があったのであろう。ただ、英国の政治家は想像以上に芸人や日本人と関係があった。たとえば、トニー・ブレアの前の英国の首相はジョン・メージャー（保守党）で、彼はサーカスの空中ブランコ師の息子であった。英国保守党でいえば、ジョン・メージャーの次の次に党首になったのがイアン・ダンカン・スミスで、彼の母方の祖母は北京に住んでいた日本人であった。将来英国国王になるケンブリッジ公ウィリアム王子の妻、キャサリンの母方の先祖の話のように、英国は何でもありの国であり、将来日本人の軽業見世物芸人を先祖に持つ政治家が出て来ても不思議ではない。

本書の主人公タナカー・ブヒクロサンや、このあとがきで言及した村上熊太郎の場合のように、幕末・明治の軽業見世物芸人の身の上話は込み入っており、いろいろな興味を掻き立てる要素に満ちている。名前もいろいろと変わり、人物を確認するのも簡単ではない。しかし、そうであるからいっそう、彼らの物語はおもしろく刺激的である。日本の国際化の先兵として幕末・明治期に海外に出かけ、それなりに興味深い人生をおくった日本人が何人か人知れず埋もれているのである。まだまだ、幕末・明治期に海外に出かけた日本人芸人の話は尽きていないのである。

最後に、今回の出版では、藤原書店の藤原良雄社長および編集部の刈屋琢氏に大変お世話になりました。厚くお礼申し上げます。藤原社長からは学術書の出版事情が大変困難な時に出版のご配慮を、また刈屋氏からは編集の専門家の立場からご協力・ご援助をいただき、大変感謝申し上げます。たまたま、筆者にとっては、本書の刊行が図書館員としての定年退職の時期にあたり、感慨もひとしおです。

二〇一五年七月

小山 騰

ブレックマン／ブヒクロサン関連年譜（1839–1910）

年号	歳	本書関連事項	日本史事項
一八三九（天保10）	0	2月25日、オランダ・アムステルダムで誕生。	
一八五四（安政1）			3月、日米和親条約調印（開国）。
一八五八（安政5）			7月、日米修好通商条約調印。
一八五九（安政6）	20	4月16日、バタヴィアを経由して長崎に来航。 8月、英国の初代駐日総領事ラザフォード・オールコックに英国公使館付き通訳として雇われる。	
一八六〇（万延1）			3月、桜田門外の変。
一八六一（文久1）	22	春頃、フランス公使館の通訳兼書記に就任。	
一八六二（文久2）		5月、ロンドン万博で日本の美術品が展示される。 6月、開市開港延期交渉使節団、ロンドン覚書調印。	9月、生麦事件。
一八六三（文久3）	24	7月、下関事件に関する幕府と仏・英政府との賠償交渉に通訳として陪席。	6月、下関事件。 10月、井土ヶ谷事件。

年号	歳	本書関連事項	日本史事項
一八六四（元治1）	25	横浜鎖港談判使節団の通訳・案内人としてフランスに渡航。父親と再会。この時、ナダールによって写真に撮られる。幕府がフランスから軍艦を購入するため、代金を預かるが、購入が中止されたのちも代金を返還せず着服し（現在にして二四〇〇万円ほど）、問題となる。フランスから帰国後、フランス公使館から解職される。その後、横浜で別のオランダ人とともに、ヨーロッパから小銃を輸入する会社を始める。	9月、四国連合艦隊下関砲撃事件。
一八六五（慶応1）	26	4月、横浜鎖港談判使節団の会計が精算され、負債を認める。8月、小銃の代金の踏み倒しで逮捕され、英国領事館内の監獄に収監される。しかし、収監にかかる費用は原告側が負担しなければならず、原告側がその支払いの継続を拒否したので、ブレックマンは出獄。年末頃までに、海外に逃亡。	
一八六六（慶応2）	27	2月、海外からふたたび横浜に来航、小売・仲介業をする。年末頃（?）、サンフランシスコに渡航。	
一八六七（慶応3）	28	3月、サンフランシスコから横浜に向けて出港し、来日。4月、グレート・ドラゴン一座に同行して横浜を出港し、6月にサンフランシスコに到着、一座は同地で公演。内妻おもとさんも同行。同一座を引き連れて、パナマ、ニューヨークを経て、7月には英国に向けて出港。同一座はアイルランドのダブリン、スコットランドのエジンバラなどで公演。その後、グレート・ドラゴン一座とは袂を分かち、タイクン一座を率いて、セイロン島を経て、11月にオーストラリアのメルボルンに到着。タイクン一座は日本の軽業見世物一座として、オーストラリアで初めて公演。タナカー・ブヒクロサンという名義を使い始める。	11月、大政奉還、王政復古。

一八六八（明治1）	29	ブヒクロサンのタイクン一座はオセアニアでの公演後、年末に英国に向けてオーストラリアを離れる。	1月、鳥羽・伏見の戦。 4月、五箇条の御誓文。 10月、明治と改元。
一八六九（明治2）	30	ブヒクロサンのとタイクン一座は英国に到着、夏頃からイギリス各地で公演。8月にはロンドンで初公演。年末から翌年にかけてアイルランドのダブリンで公演。	7月、版籍奉還。
一八七〇（明治3）	31	4月、ブヒクロサンのタイクン一座はアイルランドのベルファーストで公演。	
一八七一（明治4）	32	ブヒクロサンは2月頃までにタイクン一座だけではなく、グレート・ドラゴン一座も所有。その後もいくつかの日本の軽業見世物一座が彼の支配下に入る。	8月、廃藩置県。 12月、岩倉使節団出発。
一八七二（明治5）	33	12月、岩倉使節団が離英した日、ブヒクロサンは長男虐待事件で罰金刑を受ける。	7月、岩倉使節団が英国到着。
一八七三（明治6）	34	この頃からブヒクロサンは「ジャパン・エンターテインメント」を標榜。軽業・曲芸・手品などだけでなく、日本製の小物をおみやげにしたり、日本風の屋台や売店を設置したバザール的要素を取り入れる。以後、七〇年代後半から八〇年代にかけては、英国各地で興行を続ける。	
一八七七（明治10）	38		2月、西南戦争。
一八七九（明治12）	40	7月、日本人の妻おたきさんと結婚。	
		一八八〇年代前半、英国で日本のバザールが流行。	

年号	歳	本書関連事項	日本史事項
一八八三（明治16）	44	12月末、日本人村博覧会貿易会社が設立される（ブヒクロサンが筆頭株主・総支配人）。	
一八八四（明治17）	45	8月、ロンドン日本人村の〝住民〟を雇うために来日。『郵便報知新聞』の批判記事に抗議するため、主筆の藤田茂吉と対話。 11月、ロンドン日本人村の〝住民〟を引き連れて英国に帰国。	
一八八五（明治18）	46	1月よりロンドンのサウス・ケンジントンで日本人村が開業。興行主はブヒクロサン。4月末までに二十五万人が入場する盛況。 3月、ギルバートとサリヴァンの『ミカド』がロンドンで開演。 5月、火災のため日本人村が焼失。再建までの間、ドイツのベルリン（ここにも日本人村があった）、ミュンヘンなどで興行。 12月、ロンドン日本人村が再建される。規模も拡大され、日本庭園風の風景もつくられる。しかし、火災前よりは人気低迷。	
一八八七（明治20）	48	1月、ロンドン日本人村を日本人村東洋貿易会社に売却。ブヒクロサンは日本人村の旧〝住民〟を引き連れて英国各地で巡業。	
一八八八（明治21）	49	6月、ベルギー・ブリュッセルで巡業。9月以降、英国で巡業。	
一八八九（明治22）	50	英国各地で巡業。	
一八九四（明治27）	55	8月10日、ロンドン近郊ルイシャムの自宅で死亡（肝硬変）。享年五十五。	8月、日清戦争始まる（〜一八九五年）。

一九〇二（明治35）			1月、日英同盟調印。
一九〇四（明治37）			2月、日露戦争始まる（〜一九〇五年）。
一九一〇（明治43）		5月、日英博覧会開催。アイヌ村、台湾村が展示される。	

p. 5.

(18) *The Era*, 2 July 1892. p. 2.

(19) *The Manchester Guardian*, 1 December 1896, p. 9.; *The Morning Post*, 7 November 1896, p. 3.; *The Morning Post*, 30 November 1896, p. 8.

終章　日英博覧会余聞

(1) "Old Japan' at Earl's Court', *The London and China Telegraph*, 6 May 1907. p. 23 (Supplement).

(2) Willard, Pemberton W., *Japanese Village: the Native Village is Peopled by Japanese Men, Women and Children in Native Costume who Daily Illustrate the Art Industries of Japan*, Sydney, 1886.

(3) 鳥谷部陽之助「国際的興行師櫛引弓人」(『歴史読本』第15巻 第6号, 1970年), pp. 243-244.

(4)『日英博覧会事務局事務報告』上巻，農商務省，1912年，p. 866.

(5)『海外博覧会本邦参同史料』第6輯，フジミ書房，1997年，p. 96.

(6)『日英博覧会事務局事務報告』下巻，農商務省，1912年，pp. 866-867.

(7) 同書，p. 867.

(8)『海外博覧会本邦参同史料』第6輯，前掲書，p. 96.

(9)『日英博覧会事務局事務報告』下巻，前掲書，p. 869.

(10) 杉村楚人冠「アールスコートの日本村」(『大英游記——半球周遊』日本評論社，1937年)，pp. 104-111.

(11) 長谷川如是閑「日英博覧会」(『欧米遊覧記』朝日新聞合資会社，1910年)，p. 553.

(33) *The North China Herald*, 12 June 1909, p. 633.

第六章　ロンドン日本人村の残した影響

(1) *New York Times*, 18 August 1885, p. 12.

(2) Gilbert, W.S., *The Mikado or The Town of Titipu*, London, Macmillan and Co., Ltd, 1928, p. 76.

(3) Cellier, François and Cunningham Bridgeman, *Gilbert, Sullivan and D'Oyly Carte: Reminiscences of the Savoy and the Savoyards,* London, Sir Isaac Pitman &Sons, Ltd, 1914. p. 190.

(4) Jones, Brian, 'The Sword That Never Fell', *W.S. Gilbert Society Journal*, Vol.1 No.1, 1985, pp. 22-25.

(5) Read, Michael, 'Toole, John Lawrence (1830-1906)', *Oxford Dictionary of National Biography*, Vol. 55, Oxford, Oxford University Press, 2004, pp. 20-23.

(6) *Liverpool Mercury etc*, 15 July 1867. p. 6.; *Berrow's Worcester Journal*, 20 July 1867. p. 6.

第七章　軽業興行の変遷とブヒクロサンの最期

(1) *The Era*, 16 July 1887. p. 23.

(2) *The Era*, 10 December 1887. p. 22.; *The Era*, 24 December 1887. p. 22.

(3) *The Ladies' Treasury: A Household Magazine*, 1 December 1887. p. 755.

(4) *The Era*, 10 March 1888. p. 19.; *The Era*, 7 April 1888. p. 10.

(5) *The Era*, 8 September 1888. p. 15.; *The Era*, 10 November 1888. p. 19.; *The Era,* 24 November 1888. p. 15.

(6) *The Era*, 26 June 1886. p. 23.

(7) *The Era*, 3 July 1886. p. 22.

(8) *The Era*, 2 October 1886. p. 23.

(9) *The Era,* 2 November 1889. p. 19.

(10) Burlingame, H. J., *Around the World with a Magician and a Juggler*, Chicago, Clyde Publishing Co., 1891. p. 73 and p. 120.

(11) *Ibid.*, pp. 89-90.

(12) *The Bristol Mercury and Daily Post*, 20 February 1896, p. 5.; *The Era*, 22 February 1896, p. 19.

(13) *Mitzi in His Wonderful Japanese Juggling and Acrobatic Rntertainment as a Female a Big Novelty*, Plymouth, Lith Creber, [18??].

(14) *Ibid.*

(15) *The Hampshire Advertiser*, 9 January 1889. p. 2.

(16) *The Era*, 28 December 1889. p. 15.

(17) *The Standard*, 20 November 1891. p. 3.; *The Pall Mall Gazette*, 20 November 1891.

4項6号），前掲書.
(6) *The Times*, 4 June 1885. p. 5.
(7) 倉田喜弘［1983］，前掲書，p. 86.
(8)『東京日日新聞』明治18年8月3日.
(9) 倉田喜弘［1983］，前掲書，pp. 89-93.
(10) *West London Standard*, 10 October 1885. p. 6.
(11) *The London and China Telegraph*, 17 November 1885. p. 18.
(12) *The British Medical Journal*, 10 October 1885. pp. 715-716.
(13)「英国倫敦府ニ於テ開場日本村落風俗博覧会へ本邦人民被雇一件」（3門8類4項6号），前掲書.
(14) 同書.
(15) *The Graphic*, 13 March 1886. p. 4.
(16) *The Star*, 25 March 1886. p. 2.; *The Graphic*, 17 April 1886. p. 12.
(17) *The Times*, 11 November 1886. p. 6.
(18) *Daily News*, 26 January 1887. p. 3.; *The London and China Telegraph*, 28 January 1887. p. 11.; *The Morning Post*, 28 January 1887. p. 9.
(19) *Liverpool Mercury etc,*, 31 January 1887. p. 8.
(20)「英国倫敦府ニ於テ開場日本村落風俗博覧会へ本邦人民被雇一件」（3門8類4項6号），前掲書.
(21) *The Times*, 31 May 1887. p. 8.
(22) *Commercial Gazette*, 23 February 1887. p. 19.
(23) *The Standard*, 28 August 1888. p. 3.; *The London and China Telegraph*, 1 September 1888, p. 10.
(24) *Commercial Gazette*, 20 July 1887, p. 19.; *The County Gentleman: A Sporting Gazette and Agricultural Journal*, 6 August 1887. p. 4.
(25) *Commercial Gazette*, 20 November 1888. p. 20.
(26) *The Sporting Times*, 2 July 1887. p. 4.; *The Era*, 2 July 1887. p. 12.; *The Moring Post*, 7 July 1887. p. 1.
(27)「英国倫敦府ニ於テ開場日本村落風俗博覧会へ本邦人民被雇一件」（3門8類4項6号），前掲書. ; *The Standard*, 27 October 1887. p. 3 & p. 6.; *The London and China Telegraph*, 31 October 1887. pp. 15-16.
(28)「英国倫敦府ニ於テ開場日本村落風俗博覧会へ本邦人民被雇一件」（3門8類4項6号），前掲書.
(29)『南方熊楠日記』2, 八坂書房，1987年，pp. 18-19.
(30) 同書，p. 25.
(31) 'Japanese Flower Arrangement', *Country Life Illustrated*, 30 July 1898, p. 114.
(32) *The Observer,* 13 April 1902, p. 6.

(14) 同書，p. 579.
(15)『朝日新聞』1885年5月3日，p. 2.
(16) *The North-Eastern Daily Gazette*, 29 November 1884, p. 2.

第四章　ロンドン日本人村の経営と“住民”雇用事情

(1) *The London and China Telegraph*, 9 January 1884. pp. 42-43.
(2) 'Japanese Wall Papers and Screens', *The Furniture Gazette*, No.662 (1 April 1885), p. 226.
(3) *Liverpool Mercury* etc., 29 August 1891. p. 7.
(4) 菅靖子「日本の「美術製造品」を取り扱ったイギリス系商社」(『デザイン学研究』Vol.51 No.3, 2004), pp. 12-13.
(5) *The London and China Telegraph*, 30 June 1884, p. 1.
(6)『郵便報知新聞』1884年7月26日.
(7) 'Japanese Wall Papers and Screens', op. cit., p. 226.
(8)『東京横浜毎日新聞』1884年8月22日.
(9)『郵便報知新聞』1884年8月20日 -8月21日.
(10)『郵便報知新聞』1884年8月20日.
(11)『郵便報知新聞』1884年8月21日.
(12) 倉田喜弘［1983］，pp. 24-36.
(13) 倉田喜弘［1983］，前掲書，p. 54.
(14) *The Era*, 29 November 1884. p. 10.; *The London and China Telegraph*, 8 December 1884. p. 15.
(15)「英国倫敦府ニ於テ開場日本村落風俗博覧会へ本邦人民被雇一件」(3門8類4項6号)，前掲書.
(16) *The North-Eastern Daily Gazette*, 5 December 1884. p. 4.; *Manchester Times*, 6 December 1884. p. 5.
(17) *The London and China Telegraph*, 3 December 1884. p. 1.
(18) *The Times*, 20 December 1884. p. 10.
(19) 外務省外交史料館 7門1類5項（海外在留本邦人職業別人口調査 第1巻).

第五章　ロンドン日本人村の焼失と再建

(1)『矢野龍渓資料集』第3巻，大分県教育委員会，1996年，p. 563.
(2) 同書，pp. 563-564.
(3) 同書，pp. 570-571.
(4) *Lloyd's Weekly Newspaper*, 3 May 1885. p. 1.; *The Standard*, 4 May 1885. p. 3.; *John Bull*, 9 May 1885. p. 306.; *The Times*, 15 May 1885. p. 8.
(5)「英国倫敦府ニ於テ開場日本村落風俗博覧会へ本邦人民被雇一件」(3門8類

会ヘ本邦人民被雇一件」(外第三百八十七号).
(6)『朝日新聞』1885年1月29日, p. 3.
(7)「英国倫敦府ニ於テ開場日本村落風俗博覧会ヘ本邦人民被雇一件」(3門8類4項6号), 前掲書.
(8) 英国公文書館 BT31/3271/19257 C442695.
(9) 倉田喜弘『1885年ロンドン日本人村』朝日新聞社, 1983年, p. 77 ;「英国倫敦府ニ於テ開場日本村落風俗博覧会ヘ本邦人民被雇一件」(3門8類4項6号), 前掲書.
(10) 倉田喜弘[1983], 前掲書, p. 82.; *The Morning Post*, 13 April 1885. p. 1.
(11)「英国倫敦府ニ於テ開場日本村落風俗博覧会ヘ本邦人民被雇一件」(3門8類4項6号), 前掲書.
(12)『朝日新聞』1885年4月14日, p. 2.
(13) *The Times*, 12 January 1885. p. 10.
(14) *The Era*, 22 January 1887, p. 3.
(15) Otakesan Buhicrosan, edited by R. Reinagle Barnett, *Japan, Past and Present: the Manners and Customs of the Japanese…*, London, 1885.
(16) *The Times*, 12 January 1885, p. 10.
(17) *The Times*, 21 February 1885, p. 8.

第三章　先行した二つの万国博覧会の影響

(1) Buhicrosan [1885], op. cit., p.iv.
(2) *The Times,* 15 May 1883. p. 6.
(3) *The Times*, 11 May 1883. p. 4.
(4) 平田諭治「1884年ロンドン万国衛生博覧会における日本の教育の紹介」(『筑波大学教育学系論集』27, 2003年), p. 66.
(5) 平田諭治[2003], 前掲論文, p. 67.
(6) *The Leeds Mercury*, 27 September 1884. p. 1.
(7) *Ibid.*, p. 1.
(8) *The Times*, 10 July 1884. p. 6.
(9) *The County Gentleman: Sporting Gazette and Agricultural Journal*, 20 September 1884. p. 1194.
(10) *The Morning Post*, 25 August 1884. p. 6.
(11) *The Times*, 10 July 1884. p. 6.
(12) Ellis, J. and Alfred J. Hipkins,'Tonometrical Observations on Some Existing Non-Harmonic Musical Scales', *Proceedings of the Royal Society of London*, Vol. 37 (1884), pp. 385-386.
(13)『矢野龍渓資料集』第3巻, 大分県教育委員会, 1996年, pp. 504-505.

(28) *The Western Australian*, 8 March 1911. p. 8.; *Kalgoorlie Miner*, 28 March 1911, p. 2.; *Wanganui Chronicle*, 27 April 1922, p. 7.
(29) *The Argus*, 21 August 1916. p. 1.
(30) オーストラリア国立文書館 A659 1940/1/4195（Furusawa, M – Retention of British Nationality）.
(31) オーストラリア国立文書館 MP1103/2, VJF17400.
(32) オーストラリア国立文書館 B78 1957/KAGAMI K.
(33) ブライス町子［1998］，前掲論文，pp. 43-44.
(34) ブライス町子［1998］，前掲論文，p. 43.

第Ⅲ部　「ロンドン日本人村」仕掛け人時代

第一章　日本の美術品および日本製品の流行

(1) 'Landmarks in the History of Civilisation II', *Aunt Judy's Magazine*, No.146, p. 471.
(2) Thomas Cutler, *A Grammar of Japanese Ornament and Design*, London, B.T. Batsford, 1880. p. 1.
(3) 'Japanese Art', *The Standard*, 30 September 1886. p. 2.
(4) 'Spinning in Town', *Myra's Journal of Dress and Fashion*, 1st May 1877（Issue 5）, p. 101.
(5) *Ibid.*,p. 101.
(6) *The Standard*, 2 December 1884. p. 4.
(7) 'A Japanese Bazaar at Hull', *The Leeds Mercury*, 23 April 1881, p. 5.
(8) 'To-day's Japanese Bazaar', *Northern Echo*, 24 October 1882. p. 3.
(9) Harrison, Charles, *Entertainments for Bazaars, Fancy Fairs and Home Circles: how to prepare and arrange them at small cost*, London, Bemrose & Sons, 1887. pp. 84-85.
(10) 'Japanese Bazaar at Bath', *The Bristol Mercury and Daily Post*, 1 December 1882.p. 3.
(11) *The Book of the Japanese Bazaar*, Bath, William Lewis & Son, 1882. p. 14.
(12) "Japanese Village' Bazaar at Cardiff', *Western Mail*, 26 July 1883. p. 3.
(13) 'Japanese Bazaar in Hull', *The Hull Packet and East Riding Times*, 5 October 1883. p. 5.
(14) 'Japanese Fancy Fair at Durham', *Northern Echo*, 30 May 1884. p. 4.

第二章　ロンドン日本人村の開業

(1) *The Newcastle Weekly Courant*, 16 January 1885. p. 2.
(2) *The Times*, 10 January 1885. p. 6.
(3) *The Graphic*, 3 January 1885, p. 3.
(4) *Ibid.*, p. 3.
(5) 外務省外交史料館3門8類4項6号「英国倫敦府ニ於テ開場日本村落風俗博覧

第五章　ゴダユー一座こぼれ話

（1）*The Leeds Mercury*, 29 March 1873. p. 3.; *The Derby Mercury*, 2 April 1873. p. 3.
（2）関口英男「ダラム大学日本人留学生第1号の墓」(『帝京国際文化』第7号, 1994年), pp. 103-104.
（3）*The Bradford Observer*, 1 December 1873. p. 1.
（4）*The Bradford Observer*, 2 December 1873. p. 3.; *The Manchester Guardian*, 24 December 1873. p. 6.
（5）*The Manchester Guardian*, 24 December 1873. p. 6.
（6）英国の出生証明書.
（7）オーストラリア国立文書館 A659 1940/1/4195（Furusawa, M – Retension of British Nationality）.
（8）*The Era*, 22 December 1878. p. 6.
（9）*The Era*, 5 July 1890. p. 19.; *The Era*, 8 November 1890. p. 25.
（10）オーストラリア国立文書館 B78 1957/KAGAMI K.
（11）オーストラリア国立文書館 A659 1940/1/4195（Furusawa, M – Retention of British Nationality）.
（12）Sisson, David C.S., 'Japanese Acrobatic Troupes Touring Australia 1867-1900', *Australasian Drama Studies*, 35（October 1999）.
（13）*The Argus*, 19 December 1891. p. 16.
（14）*The Argus*, 26 December 1891. p. 12.
（15）*Bendigo Advertiser*, 13 February 1892. p. 1.
（16）*Auckland Star*, 21 July 1892. p. 5.
（17）*Ibid.*, p. 5.
（18）*Evening News*, 28 January 1893. p. 2.
（19）*The Sydney Morning Herald*, 12 May 1894. p. 10.
（20）オーストラリア国立文書館 A659 1940/1/4195（Furusawa, M – Retention of British Nationality）; ブライス町子「セント・キルダ墓地に眠る日本人」(『オーストラリアの日本人――一世紀をこえる日本人の足跡』全豪日本クラブ, 1998年), p. 43.; *The Argus*, 20 April 1895, p. 1.
（21）オーストラリア国立文書館 A659 1940/1/4195（Furusawa, M – Retention of British Nationality）; ブライス町子［1998］, 前掲論文, pp. 42-43.
（22）『読売新聞』1897年9月29日, p. 2.
（23）ブライス町子［1998］, 前掲論文, pp. 42-43.
（24）*The Inquirer & Commercial News*, 22 October 1897. p. 15.
（25）Sisson［1999］, op. cit., p. 103.
（26）ブライス町子［1998］, 前掲論文, p. 4.
（27）*The Western Australian*, 11 February 1904. p. 3.

(61) *The Era*, 14 July 1872, p. 14.
(62) *The Morning Post*, 17 December 1872, p. 3.; *The Hampshire Advertiser*, 18 December 1872, p. 4.; *Reynolds's Newspaper*, 22 December 1872, p. 7.
(63) *The Times*, 17 December 1872. p. 5.
(64) *Birmingham Daily Post*, 17 December 1872. p. 8.
(65) *The Era*, 22 December 1872. p. 13.
(66) *The Times*, 17 December 1872. p. 9.
(67) *The Times*, 20 August 1872. p. 4.; *The Belfast News-Letter*, 22 August 1872. p. 4.; *The Ipswich Journal*, 24 August 1872. p. 8.

第四章　「ジャパン・エンターテインメント」へ
(1) *The Era*, 21 September 1873. p. 14.
(2) *The Era*, 24 September 1876. p. 13.
(3) *The Era*, 12 August 1877. p. 13.
(4) *The Huddersfield Daily Chronicle*, 23 March 1877. p. 3.; *The Hampshire Advertiser*, 13 January 1883. p. 8.
(5) *The Hampshire Advertiser*, 13 January 1883. p. 8.
(6) *The Era*, 16 November 1873. p. 15.
(7) *The Era*, 31 December 1881. p. 21.
(8) *Aberdeen Weekly Journal*, 11 October 1877. p. 1.
(9) *Aberdeen Weekly Journal*, 12 October 1877. p. 2.
(10) *The Blackburn Standard and North East Lancashire Advertiser*, 22 January 1876. p. 1.
(11) *The Dundee Courier & Argus and Northern Warder*, 9 November 1883. p. 8.
(12) *The Era*, 22 September 1878. p. 17.
(13) *The Era*, 7 April 1878. p. 17.
(14) *The Era,* 18 February 1877. p. 17.
(15) *The Era*, 7 May 1881. p. 21.
(16) *The Era*, 16 November 1879. p. 17.
(17) *The Era*, 14 May 1881. p. 21.
(18) *The Era*, 30 June 1884. p. 4.
(19) *Commercial Gazette*, 1 July 1870. p. 7.; *Commercial Gazette*, 14 July 1870. p. 15.
(20) *The Era*, 10 March 1872.
(21) *The Hampshire Advertisement and Notices*, 5 December 1877. p. 2.
(22) 英国公文書館 HO 27.181 p. 41.
(23) *The Era*, 20 July 1879. p. 4.
(24) *The Pall Mall Gazette*, 20 November 1891. p. 5.

(27) *The Era*, 15 August 1869, p. 11.
(28) *The Era*, 17 October 1869, p. 15.
(29) *The Ipswich Journal*, 30 October 1869, p. 6.
(30) *The Era*, 6 March 1870, p. 11.
(31) *The Era*, 20 March 1870, p. 12.; *The Dundee Courier & Argus*, 29 March 1870, p. 1.; *Glasgow Herald*, 22 April 1870, p. 6.
(32) *Freeman's Journal and Daily Commercial Advertiser*, 21 December 1869, p. 1.
(33) *The Dundee Courier & Argus*, 30 August 1870, p. 2.
(34) *Freeman's Journal and Daily Commercial Advertiser*, 24 March 1870, p. 1.
(35) *The Belfast News-Letter*, 15 April 1870, p. 1.
(36) *The Belfast News-Letter*, 21 April 1870, p. 3.; *The Belfast News-Letter*, 22 April 1870, p. 3.
(37) *Glasgow Herald*, 22 April 1870, p. 6.
(38) *The Belfast News-Letter*, 21 April 1870, p. 3.
(39) *Glasgow Herald*, 11 May 1870, p. 1.
(40) *The Era*, 15 May 1870, p. 11.; *The Era*, 22 May 1870, p. 11.
(41) *The Era*, 30 October 1870, p. 11.
(42)『郵便報知新聞』明治6年3月（N.43）.
(43) *The Era*, 8 May 1870, p. 6.
(44) *The Morning Post*, 21 July 1870, p. 1.
(45) *The Morning Post*, 5 August 1870, p. 1.
(46) *The Morning Post*, 6 August 1870, p. 1.
(47) *The Morning Post*, 8 October 1870, p. 1.
(48) *The Standard*, 16 November 1870, p. 1.
(49) *The Standard*, 6 January 1871. p. 1.
(50) *The Sheffield & Rotherham Independent*, 27 February 1871, p. 3.
(51) *The Era*, 21 May 1871, p. 5.
(52)『郵便報知新聞』明治6年3月（N.43）.
(53) *The Era*, 19 February 1871, p. 15.; *The Era*, 26 February 1871, p. 14.
(54) *The Era*, 15 August 1869, p. 11.
(55) *The Derby Mercury*, 5 April 1871, p. 1.
(56) *The Derby Mercury*, 31 May 1871, p. 5.; *The Derby Mercury*, 7 June 1871, p. 4.
(57) 倉田喜弘『海外公演事始』東京書籍，1994年，pp. 86-88.; 三原文［2008］，前掲書，pp. 97-98.
(58) *Hampshire Telegraph and Sussex Chronicle*, 21 October 1871, p. 5.
(59) *The Leeds Mercury*, 9 May 1872, p. 3.
(60) *The Graphic*, 6 April 1872, p. 7.

(31) *The South Australian Advertiser*, 23 June 1868, p. 2.
(32) *Otago Witness*, 23 May 1868, p. 12.
(33)「軽業師田中鶴吉——欧米各国の巡業談」(『大阪時事新報』大正元年2月20日付), p. 3.
(34) *The Port Phillip Herald*, 15 November 1867.
(35) *The South Australian Advertiser*, 23 June 1868, p. 2.
(36) *West Coast Times*, 8 June 1868, p. 2.
(37) *The Era*, 15 August 1869, p. 11.

第三章　英国の軽業見世物事情とブヒクロサン

(1) *Daily News*, 11 February 1867, p. 1.; *The Morning Post*, 4 May 1867, p. 1.
(2) *The Times*, 16 April 1867, p. 9.
(3) *Daily News*, 29 April 1867, p. 2.
(4) *Freeman's Journal and Daily Commercial Advertiser*, 9 August 1867, p. 3.
(5) *The Belfast News-Letter*, 28 August 1867, p. 2.
(6) *The Era*, 22 September 1867, p13.
(7) *The Edinburgh Evening Courant*, 24 September 1867, p. 1.
(8) *Birmingham Daily Post*, 25 December 1867, p. 1.
(9) *The Hull Packet and East Riding Times*, 21 February 1868, p. 5.
(10) *The Era*, 12 April 1868, p. 8.
(11) 'The Japanese at the Lyceum Theatre', *The Era*, 3 May 1868, p. 10.
(12) *The Morning Post*, 28 May 1868, p. 5.
(13) *The Era*, 19 July 1868, p. 10.
(14) *The Bradford Observer*, 15 May 1869, p. 4.
(15) *The Morning Post*, 19 July 1869, p. 3.; *The Standard*, 2 August 1869, p. 2.; *The Standard*, 9 August 1869, p. 4.; *The Standard*, 20 August 1869, p. 4.
(16) *The Times*, 2 September 1869, p. 9.
(17) *The Times*, 27 October 1869, p. 9.
(18) *The Times*, 20 December 1869, p. 9.
(19) *The Bristol Mercury*, 1 January 1870, p. 1 & p. 8.
(20) *Hampshire Telegraph and Sussex Chronicle etc.*, 8 January 1870, p. 8.
(21) *The Era*, 20 February 1870, p. 8.
(22) *The Era*, 30 May 1869, p. 12.
(23) *Hampshire Telegraph and Sussex Chronicle etc.*, 3 July 1869, p. 5.
(24) *The Era*, 1 August 1869, p. 8.; *The Era*, 8 August 1869, p. 9.
(25) *The Era*, 15 August 1869, p. 11.
(26) *The Standard*, 13 August 1869, p. 6.

第二章　タナカー・ブヒクロサンの誕生

(1) Sissons, David C. S., 'Japanese Acrobatic Troupes Touring Australia 1867-1900', *Australian Drama Studies,* 35, 1999, p. 84.; *The Argus*, 15 November 1867, p. 4 & p. 8.
(2) *The Port Phillip Herald*, 15 November 1867.
(3) *The Argus*, 15 November 1867. p. 4.
(4) *Le Figaro,* 28 July 1867. p. 4.
(5) *Freeman's Journal and Daily Commercial Advertiser*, 2 August 1867. p. 1.
(6) *The Era*, 29 September 1867. p. 11.
(7) *The Era*, 8 November 1868. p. 6.
(8) 'Dragon Troupe of Japanese', *South Australian Register*, 1 August 1868, p. 2.
(9) *The Argus*, 18 November 1867, p. 8.
(10) *West Coast Times*, 8 June 1868, p. 2.
(11) *The Argus*, 6 October 1868, p. 8.
(12) *The Era*, 31 January 1869, p16.
(13) *The Era*, 30 May 1869, p. 12.
(14) *Hampshire Telegraph and Sussex Chronicle etc.*, 3 July 1869, p. 5.
(15) *The Era*, 1 August 1869, p. 8.; *The Era*, 8 August 1869, p. 9.
(16) 'Strange Death of a Japanese Girl in London', *The Pall Mall Gazette,* 20 November 1891. p. 5.
(17) *The Era*, 2 April 1881, p. 9.
(18) *The Era*, 22 December 1872, p13.
(19) *The Argus*, 18 November 1867, p. 8.
(20) *The Era*, 29 September 1867, p. 11.
(21) *The Argus*, 19 November 1867, p. 5.
(22) *The South Australian Advertiser*, 30 June 1868, p. 2.
(23) *West Coast Times*, 8 June 1868, p. 2.
(24) *The South Australian Advertiser*, 23 June 1868.; *West Coast Times*, 2 June 1868. p. 2.
(25) *Daily Alta California*, 11 June 1867, p. 1. この記事にある「Mr. W」はジョージ・ウォレスのことであろう.
(26) *West Coast Times*, 8 June 1868, p. 2.; *The South Australian Advertiser*, 8 July 1868, p. 2.
(27) *Evening Post*, 6 May 1868, p. 3.
(28) *The Era*, 29 August 1869, p. 8.
(29) 外務省外交史料館3門8類5項66号「海外行人名表」(旧政府ノ節免状申受者姓名調).
(30) *Mount Alexander Mail*, 5 September 1868.

(14)「蘭人ブレッキマン逋債一件1」前掲書，p. 648.
(15)「蘭人ブレッキマン逋債一件2」前掲書，p. 672.
(16) ムースハルト［1995］，前掲書，p. 242.
(17) *The Japan Times,* 9 February 1866, p. 1.
(18) 澤護［1998］，前掲書，p. 38.
(19) *The Daily Japan Herald*, 5 April 1867.
(20) *Daily Alta California*, 1 March 1867, p. 1.; *Sacramento Daily Union*, 2 March 1867, p. 2.
(21) *Daily Alta California*, 3 February 1867, p. 2.
(22) 三原文『日本人登場——西洋劇場で演じられた江戸の見世物』松柏社，2008年，p. 140.

第II部　軽業見世物興行師時代

第一章　ブレックマンとドラゴン一座

(1) 三原文［2008］，前掲書，p. 39.; ジェラルド・グローマー「海外に渡った幕末期の最初の曲芸団をめぐって」(『東京都江戸東京博物館研究報告』1, 1995年). pp. 30-31.
(2) 三原文［2008］，前掲書，p. 46.
(3)『広八日記——幕末の曲芸団海外巡業記録』飯野町史談会，1977年，p. 7.
(4) *New York Clipper*, 13 April 1867, p. 6.
(5) *Sacramento Daily Union*, 2 March 1867, p. 2.
(6) 三原文［2008］，前掲書，pp. 124-125.
(7) *Daily Alta California*, 6 June 1867, p. 1 & p. 4.
(8) *The Daily Dramatic Chronicle*, 10 June 1867. p. 1.
(9) 外務省外交史料館 3門8類5項66号「海外行人名表」(旧政府ノ節免状申受者姓名調).
(10) *The Daily Dramatic Chronicle*, 10 June 1867. p. 1.
(11) *Daily Alta California*, 18 June 1867. p. 1.
(12) *New York Clipper*, 11 January 1868.
(13) *New York Times*, 15 July 1867. p. 7.
(14) *New York Times*, 25 July 1867. p. 8.
(15) *Janesville Gazette*, 9 August 1867. p. 2 (from *The New York Commercial Advertiser*).
(16) *Freeman's Journal and Daily Commercial Advertiser*, 9 August 1867, p. 3.
(17) *The Belfast News-Letter*, 28 August 1867, p. 2.
(18) *The Era*, 22 September 1867, p13.
(19) *The Edinburgh Evening Courant*, 24 September 1867, p. 1.
(20) *The Era*, 29 September 1867, p11.

(25) 名倉予何人・高橋留三郎『航海日録』(京都大学文学部蔵).
(26)『読売新聞』1881年8月6日, p. 4.;『読売新聞』1888年12月7日, p. 4.
(27)『朝日新聞』1909年1月10日, p. 7.
(28) 岩松太郎「航海日記」(『遣外使節日記纂輯』第3, 日本史籍協會, 1928年), p. 451.
(29) *Le Petit Journal*, 18 May 1864, p. 2.
(30) 石黒敬七『写された幕末——石黒敬七コレクション』明石書店, 1990年, p. 37.
(31) 小沢健志『幕末——写真の時代』筑摩書房, 1994年, pp. 96-99.
(32) 東京大学史料編纂所古写真データベース:「すみ17歳」: http://wwwap.hi.u-tokyo.ac.jp/ships/shipscontroller.
(33)「パリ万国博随行の日本茶屋一行」(『杉浦譲全集』第2巻, 杉浦譲全集刊行会, 1978年).
(34) 杉浦譲「奉使日記」前掲書, p. 157.
(35) 佐原盛純『航海日録』(会津若松市立図書館蔵).
(36) 'Cataldi's Hotel, Dover-Street, Piccadilly', *The Morning Post*, 26 May 1864, p. 5.
(37) 岩松太郎「航海日記」前掲書, p. 380.
(38)『幕末維新外交史料集成』第6巻, 前掲書, pp. 216-217.
(39) 同書, pp. 216-217.

第三章　逋債事件と興行師への転身

(1)『幕末維新外交史料集成』第6巻, 前掲書, pp. 216-217.
(2) 同書, p. 215.
(3)『幕末維新外交史料集成』第6巻, 前掲書, p. 169.;「蘭人ブレッキマン逋債一件1」(『続通信全覧 類輯之部36』雄松堂書店, 1987年), p. 630. ただし、「蘭人ブレッキマン逋債一件 1」では、日付は1865年4月15日 (元治2年3月20日) になっている.
(4)『維新史料綱要』第6巻, 前掲書, p. 116.
(5)「蘭人ブレッキマン逋債一件 1」前掲書, pp. 631-632.
(6) 同書, p. 635.
(7) 同書, pp. 636-637.
(8) 澤護 [1998], 前掲書, p. 36.
(9) *Japan Herald*, 2 September 1865, p. 713.
(10) *Japan Herald*, 26 August 1865.
(11) 澤護 [1998], 前掲書, pp. 36-37.
(12) 同書, p. 36.
(13) *The Japan Times*, 8 September 1865, p. 4.

第二章　横浜鎖港談判使節団とともに渡仏

(1) 大塚武松『幕末外交史』新訂増補版，宝文館出版，1967年，pp. 70-71.
(2)『維新史料綱要』第4巻，維新史料編纂事務局，1940年，p. 615.
(3)『維新史料綱要』第4巻，前掲書，p. 616.;『幕末維新外交史料集成』第6巻，第一書房，1978年，pp. 1-2.
(4) 大塚武松［1967］，前掲書，p. 71.
(5)『維新史料綱要』第5巻，維新史料編纂事務局，1940年，p. 28.;『幕末維新外交史料集成』第6巻，前掲書，pp. 6-7.
(6)「蘭人ブレッキマン逋債一件 2」(『続通信全覧 類輯之部36』雄松堂，1987年)，pp. 654-655.;『幕末維新外交史料集成』第6巻，前掲書，p. 14.
(7)『幕末維新外交史料集成』第6巻，前掲書，p. 27.;『維新史料綱要』第5巻，前掲書，p. 39.
(8) 大塚武松［1967］，前掲書，p. 176.
(9) 河田熙「欧州派遣使節・奥右筆の話」(『旧事諮問録』青蛙房，1964年)，pp. 340-341.
(10)「蘭人ブレッキマン逋債一件2」前掲書，pp. 654-655.;『幕末維新外交史料集成』第6巻，前掲書，p. 14. ; 田辺太一『幕末外交談』2，平凡社，1966，p. 112.
(11)『幕末維新外交史料集成』第5巻，前掲書，p. 373.;『横浜市史』補巻，横浜市，1982年，p. 148.
(12) *North China Herald*, 21 March 1863, p. 46.;『横浜市史』補巻，前掲書，p. 148.
(13) ブラック［1970］，前掲書，p. 198.
(14) 立脇和夫『在日外国銀行史――幕末開港から条約改正まで』日本経済評論社，1987年，pp. 32-33.
(15) 澤護『横浜居留地のフランス社会』敬愛大学経済文化研究所，1998年，p. 83.
(16) 立脇和夫［1987］，前掲書，pp. 34-36.
(17) 河田熙「欧州派遣使節・奥右筆の話」前掲論文，p. 356.
(18) 倉沢剛『幕末教育史の研究 2　諸術伝習政策』吉川弘文館，1984年，pp. 689-690.;『幕末維新外交史料集成』第6巻，前掲書，p. 246.
(19)『幕末維新外交史料集成』第6巻，前掲書，p. 250.
(20) 同書，p. 250.
(21) 同書，p. 251.
(22) 同書，p. 29.
(23) 杉浦譲「奉使日記」(『杉浦譲全集』第1巻，杉浦譲全集刊行会，1978年)，p. 124.
(24)『幕末維新外交史料集成』第6巻，前掲書，pp. 71-72.

83号），p. 4.
(10) Hall［1992］, op. cit., p. 128.
(11) *Ibid.*, p. 138.
(12) *Ibid.*, p. 217.
(13) *Ibid.*, p. 298.
(14) *Ibid.*, p. 337.
(15) *The Foreign Office List Forming a Complete Diplomatic and Consular Handbook*, July 1861, p. 31.
(16) *The Foreign Office List Forming a Complete Diplomatic and Consular Handbook*, January 1862, p. 31.
(17) *The Foreign Office List Forming a Complete Diplomatic and Consular Handbook*, July 1862, p. 31.
(18)『神奈川県郷土資料集成』第2輯，神奈川県図書館協会，1958年，p. 299.
(19) 中里機庵『幕末開港綿羊娘情史』赤炉閣書房，1931年，p. 427.
(20) 同書，p. 196.
(21)『横浜市史稿 風俗編』横浜市役所，1932年，pp. 336-337.
(22) 中里機庵［1931］，前掲書，pp. 150-152.
(23) ヘルマン・ムースハルト, 生熊文訳『ポルスブルック日本報告（1857-1870）——オランダ領事の見た幕末事情』雄松堂出版，1995年，pp. 11-13.
(24) Paske-Smith, M., *Western Barbarians in Japan and Formosa in Tokugawa Days, 1603-1868*, New York, Paragon Book Reprint, 1968, p. 271.
(25) 早坂昇治『文明開化うま物語——根岸競馬と居留地外国人』有麟堂，1989年，pp. 76-79.
(26) *Java Bode*, 21 June 1862, p. 6.
(27) J・R・ブラック，ねず・まさし・小池晴子訳『ヤング・ジャパン——横浜と江戸』第1, 平凡社，1970年，p. 127.
(28) 福岡万里子「戊申戦争に関与したシュネル兄弟の「国籍」問題——ヴィルト・カウラ氏収集オランダ所在史料から」（箱石大編『戊申戦争の史料学』勉誠出版，2013年），pp. 129-134.
(29) 田中正弘「武器商人スネル兄弟と戊申戦争」（宇田川武久編『鉄砲伝来の日本史——火縄銃からライフル銃まで』吉川弘文館，2007年），pp. 197-201.
(30) Blum, Paul C., translated by, *Father Mounicou's Bakumatsu Diary*, Tokyo, Asiatic Society of Japan, 1976, p. 84.; *The Japan Herald*, 6 September 1862, p. 166.
(31) ブラック［1970］，前掲書，p. 238.
(32) 'The French Attack on the Japanese', *Birmingham Daily Post*, 1 October 1863, p. 3.
(33) ブラック［1970］，前掲書，pp. 192-195.

注

序章　幕末・明治期の軽業見世物興行とジャポニスム

(1) Menon, Elizabeth K., 'Henry Somm: Impressionist, Japoniste or Symbolist?', *Master Drawings*, Vol. 33, No. 1, 1995, p. 3.; Menon, Elizabeth K., 'The Functional Print in Commercial Culture: Henry Somm's Women in the Marketplace', *Nineteenth-Century Art Worldwide*, Vol. 4, Issue 2, 2005.
(2) 上白石実「明治維新期旅券制度の基礎的研究」(『史苑』第73巻 第1号, 2013年), p. 175.
(3) ジョン・ラスキン, 栗原古城訳『時と潮』玄黄社, 1918年, pp. 43-46.
(4) 中里介山『大菩薩峠 第5冊』春秋社, 1925年, p. 325.
(5) 同書, pp. 326-327.
(6) Menon [1995], op. cit., p. 3.; Menon [2005], op. cit.
(7) Menon, Elizabeth K., 'Potty-Talk in Parisian, 'Plays: Henry Somm's La Berline de l'émigré and Alfred Jarry's Ubu roi', *Art Journal*, Vol. 52, No. 3, p. 59.
(8) Menon [1995], op. cit., p. 4.
(9) *Ibid.*, pp. 4-5.
(10) Menon [2005], op. cit.

第I部　駐日英・仏公使館員時代

第一章　日本への来航と横浜在住時代

(1) Moeshart, H. J., *A List of Names of Foreigners in Japan in Bakumatsu and Early Meiji (1850-1900)*, Amsterdam, Batavian Lion International, 2010, pp. 33-34.
(2) 'A Dutch Romance', *The Lancaster Gazette, and General Advertiser for Lancashire, Westmorland, Yorkshire, &c.*, 28 May 1864, p. 5.
(3) 'A Long Lost Son', *Cheshire Observer and Chester, Birkenhead, Crewe and North Wales Times*, 28 May 1864, p. 6.
(4) 'Strange Meeting of Father and Son', *The Sheffield & Rotherham Independent*, 26 May 1864, p. 4.
(5) *Journal Programme Theatre de Paris*, 26 May 1864, p. 1.
(6) Moeshart [2010], op. cit., pp. 33-34.
(7) *Ibid.*, pp. 33-34.
(8) Hall, Francis, *Japan through American Eyes: the Journal of Francis Hall, Kanagawa and Yokohama, 1859-1866*, Princeton, Princeton University Press, 1992, p. 82.
(9)「横浜最初の大火事――1860年1月3日(安政6年12月11日)」(『開港のひろば』

Vol. 51 No. 3（2004）
平田論治「1884年ロンドン万国衛生博覧会における日本の教育の紹介」『筑波大学教育学系論集』No. 27（2003）

Scholtz, Amelia, "Almond-Eyed Artisan'/'Dishonouring the National Polity': The Japanese Village Exhibition in Victorian London', *Japanese Studies*, Vol. 27 No. 1（May 2007）.
McLaughlin, Joseph, '"The Japanese Village" and the Metropolitan Construction of Modernity', *Romanticism and Victorianism on the Net*, No. 48（November 2007）.

4. 日英博覧会日本人村関係

A. 図書

『欧米遊覧記』朝日新聞合資会社，1910
『日英博覧会事務局事務報告』農商務省，1912

Hotta-Lister, Ayako, *The Japan-British Exhibition of 1910*, Richmond, Japan Library, 1999.
Knight, Donald R., *The Exhibitions, Great White City, Shepherds Bush London: 70th Anniversary 1908-1978*, New Barnet, the Author, 1978.
Official Report of the Japan British Exhibition 1910 at the Great White City, Shepherd's Bush, London, London, 1911.

評論社，1968
沢護「井土ヶ谷事件と遺仏使節池田筑後守」『千葉敬愛経済大学研究論集』第29号，千葉敬愛経済大学経済学会，1986
石井寛治「イギリス植民地銀行群の再編（2・完）——1870・80年代の日本・中国を中心に」『経済学論集』45（1979年10月）
「横浜最初の大火事——1860年1月3日（安政6年12月11日）」『開港のひろば』83

McMater, John, 'Alcock and Harris: Foreign Diplomacy in Bakumatsu Japan', *Monumenta Nipponica*, Vol. 22, No. 3/4（1967）.
Ericson, Mark D., 'The Bakufu Looks Abroad: the 1865 Mission to France', *Monumenta Nipponica*, Vol. 34, No. 4（1979）.

3. ロンドン日本人村関係

A. 図書

倉田喜弘『1885年ロンドン日本人村』朝日新聞社，1983
『矢野龍渓資料集』第3巻，大分県教育委員会，1996
野田秋生『矢野龍渓』大分県教育委員会，1999
『海外博覧会本邦参同史料』第6，博覧会倶楽部，1934
猪瀬直樹『ミカドの肖像』小学館，1988

Cortazzi, Hugh, *Japan in Late Victorian London: The Japanese Village in Knightsbridge and the Mikado, 1885*, Norwich, Sainsbury Institute for the Study of Japanese Arts and Cultures, 2009.
Knightsbridge（*Survey of London Volume 45*）, London, Athlone for English Heritage, 2000.
Goodman, Andrew, *Gilbert and Sullivan's London*, London, Faber and Faber, 2000.
Oost, Regina B., *Gilbert and Sullivan: Class and the Savoy Tradition, 1875-1896*, Farnham, Ashgate, 2009.
Williams, Carolyn, *Gilbert and Sullivan: Gender, Genre, Parody*, New York, Columbia University Press, 2011.
Book of the Japanese Bazaar, Bath, William Lewis & Son, 1882.
Cutler, Thomas W., *A Grammar of Japanese Ornament and Design*, London, B. T. Batsford, 1880.

B. 論文・記事

伊藤大祐「ブヒクロサン（Buhicrosan）夫妻と日本人村についての考察」『博物館学雑誌』Vol. 35 No. 1（2009年12月）
菅靖子「日本の「美術製造品」を取り扱ったイギリス系商社」『デザイン学研究』

名倉予何人，高橋留三郎『航海日録』(京都大学文学部蔵)
ヘルマン・ムースハルト編著，生熊文訳『ポルスブルック日本報告（1857-1870）――オランダ領事の見た幕末事情』雄松堂出版，1995
澤護『横浜居留地のフランス社会』敬愛大学経済文化研究所，1998
小沢健志『幕末――写真の時代』筑摩書房，1994
石黒敬七『写された幕末――石黒敬七コレクション』明石書店，1990
倉沢剛『幕末教育史の研究 2――諸術伝習政策』吉川弘文館，1984
立脇和夫『在日外国銀行史――幕末開港から条約改正まで』日本経済評論社，1987
J・R・ブラック著，ねず・まさし，小池晴子訳『ヤング・ジャパン――横浜と江戸』平凡社，1968-1970
『横浜市史』補巻，横浜市，1982
早坂昇治『文明開化うま物語――根岸競馬と居留地外国人』有麟堂，1989
『神奈川県郷土資料集成』第2輯，神奈川県図書館協会，1958
岸加四郎『鶴遺老――池田筑後守長発伝』井原市教育委員会，1969
岸加四郎『池田筑後守長発とパリ』岡山ユネスコ協会，1975
鈴木明『維新前夜――スフィンクスと34人のサムライ』小学館，1988
西野嘉章，クリスティアン・ポラック編『維新とフランス――日仏学術交流の黎明』東京大学出版会，2009
富田仁『永遠のジャポン――異郷に眠るフランス人たち』早稲田大学出版部，1981

Hall, Francis, *Japan through American Eyes: the Journal of Francis Hall, Kanagawa and Yokohama, 1859-1866*, Princeton, Princeton University Press, 1992.
Moeshart, H.J., *A List of Names of Foreigners in Japan: in Bakumatsu and Early Meiji* (*1850-1900*), Amsterdam, Batavian Lion International, 2010.
Paske-Smith, M., *Western Barbarians in Japan and Formosa in Tokugawa Days, 1603-1868,* New York, Paragon Book Reprint, 1968.
Cornaille, Alain, *Le Premier Traité Franco-Japonais: Son Application au Vu des Dépêches de Duchesne de Bellecout,* [Paris], Publications Orientalistes de France, 1994.
Medzini, Meron, *French Policy in Japan during the Closing Years of the Tokugawa Regime*, Cambridge, East Asian Research Center, Harvard University, 1971.

B. 論文・記事

河田熙「欧州派遣使節・奥右筆の話」『旧事諮問録』青蛙房，1964
田辺太一「幕末の外交」『維新史料編纂会講演速記録1』東京大学出版会，1977
高橋邦太郎「悲劇の大使――池田筑後守事蹟考」『明治文化研究』第2集，日本

上白石実「明治維新期旅券制度の基礎的研究」『史苑』第73巻 第1号（2013年1月）

Sissons, David C. S., 'Japanese Acrobatic Troupes Touring Australia 1867-1900', *Australian Drama Studies*, No. 35（October 1999）.

Sissons, David C. S., 'Australian Contacts with Japan in the Nineteenth Century', *Towards a New Vision: A Symposium on Australian and Japanese Relations*, Sydney, Japan Cultural Centre, 1998.

'The Jap as Juggler', *Sandow's Magazin*, Vol. 13 No. 75（September 1904）.

Menon, Elizabeth K., 'Henry Somm: Impressionist, Japoniste or Symbolist?', *Master Drawings*, Vol. 33, No. 1（Spring, 1995）.

Menon, Elizabeth K., 'The Functional Print in Commercial Culture: Henry Somm's Women in the Marketplace', *Nineteenth-Century Art Worldwide,* Vol. 4 Issue 2（Summer 2005）.

Moon, Krystyn R., 'Paper Butterflies: Japanese Acrobats in Mid-Nineteenth-Century New England', *Asian Americans in New England: Culture and Community*, Lebanon, University Press of New England, 2009.

Mihara, Aya, 'Professor Risley's Life in Japan',『日本語・日本文化』No. 10（1990）.

Mihara, Aya, 'Professional Entertainers Abroad and Theatrical Portraits in Hand, *Koshashin Kenkyu*, No. 3（May 2009）.

Robertson, W. B., 'Japanese Acrobats', *Cassell's Magazine*, November 1898.

Robertson, W. B., 'Amongst Japanese Jugglers', *Cassell's Magazine*, September 1901.

Brunning, Peter, 'Gintarô（1875-1852）: Juggler and Top Spinner', *Britain & Japan Biographical Portraits*, Vol. 7, Leiden, Global Oriental, 2010.

2. 横浜鎖港談判使節団関係

A. 図書

『幕末維新外交史料集成』第6巻，第一書房，1978

『維新史料綱要』第4-5巻，維新史料編纂事務局，1940

「蘭人ブレッキマン逋債一件 1-2」『続通信全覧 類輯之部36』雄松堂書店，1987

『フレッキマン引負一件書類』（外務省引継書類 東京大学史料編纂所）

大塚武松『幕末外交史』新訂増補版，宝文館出版，1967

大塚武松編『遣外使節日記纂輯』第3，日本史籍協会，1928

『杉浦譲全集』第1巻，杉浦譲全集刊行会，1978

田辺太一『幕末外交談』平凡社，1966

三浦義彰『文久航海記』篠原出版，1998

尾佐竹猛『幕末遣外使節物語――夷狄の国へ』講談社，1989

佐原盛純『航海日録』（会津若松市立図書館蔵）

参考文献

各項目内で和文・欧文に分け、本書のテーマとの関連の高い順に配列した。

1. 軽業見世物関係

A. 図書

三原文『日本人登場——西洋劇場で演じられた江戸の見世物』松柏社，2008
倉田喜弘『海外公演事始』東京書籍，1994
松山光伸『実証・日本の手品史』東京堂出版，2010
宮永孝『海を渡った幕末の曲芸団——高野広八の米欧漫遊記』中央公論新社，1999
三好一『ニッポン・サーカス物語』白水社，1993
宮岡謙二『異国遍路旅芸人始末書』修道社，1959
倉田喜弘編『明治の演芸』1-8，国立劇場，1980-1987
倉田喜弘『芸能の文明開化——明治国家と芸能近代化』平凡社，1999
安岡章太郎『大世紀末サーカス』朝日新聞社，1984
朝倉無声『見世物研究』思文閣，1977
山田稔『鳥潟小三吉伝——海を渡った軽業師』無明舎出版，1988
川添裕『江戸の見世物』岩波書店，2000
倉田喜弘校注『芸能』（日本近代思想大系 18），岩波書店，1988
河村政平『太平洋の先駆者』西東社，1943

Schodt, Frederik L., *Professor Risley and the Imperial Japanese Troupe: How an American Acrobat Introduced Circus to Japan- and Japan to the West*, Berkeley, Stone Bridge Press, 2012.
Burlingame, Hardin J., *Around the World with a Magician and a Juggler: Unique Experience in Many Lands*, Chicago, Clyde Publishing Co., 1896.

B. 雑誌論文・記事

ジェラルド・グローマー「海外に渡った幕末期の最初の曲芸団をめぐって」『東京都江戸東京博物館研究報告』No. 1（1995年10月）
三原文「海を渡った日本の見世物——リトル・オーライこと濱碇梅吉の大活躍」『別冊太陽』No. 123（2003年6月）
関口英男「ダラム大学日本人留学生第1号の墓」『帝京国際文化』第7号
鏡味仙太郎「太神楽の洋行談 1-8」『報知新聞』明治34年10月29日 -11月10日

著者紹介

小山 騰（こやま・のぼる）

1948年愛知県生まれ。現在、ケンブリッジ大学図書館日本部長。成城大学文芸学部卒。慶應義塾大学大学院史学専攻修士課程修了。国立国会図書館、英国図書館などの勤務をへて、1985年よりケンブリッジ大学図書館で日本語コレクションを担当し、現在に至る。英国図書館情報専門家協会公認会員（MCILIP）。著書として『国際結婚第一号』『破天荒「明治留学生」列伝』（いずれも講談社）『ケンブリッジ大学秘蔵明治古写真』（平凡社）『日本の刺青と英国王室——明治期から第一次世界大戦まで』（藤原書店）、共著書として『達人たちの大英博物館』（講談社）『神田神保町とヘイ・オン・ワイ』（東信堂）などがある。

ロンドン日本人村《にほんじんむら》を作《つく》った男《おとこ》

——謎《なぞ》の興行師《こうぎょうし》タナカー・ブヒクロサン 1839–94

2015年 8 月30日　初版第 1 刷発行©

著　者　小　山　　騰

発行者　藤　原　良　雄

発行所　株式会社　藤　原　書　店

〒162-0041　東京都新宿区早稲田鶴巻町 523

電　話　03（5272）0301

FAX　03（5272）0450

振　替　00160 - 4 - 17013

info@fujiwara-shoten.co.jp

印刷・製本　中央精版印刷

落丁本・乱丁本はお取替えいたします
定価はカバーに表示してあります

Printed in Japan
ISBN978-4-86578-038-3

コルバンが全てを語りおろす

感性の歴史家アラン・コルバン

A・コルバン
小倉和子訳

飛翔する想像力と徹底した史料批判の心をあわせもつコルバンが、「感性の歴史」を切り拓いてきたその足跡を、『娼婦』『においの歴史』から『記録を残さなかった男の歴史』までの成立秘話を交え、初めて語りおろす。

四六上製　三〇四頁　二八〇〇円
（二〇〇一年一一月刊）
◇978-4-89434-259-0
HISTORIEN DU SENSIBLE　Alain CORBIN

「感性の歴史家」の新領野

風景と人間

A・コルバン
小倉孝誠訳

歴史の中で変容する「風景」を発見する初の風景の歴史学。詩や絵画などの美的判断、気象・風土・地理・季節の解釈、自然保護という価値観、移動速度や旅行の流行様式の影響などの視点から「風景のなかの人間」を検証。

四六変上製　二〇〇頁　二二〇〇円
（二〇〇二年六月刊）
◇978-4-89434-289-7
L'HOMME DANS LE PAYSAGE　Alain CORBIN

五感を対象とする稀有な歴史家の最新作

空と海

A・コルバン
小倉孝誠訳

「歴史の対象を発見することは、詩的な手法に属する」。十八世紀末から西欧で、人々の天候の感じ取り方に変化が生じ、浜辺への欲望が高まりを見せたのは偶然ではない。現代に続くこれら風景の変化は、視覚だけでなく聴覚、嗅覚、触覚など、人々の身体と欲望そのものの変化と密接に連動していた。

四六変上製　二〇八頁　二二〇〇円
（二〇〇七年二月刊）
◇978-4-89434-560-7
LE CIEL ET LA MER　Alain CORBIN

現代人と「時間」の関わりを論じた名著

レジャーの誕生〈新版〉㊤㊦

A・コルバン
渡辺響子訳

仕事のための力を再創造する自由時間から、「レジャー」の時間への移行過程を丹念に跡づける大作。

A5並製　㊤二七二頁　口絵八頁
㊦三〇四頁
各二八〇〇円
（二〇〇〇年七月／二〇一〇年一〇月刊）
㊤◇978-4-89434-766-3
㊦◇978-4-89434-767-0
L'AVÈNEMENT DES LOISIRS(1850-1960)　Alain CORBIN

我々の「身体」は歴史の産物である

HISTOIRE DU CORPS

身体の歴史（全三巻）

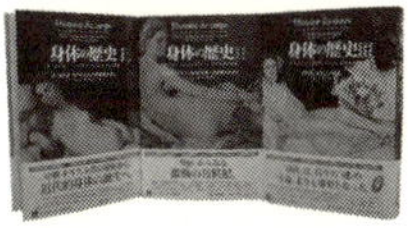

A・コルバン＋J-J・クルティーヌ＋G・ヴィガレロ監修

小倉孝誠・鷲見洋一・岑村傑監訳

第47回日本翻訳出版文化賞受賞　Ａ５上製（口絵カラー16～48頁）**各6800円**

自然と文化が遭遇する場としての「身体」は、社会の歴史的変容の根幹と、臓器移植、美容整形など今日的問題の中心に存在し、歴史と現在を知る上で、最も重要な主題である。16世紀ルネサンス期から現代までの身体のあり方を明らかにする身体史の集大成！

第Ⅰ巻　16-18世紀　ルネサンスから啓蒙時代まで

ジョルジュ・ヴィガレロ編（鷲見洋一監訳）

中世キリスト教の身体から「近代的身体」の誕生へ。宗教、民衆生活、性生活、競技、解剖学における、人々の「身体」への飽くなき関心を明かす！

656頁　カラー口絵48頁　（2010年3月刊）　◇978-4-89434-732-8

第Ⅱ巻　19世紀　フランス革命から第一次世界大戦まで

アラン・コルバン編（小倉孝誠監訳）

臨床=解剖学的な医学の発達、麻酔の発明、肉体関係をめぐる想像力の形成、性科学の誕生、体操とスポーツの発展、産業革命は何をもたらしたか？

504頁　カラー口絵32頁　（2010年6月刊）　◇978-4-89434-747-2

第Ⅲ巻　20世紀　まなざしの変容

ジャン＝ジャック・クルティーヌ編（岑村傑監訳）

ヴァーチャルな身体が増殖し、血液や臓器が交換され、機械的なものと有機的なものの境界線が曖昧になる時代にあって、「私の身体」はつねに「私の身体」なのか。

624頁　カラー口絵16頁　（2010年9月刊）　◇978-4-89434-759-5

ファッション、美容、エステは、いつ誕生したか？

美人の歴史

G・ヴィガレロ

後平澪子訳

ルネッサンス期から現代までの「美人」と「化粧法・美容法」をめぐる歴史。当初、普遍的で絶対的なものとしてあった「美」は、「自分を美しくする」技術や努力が重要視されるなかで、個性的なもの、誰もが手にしうるものとして徐々に〝民主化〟され、現代では〝美の追求〟は万人にとっての強迫観念にまでなった。

Ａ５上製　**カラー口絵一六頁**

四四〇頁　**四六〇〇円**

（二〇一二年四月刊）

◇978-4-89434-851-6

HISTOIRE DE LA BEAUTÉ

Georges VIGARELLO

最新かつ最高の南方熊楠論

南方熊楠・萃点の思想
〈未来のパラダイム転換に向けて〉

鶴見和子
編集協力＝松居竜五

「内発性」と「脱中心性」との両立を追究する著者が、「南方曼陀羅」と自らの「内発的発展論」とを格闘させるために、熊楠思想の深奥から汲み出したエッセンスを凝縮。気鋭の研究者・松居竜五との対談を収録。

A5上製　一九二頁　二八〇〇円
（二〇〇一年五月刊）
◇978-4-89434-231-6

新発見の最重要書翰群、ついに公刊

高山寺蔵 南方熊楠書翰
〈土宜法龍宛 1893–1922〉

奥山直司・雲藤等・神田英昭編

二〇〇四年栂尾山高山寺で新発見され、大きな話題を呼んだ書翰全四三通を完全に翻刻。熊楠が最も信頼していた高僧・土宜法龍に宛てられ、「南方曼陀羅」を始めとするその思想の核心に関わる新情報を、劇的に増大させた最重要書翰群の全体像。

A5上製　三七六頁　八八〇〇円　口絵四頁
（二〇一〇年三月刊）
◇978-4-89434-735-9

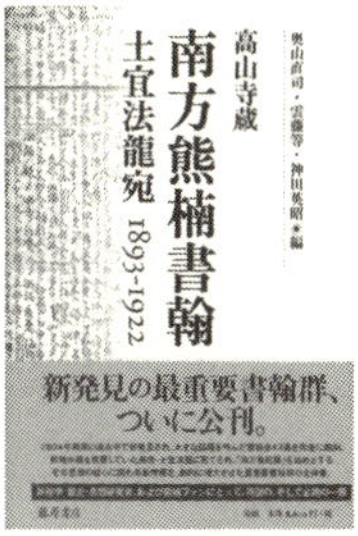

南方熊楠研究の到達点

南方熊楠の謎
〈鶴見和子との対話〉

松居竜五編
鶴見和子・雲藤等・千田智子・田村義也・松居竜五

熊楠研究の先駆者・鶴見和子と、最新資料を踏まえた研究者たちががっぷり四つに組み、多くの謎を残す熊楠の全体像とその思想の射程を徹底討論、熊楠から鶴見へ、そしてその後の世代へと、幸福な知的継承の現場が活き活きと記録された鶴見最晩年の座談会を初公刊。

四六上製　二八八頁　二八〇〇円
（二〇一五年六月刊）
◇978-4-86578-031-4

西川千麗、華麗な二つの才能

西川千麗写真集
SENREI BY TOBIICHI
〈1996–2000〉

撮影＝広瀬飛一
寄稿＝瀬戸内寂聴・鶴見和子・河合隼雄・岸田今日子・龍村仁

「千麗の舞台は日舞という伝統芸術の中に、独自の哲学と美学を盛り込んだ新しい視野で題材を選び、自ら舞台の演出も手がけ、めざましい新局面を切り開いてきた。」（瀬戸内寂聴氏評）

A4変並製　九六頁　三〇〇〇円　2色刷
（二〇一〇年九月刊）
◇978-4-89434-758-8

近代日本の根源的批判者

別冊『環』⑱

内村鑑三 1861-1930

新保祐司編

I 内村鑑三と近代日本
山折哲雄＋新保祐司／山折哲雄／新保祐司／関根清三／渡辺京二／新井明／鈴木範久／田尻祐一郎／鶴見太郎／猪木武徳／住谷一彦／松尾尊兊／春山明哲

II 内村鑑三を語る
「内村鑑三の勝利」（内村評）／新保祐司／海老名弾正／徳富蘇峰／山路愛山／山室軍平／石川三四郎／山川均／岩波茂雄／長與善郎／金教臣

III 内村鑑三を読む
新保祐司／内村鑑三『ロマ書の研究』（抜粋）「何故に大文学は出ざる乎」ほか

〈附〉内村鑑三年譜（1861-1930）

菊大判　三六八頁　三八〇〇円
（二〇一一年一二月刊）
◇978-4-89434-833-2

"真の国際人"初の全体像

新渡戸稲造 1862-1933

〈我、太平洋の橋とならん〉

草原克豪

『武士道』で国際的に名を馳せ、一高校長として教育の分野でも偉大な事績を残す。国際連盟事務次長としてはユネスコにつながる仕事、帰国後は世界平和の実現に心血を注いだ。戦前を代表する教養人であり、"真の国際人"新渡戸稲造の全体像を初めて描いた画期的評伝。

口絵八頁

四六上製　五三六頁　四二〇〇円
（二〇一二年七月刊）
◇978-4-89434-867-7

明治・大正・昭和の時代の証言

蘇峰への手紙

〈中江兆民から松岡洋右まで〉

高野静子

近代日本のジャーナリズムの巨頭、徳富蘇峰が約一万二千人と交わした膨大な書簡の中から、中江兆民、釈宗演、鈴木大拙、森次太郎、国木田独歩、柳田國男、正力松太郎、松岡洋右の書簡を精選。書簡に吐露された時代の証言を甦らせる。

四六上製　四一六頁　四六〇〇円
（二〇一〇年七月刊）
◇978-4-89434-753-3

二人の関係に肉薄する衝撃の書

蘆花の妻、愛子

〈阿修羅のごとき夫《つま》なれど〉

本田節子

偉大なる言論人・徳富蘇峰の弟、徳冨蘆花。公開されるや否や一大センセーションを巻き起こした蘆花の日記に遺された、妻愛子との凄絶な夫婦関係や、愛子の日記などの数少ない資料から、愛子の視点で蘆花を描く初の試み。

四六上製　三八四頁　二八〇〇円
（二〇〇七年一〇月刊）
◇978-4-89434-598-0

日本近代は〈上海〉に何を見たか

言語都市・上海
〔1840–1945〕

和田博文・大橋毅彦・真銅正宏・竹松良明・和田桂子

横光利一、金子光晴、吉行エイスケ、武田泰淳、堀田善衞など多くの日本人作家の創造の源泉となった〈上海〉を、文学作品から当時の旅行ガイドに至る膨大なテキストに跡付け、その混沌とした多層的魅力を活き活きと再現する、時を超えた〈モダン都市〉案内。

A5上製　二五六頁　**二八〇〇円**
（一九九九年九月刊）◇978-4-89434-145-6

パリの吸引力の真実

言語都市・パリ
〔1862–1945〕

和田博文・真銅正宏・竹松良明・宮内淳子・和田桂子

「自由・平等・博愛」「芸術の都」などの日本人を捉えてきたパリへの憧憬と、永井荷風、大杉栄、藤田嗣治、金子光晴ら実際にパリを訪れた三十一人のテキストとを対照し、パリという都市の底知れぬ吸引力の真実に迫る。

写真二〇〇点余　カラー口絵四頁
A5上製　三六八頁　**三八〇〇円**
（二〇〇二年三月刊）◇978-4-89434-278-1

“学問の都”ベルリンから何を学んだのか

言語都市・ベルリン
〔1861–1945〕

和田博文・真銅正宏・西村将洋・宮内淳子・和田桂子

プロイセン、ドイツ帝国、ワイマール共和国、そしてナチス・ドイツ……。激動の近代史を通じて、「学都」として、「モダニズム」の淵源として、日本の知に圧倒的影響を及ぼしたベルリン。そこを訪れ二十五人の体験と、象徴的な五十のスポット、雑誌等から日本人のベルリンを立体的に描出する。

写真三五〇点　カラー口絵四頁
A5上製　四八八頁　**四二〇〇円**
（二〇〇六年一〇月刊）◇978-4-89434-537-9

膨大なテクストから描く「実業の都」

言語都市・ロンドン
〔1861–1945〕

和田博文・真銅正宏・西村将洋・宮内淳子・和田桂子

「日の没さぬ国」大英帝国の首都を、近代日本はどのように体験したのか。三〇人のロンドン体験と、八〇項目の「ロンドン事典」、多数の地図と約五〇〇点の図版を駆使して、近代日本人のロンドン体験の全体像を描き切った決定版。

カラー口絵四頁
A5上製　六八八頁　**八八〇〇円**
（二〇〇九年六月刊）◇978-4-89434-689-5

日本人になりたかった男

ピーチ・ブロッサムへ

〈英国貴族軍人が変体仮名で綴る千の恋文〉

葉月奈津・若林尚司

一九〇二年、日本を訪れた英国貴族軍人アーサーは、下町育ちの大和撫子まさと恋に落ちる。しかし、世界大戦は二人を引き裂き、「家族の夢」は絶たれる――。柳行李の中から発見された、アーサーが日本に残る妻にあてた千通の手紙から、二つの世界大戦と「分断家族」の悲劇を描くノンフィクション。

四六上製　二七二頁　二四〇〇円
（一九九八年七月刊）
◇978-4-89434-106-7

百通の恋文の謎とは？

サムライに恋した英国娘

〈男爵いも、川田龍吉への恋文〉

伊丹政太郎＋A・コビング

明治初頭の英国に造船留学し、帰国後、横浜ドック建設の難事業を成し遂げながら、名声に背を向け北海道に隠棲し、〝男爵いも〟の栽培に没頭した川田龍吉。留学時代の悲恋を心に秘めながら、近代日本国家建設に尽力した一人の〝サムライ〟の烈々たる生涯。

口絵四頁
四六上製　二九六頁　二八〇〇円
（二〇〇五年九月刊）
◇978-4-89434-466-2

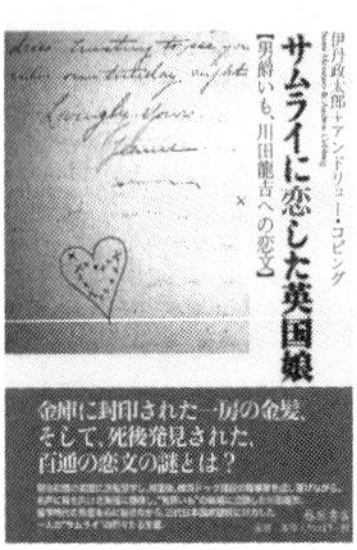

「野蛮」と「文明」の逆説

日本の刺青と英国王室

〈明治期から第一次世界大戦まで〉

小山　騰

「文明開化」で「野蛮」として禁止された日本の刺青を「文明国」の王室関係者や貴族が競って求めた――明治期に来日した英国の王子たち、第一次大戦で敵対した協商国と同盟国の王室関係者、そしてルーズベルト、チャーチル、スターリンまでもが、実は刺青を入れていた！

口絵三二頁
四六上製　二八〇頁　三六〇〇円
（二〇一〇年一一月刊）
◇978-4-89434-778-6

従来のパリ・イメージを一新

パリ・日本人の心象地図

〈1867–1945〉

和田博文・真銅正宏・竹松良明・宮内淳子・和田桂子

明治、大正、昭和前期にパリに生きた多種多様な日本人六十余人の住所と、約百の重要なスポットを手がかりにして、「花の都」「芸術の都」といった従来のパリ・イメージを覆し、都市の裏面に迫る全く新しい試み。

写真・図版二〇〇点余／地図一〇枚
A5上製　三八四頁　四二〇〇円
（二〇〇四年二月刊）
◇978-4-89434-374-0

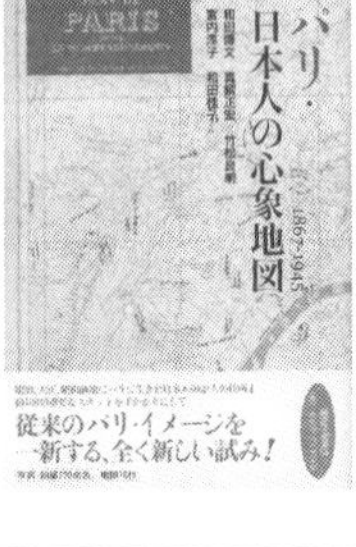